高职高专“十二五”规划教材

物业管理法规与案例分析

（第二版）

邢国威　主编

化学工业出版社

·北京·

本书以《中华人民共和国物权法》为基础，以《中华人民共和国物业管理条例》为框架，结合了物业管理的实际需要编写而成。内容包括物业管理法规基础、物业权属、物业交易法规、业主大会、物业管理企业、物业服务合同、前期物业管理阶段管理法规、物业日常管理法规和物业管理法律责任的追究等多方面的内容，结合实务，突出案例教学，涵盖较广。

本书适合高职高专院校物业管理专业、社区管理专业及相关专业师生使用，也可供相关专业的中职学生学习使用，并适用于物业管理的从业人员和对物业管理感兴趣的大众读者参考使用。

图书在版编目（CIP）数据

物业管理法规与案例分析/邢国威主编．—2版．北京：化学工业出版社，2012.5（2025.9重印）
高职高专“十二五”规划教材
ISBN 978-7-122-13912-2

Ⅰ．物…　Ⅱ．邢…　Ⅲ．①物业管理-法规-中国-高等职业教育-教材②物业管理-案例-中国-高等职业教育-教材　Ⅳ．D922.181

中国版本图书馆CIP数据核字（2012）第059691号

责任编辑：李彦玲　　文字编辑：郑　直
责任校对：宋　玮　　装帧设计：关　飞

出版发行：化学工业出版社（北京市东城区青年湖南街13号　邮政编码100011）
印　　装：北京科印技术咨询服务有限公司数码印刷分部
787mm×1092mm　1/16　印张14¼　字数337千字　2025年9月北京第2版第6次印刷

购书咨询：010-64518888　　售后服务：010-64518899
网　　址：http：//www.cip.com.cn
凡购买本书，如有缺损质量问题，本社销售中心负责调换。

定　　价：38.00元

版权所有　违者必究

前 言

第一版的《物业管理法规与案例分析》一书得到了众多读者的关爱。随着《中华人民共和国物权法》两个司法解释的出台，一些法律、法规随之进行了修订，又有新的规章颁布，物业管理的制度细节逐渐呈现。为了回馈读者，也为了教学需要，在化学工业出版社的热心支持下，《物业管理法规与案例分析（第二版）》得以问世。

本书继承了第一版的结构，仍以《中华人民共和国物权法》（后简称《物权法》）为基础，以《物业管理条例》为框架，并进一步结合物业管理的实际需要。事实上，正是由于四年来物业管理制度细节的完善，才使《物权法》的价值得以发挥出来，最终才能够逐渐满足物业管理制度需求。

《物业管理法规与案例分析（第二版）》仍由第一版编者编写：中华女子学院邢国威负责编写第一章、第二章、第三章、第五章、第八章、第十章，并在北京交通职业技术学院江萍的基础上重新编写了第四章、第七章；北京农业职业学院佟晓晨编写了第九章；北京农业职业学院温春娟编写了第六章；全书由邢国威主编并负责全书的统稿。

在本版教材编写中，汲取了很多同行朋友对第一版提出的宝贵意见，在此表示由衷的谢意！由于编者理论知识和实践能力的限制，难免还会有错误和不恰当之处，恳请广大读者批评指正！

编　者

2012 年 5 月

第一版前言

《中华人民共和国物权法》的颁布使它成为了物业管理法律体系最稳固的基石。本书以《中华人民共和国物权法》为基础，以《中华人民共和国物业管理条例》为框架，结合物业管理实际需要组织编写。

本书遵循了培养学生实践能力和学习能力这一宗旨，在深入地思考、谨慎地探讨本课程的教学目的，总结和创新教学方法基础上编写而成。内容结合实务，涵盖较广，对重点和难点进行案例分析，力求告诉读者一个依靠法律解决物业管理问题的具体途径。编写中，把案例放在讲述内容之后，是为了首先呈现给读者一个知识整体，便于初学者。对有一些物业管理法律知识基础，希望获得这一课程系统内容的自学者，也可以先从案例入手。无论如何，希望读者能通过这本书燃起对物业管理法规的学习兴趣，产生从其他著述中汲取更深入知识的渴求。

本书内容包括物业管理法规基础、物业权属、物业建设管理法规、物业交易法规、业主大会、物业管理企业、物业服务合同、前期物业管理阶段管理法规、物业日常管理法规和物业管理法律责任的追究，共十章内容。

参加本书编写的有中华女子学院邢国威（第一章、第二章、第三章、第五章、第八章、第十章），北京交通职业技术学院江萍（第四章、第七章），北京农业职业学院佟晓晨（第九章）和北京农业职业学院温春娟（第六章）。全书由邢国威主编并负责统稿。

由于编者理论知识和实践能力的限制，难免有疏漏和不当之处，恳请广大读者批评指正！

编　者

2007 年 7 月

目 录

第一章 物业管理法规基础

学习、运用物业管理法规，必须以正确运用法律概念为基础，同时还应该从法律规则构成与依据、基本原则和历史发展的角度认识物业管理法规。本章是对有关物业管理法规基本的法律概念、物业管理法律规则的构成与依据的说明，是对其基本原则的阐释和发展历史的回顾。

第一节 物业管理法律关系

一、物业管理法律规范的概念

（一）物业管理法律规范的一般含义

1. 物业管理法律规范的概念

法律规范是由国家制定和认可，反映掌握国家政权阶级的意志、具有普遍约束力、以强制力保证实施的行为规则。法律规范包括法律规则和法律原则。

物业管理法律规范是由国家制定和认可，以国家强制力保证实施的，调整物业管理行为的规范。

2. 物业管理法律规则和法律原则

（1）物业管理法律规则　物业管理法律规则是采取一定的结构形式具体规定人们的法律权利、法律义务以及相应的法律后果的物业管理行为规范。

（2）物业管理法律原则　物业管理法律原则是为法律规则提供某种基础或本源的、综合性的、指导性的物业管理价值准则或规范。

（3）物业管理法律规则和物业管理法律原则的关系

① 物业管理法律规则明确具体，法律原则比较笼统、模糊；

② 物业管理法律规则适用范围狭窄，法律原则适用范围宽广；

③ 物业管理法律规则以“全有或全无的方式”应用于个案当中，而共存于同一部法律中的法律原则往往相互冲突，在具体案例适用中须由法官权衡选择，进而指导法律规则的适用。

（4）物业管理法律规范与物业管理法律条文　物业管理法律规范不能等同于物业管理法律条文。法律条文是法律规范的表现形式。法律规范是法律条文的内容。

例如《中华人民共和国物业管理条例》（后简称《物业管理条例》）第三十二条规定：“从事物业管理活动的企业应当具有独立的法人资格。”表明国家以强制力保证“从事物业管理服务的主体必须是具有独立法人资格的企业”这一规范；如果不遵守这一规范，仅以自然人、合伙企业的身份，不能从事这种活动。

（二）物业管理法律规则的构成

1. 假定条件

所谓假定条件，指法律规则中有关使用该规则的条件和情况的部分，即法律规则在什么时间、空间、对什么人适用，以及在什么情境下法律规则对人的行为有约束力的问题。

2. 行为模式

所谓行为模式，指法律规则中规定人们具体行为的方式或范型的部分。

3. 法律后果

法律后果指规则中规定人们在做出符合或不符合行为模式的要求时应承担相应的结果的部分，是法律规则对人们具有法律意义的行为的态度。

例如“违反本条例的规定，建设单位在物业管理区域内不按照规定配置必要的物业管理用房的，由县级以上地方人民政府房地产行政主管部门责令限期改正，给予警告，没收违法所得，并处10万元以上50万元以下的罚款”的假定条件是“建设单位在物业管理区域内”，行为模式是“违反本条例的规定，不按照规定配置必要的物业管理用房”，法律后果是“由县级以上地方人民政府房地产行政主管部门责令限期改正，给予警告，没收违法所得，并处10万元以上50万元以下的罚款”。

（三）物业管理法律原则

1. 通过公开、公平、公正的市场竞争机制选择物业服务企业

物业服务质量的好坏直接影响业主的利益，与人民群众的生活、生产密切相关。通过公开、公平、公正的市场竞争，可以实现物业服务优质优价，推动物业服务业管理和服务水平。因此，物业服务委托、承接的各个环节以及物业费用的标准等都应当贯彻公开、公平、公正的原则，引入市场竞争机制，接受市场监督。这一原则要求房地产开发与物业管理相分离，在选聘物业服务企业时应该坚持招标、投标制度，物业服务收费应当遵循合理、公开以及费用与服务水平相适应。

2. 鼓励物业管理采用新技术、新方法，依靠科技进步提高管理和服务水平

鼓励在物业管理活动中采用新技术、新方法和依靠科技进步的规定，充分体现了国家对物业管理行业的高度重视。实践证明，为了进一步提高物业管理水平，就必须采用新技术、新方法。科学技术是第一生产力，采用先进的科学技术，先进的设备、设施以及现代化的管理水平，不仅能极大地提高劳动生产率，而且还能有效地提高物业管理和服务水平。当今世界，科学技术日新月异，新技术、新工艺、新材料、新设备不断涌现，如住宅小区、办公区内逐步实现防火、防盗等系统的自动监控；住宅小区逐步向自动化、智能化方向发展等。住宅小区建设更加注重整体建筑环境、城市环境的整体设计，改善人类居住环境的质量。

3. 业主自治原则

物业管理的基础是业主自治自律。业主自治自律是业主行使房屋区分所有权的具体体现，是单个业主权益和公共利益的结合。业主自治自律的组织形式是业主大会或者业主代表大会。在这一原则下，一个物业管理区域成立一个业主大会，业主大会应当代表和维护物业管理区域内全体业主在物业管理活动中的合法权益。但是，业主大会、业主委员会应当配合公安机关，与居民委员会相互协作，业主大会成立前，前期物业管理由建设单位选聘物业服务企业。

【案例 1-1】 陈小姐在南宁市某地段买下一套房，买时只看中其地段好出租，其他事情就没多考虑，谁知一领到钥匙就知道“买错了”。因为，她发现物业服务公司的很多工作做得不到位。后来经过了解才知道，这家物业服务公司是开发商在交房之前匆匆忙忙成立的，大多数员工是开发商员工的亲戚朋友，没有经过正规的培训，连一些基本的业务都

不懂。又有业内人士透露，这个楼盘的开发商在物业公司的招投标过程中，人为地设置了一些障碍，使得其他物业公司“望而却步”，然后自己的子公司冠冕堂皇地就任“管家”，逃避了主管部门监督。陈小姐对物业服务公司有怨气，使她觉得这家开发商很不负责任，于是逢人便说：“千万不要买这家开发商建的房子”。

分析：建管不分离，业主对低水平的物业管理的抱怨影响开发商的市场信誉。同时，这一管理体制也是引发物业管理纠纷的主要根源之一。相当一部分物业公司从属于房地产开发商，这种“父子关系”，使得物业公司不敢为业主把关，为日后的纠纷埋下了隐患。开发商和物业服务公司之间本来就是“老子”和“儿子”的关系，所以物业公司一般很难洗脱“和开发商一个鼻孔出气”的嫌疑。业主自然觉得，物业公司是开发商的维护和售后服务者，就应该解决所有问题。不少开发商在售房期间进行欺骗性宣传、盲目承诺，结果业主入住后发现原来的承诺没有兑现，在找不到开发商的情况下，业主就会把矛头对准物业公司。这样，物业服务公司只好代他人受过。

二、物业管理法律规范的依据

(一) 宪法

宪法是由全国人民代表大会经过特定的立法程序制定和修改的规范性文件，是国家最高权力的象征和标志。我国物业管理法律规范最根本的依据是宪法。

《中华人民共和国宪法》第十条规定：“城市的土地属于国家所有。任何组织或者个人不得侵占、买卖或者以其他形式非法转让土地。土地的使用权可以参照法律的规定转让。”第十三条规定：“国家保护公民的合法的收入、储蓄、房屋和其他合法财产的所有权。”第十五条规定：“国家实行社会主义市场经济。”这是物业管理法律制度的基础。

(二) 法律

法律有广义、狭义两种理解。广义上讲，法律泛指一切规范性文件；狭义上讲，仅指全国人大及其常委会制定的规范性文件。这里指狭义的法律。法律的地位和效力仅次于宪法。法律包括了调整一般民事、经济关系的基本法律和调整具体民事、经济关系的专门法律。

在 1986 年的《中华人民共和国民法通则》中，初步明确了土地、房屋在内的所有权、使用权等一系列问题。在 2007 年的《中华人民共和国物权法》(以下简称《物权法》) 中，规定了建设用地使用权、建筑物区分所有权等物业管理基本法律制度，使我国物业管理法律体系得以初步确立。1989 年的《中华人民共和国城市规划法》是确定城市的规模和发展方向，实现城市的经济和社会发展目标，合理地制定城市规划和进行城市建设的法律依据。1994 年的《中华人民共和国城市房地产管理法》(以下简称《房地产管理法》) 是规范城市范围内取得房地产开发用地，从事房地产开发和交易实施房地产管理的法律。1997 年的《中华人民共和国建筑法》是建筑工程质量和安全的法律保障。1994 年的《中华人民共和国公司法》是物业服务公司依法成立及内部管理的法律依据。1999 年的《中华人民共和国合同法》是物业服务合同的法律依据。除此之外，还有其他相关的法律，如《中华人民共和国担保法》、《中华人民共和国婚姻法》、《中华人民共和国继承法》等都是确定物业管理活动中权利和义务的法律依据。

(三) 行政法规

行政法规指国家最高行政机关即国务院所制定的规范性文件，其法律地位和效力仅次于宪法和法律。

2003年的《物业管理条例》建立了告知制度、业主委员会备案制度、招标投标制度、承接验收制度、保修责任制度、资质管理制度、人员资格制度、交接制度、报告制度、专项维修资金制度十项制度；明令“业主大会、业主委员会应当依法履行职责，不得做出与物业管理无关的决定，不得从事与物业管理无关的活动”、“业主依法享有的物业共用部位、共用设施设备的所有权或者使用权，建设单位不得擅自处分”、“物业管理用房的所有权依法属于业主。未经业主大会同意，物业服务企业不得改变物业管理用房的用途”、“物业服务企业可以将物业管理区域内的专项服务业务委托给专业性服务企业，但不得将该区域内的全部物业管理一并委托给他人”、“物业管理区域内按照规划建设的公共建筑和共用设施，不得改变用途”、“业主、物业服务企业不得擅自占用、挖掘物业管理区域内的道路、场地，损害业主的共同利益”六项禁止行为；规范了前期物业服务合同和物业服务合同两项书面合同；法规授权“物业管理区域的划分具体办法由省、自治区、直辖市制定”、“专项维修资金收取、使用、管理的办法由国务院建设行政主管部门会同国务院财政部门制定”等，标志着我国物业管理进入了法制化、规范化发展的阶段。

另外，1998年的《城市房地产开发经营管理条例》、1986年的《房产税暂行条例》、1993年的《土地增值税暂行条例》、1997年的《契税暂行条例》、2000年的《建设工程质量管理条例》、2011年的《国有土地上房屋征收与补偿条例》，以及其他有关的行政法规等都是确定物业管理活动中权利和义务的依据。

（四）地方性法规、民族自治法规、经济特区的规范性文件

这三类都是由地方国家机关制定的规范性文件。

地方性法规是一定的地方国家权力机关，根据本行政区域的具体情况和实际需要，依法制定的在本行政区域内有效的规范性文件。各省、自治区、直辖市以及省级人民政府所在地的市和国务院批准的较大的市的人民代表大会及其常务委员会有权制定地方性法规。如：1997年的《上海市居住物业管理条例》、1998年的《广东省物业管理条例》、2001年的《河南省物业管理条例》、2001年的《江苏省物业管理条例》、1994年的《深圳经济特区住宅区物业管理条例》、2010年的《北京市物业管理办法》等。

民族自治地方的人民代表大会有权依照当地民族的政治、经济和文化的特点，制定自治条例和单行条例。自治条例和单行条例依法对法律、行政法规、地方性法规作变通规定的，在本自治地方适用自治条例和单行条例的规定。

经济特区的规范性文件是由全国人大及其常务委员会授权制定的，其法律地位和效力不同于一般的法规、规章，而应当与法律具有相同的法律地位和效力。

（五）特别行政区的法律

特别行政区实行不同于全国其他地区的法律制度，其法律、法规成为单独的一类，如我国香港的《建筑物管理条例》。

（六）规章

规章是行政性法律规范文件。国务院组成部门及直属机构在它们的职权范围内制定的规范性文件是部门规章，如1995年的《城市房地产转让管理规定》、1995年的《城市商品房预售管理办法》、2008年的《土地登记办法》、2008年的《房屋登记办法》、2011年的《房地产经纪管理办法》等。省、自治区、直辖市人民政府以及省级人民政府所在地的市和国务院批准的较大的市的人民政府依照法定程序制定的规范性文件是地方政府规章，如2005年的《云南省物业管理规定》。

（七）其他依据

1. 法律解释

法律解释是指一定的人或组织对法律规定含义的说明。由特定的国家机关、官员或其他有解释权的人对法律作出的具有法律上的约束力的解释是正式解释，非正式解释不具有法律上的约束力。例如1988年最高人民法院《关于贯彻执行〈中华人民共和国民法通则〉若干问题的意见（试行）》、1999年最高人民法院《关于适用〈中华人民共和国合同法〉若干问题的解释（一）》、2009年最高人民法院《关于审理建筑物区分所有权纠纷案件具体应用法律问题的解释》、2009年最高人民法院《关于审理物业服务纠纷案件具体应用法律问题的解释》等都是物业管理法律规范重要的依据。

2. 政策性文件

根据《民法通则》第六条规定，民事活动必须遵守法律，法律没有规定的，应当遵守国家政策。政策性文件，如2005年的《上海市住宅物业服务分等收费标准》，在我国物业管理法律制度逐步完善时期，政策作为物业管理法律规范的依据具有特殊意义。

3. 习惯

习惯是指人们在长期的生长、生活中俗成或约定所形成的一种行为规范。

4. 技术规范

技术规范是在生产活动中，在认识自然过程中形成的一种对待生产对象、生产工具和技术设备的行为规则。技术规范一旦具有社会普遍性，便会产生社会影响。违反这些技术规范，则会影响或危害社会上其他人的利益。这类的技术规范，国家往往以法的形式表现出来，成为法律规范的依据。

三、物业管理法律规范的效力

（一）物业管理法律规范的效力含义

1. 物业管理法律规范的效力概念

物业管理法律规范的效力也可称为“物业管理法的效力”，是指物业管理法作为一种国家意志所具有的约束力。

2. 物业管理法律规范的效力与物业管理法律效力

物业管理法律规范的效力与通常所说的“物业管理法律效力”的概念并不完全相同。物业管理法律规范的效力是指物业管理法律规范的自身约束力，而物业管理法律效力除了物业管理法律规范自身和它的表现形式——规范性文件的约束力外，还包括由物业管理法律规范的约束力派生的其他的约束力，如判决书、裁定书、逮捕证、许可证、合同等的约束力。

（二）物业管理法律规范的效力等级

① 制定机关在国家机关体系中的地位越高，物业管理法律规范的效力等级也越高。

② 同一主体在某一领域上既有一般性立法，又有不同于一般性立法的特殊性立法时，特殊立法的效力优于一般性立法，也即“特别法优于一般法”，但仅限于同一主体制定的法律规范。

③ 同一制定机关先后就同一领域的问题制定颁布了两个以上的法律时，后来制定的物业管理法律规范在效力上高于先前制定的法律规范，即“后法优于前法”。

④ 同一主体制定的物业管理法律规范中，按特定的、更严格的程序制定的物业管理法律规范的效力等级高于按一般程序制定的物业管理法律规范的效力等级。

⑤ 被某一国家机关授权的下级机关在授权范围内制定的该项法律、法规在效力上通常等同于授权机关自己制定的法律或法规，但仅仅授权制定实施细则者除外。

(三) 物业管理法律规范的效力范围

物业管理法律规范的效力范围指物业管理法律规范的约束力所及的范围，即所谓物业管理法的生效范围或适用范围，包括物业管理法律规范的空间效力范围、时间效力范围、对人效力范围三方面。

1. 物业管理法律规范的空间效力范围

物业管理法律规范的效力及于制定机关管辖的全部领域。宪法、法律和行政法规等在全国范围内有效。地方国家机关在宪法和法律授权范围内制定的地方性法规、自治条例和单行条例等在制定机关管辖的行政区域内有效。

物业管理法律规范在中国领土外一般没有效力。

2. 物业管理法律规范的时间效力范围

物业管理法律规范开始生效通常是依据颁布之日起生效、规定具体时间生效或符合一定条件时生效；物业管理法律规范开始终止时间通常是有关立法机关发布专门文件宣布某一规范性文件终止生效（积极地明示废止），新依据明确规定新的物业管理法律规范开始生效时旧的法律规范即行失效（司法实践中默示的废止）。

物业管理法律规范一般不适用于其生效以前发生的事件和行为。

3. 物业管理法律规范的对人效力范围

中国公民、外国人在中国领域内一律使用中国物业管理法律规范；中国公民在中国领域外时，根据有关国际条约、惯例和国内法的特殊规定来确定在某一具体场合应使用哪个国家的物业管理法律规范；外国人在中国领域之外，不适用中国物业管理法律规范。

第二节　物业管理法律关系

一、物业管理法律关系的概念

法律关系是法律规范调整社会关系的过程中所形成的人们之间的权利和义务关系。

物业管理法律关系是一种具体的法律关系，是指物业管理法律规范在调整物业管理关系中形成的当事人具体的权利和义务关系。《物业管理条例》第二条规定，物业管理是指业主通过选聘物业服务企业，由业主和物业服务企业按照物业服务合同约定，对房屋及配套的设施设备和相关场地进行维修、养护、管理，维护相关区域内的环境卫生和秩序的活动。因此，物业服务企业之外的其他管理人对物业所进行的管理形成的法律关系不是物业管理法律关系，不受《物业管理条例》等行业特殊立法的法律规范的调整。

【案例 1-2】 1995 年 6 月，李先生以 105.2 万元的价格购买了一套商品房别墅，面积为 200.4 平方米。入住后，进行了豪华装修，花费近 100 万元，同时还购买了家具及日常生活用品。1996 年 8 月份，喜气洋洋的一家人正准备乔迁新居，谁知一场台风后，其装饰一新的房子变成了水塘。此后，该套商品房长年漏水，经常污水回流，无法居住。由于房屋长期潮湿，致使白蚁滋生、电路不通。李先生找来专家检测，才发现房子漏水、污水回流原来是因为屋面排水和排水管道设计不合理造成的。李先生因此拒交物业管理费。

管理该小区的物业服务公司于1999年将李先生告上法庭。法院根据《中华人民共和国合同法》第八条的相关规定“依法成立的合同，对当事人具有法律约束力。当事人应当按照约定履行自己的义务，不得擅自变更或者解除合同。依法成立的合同，受法律保护”，第一百零九条的规定“当事人一方未支付价款或者报酬的，对方可以要求其支付价款或者报酬”，判决李先生交纳从1996年1月至1998年10月的物业管理费、水电费等共13000多元。

李先生交纳了相关的物业管理费之后，房子的问题仍然未得到解决，心里窝火的李先生再次拒交物业管理费。2004年，物业服务公司又一纸诉状将李先生告上法庭，要求其支付从1998年1月起到2004年1月共16000多元的物业管理费以及相关的滞纳金，李先生再一次输掉官司。

分析：李先生的房屋漏水不是由物业服务公司造成的，房屋漏水损害赔偿的法律关系不是物业管理法律关系，与物业服务公司无关。因此，以房屋漏水、不能使用而拒交物业管理费的理由不成立。

李先生必须按房屋漏水的原因找到所对应的法律关系；然后针对这一法律关系，对造成房屋不能使用的人提起诉讼，而不是以拒交物业管理费的方式来抗衡物业服务公司。

二、物业管理法律关系的主体、客体和内容

（一）物业管理法律关系主体

1. 物业管理法律关系主体的概念

物业管理法律关系主体是法律关系的参加者，即在法律中一定权利的享有者和一定义务的承担者。

在每一具体的物业管理法律关系中，主体的多少各不相同，但大体上都归属于对应的双方：一方是权利的享有者，称为权利人；另一方是义务的承担者，称为义务人。

2. 物业管理法律关系主体的主要类型

（1）业主　房屋的所有权人为业主。为保护全体业主的利益，某些情况下需要由业主大会及其委员会代表全体业主的意志，作为主体行使业主权利。

（2）物业使用人　依据诉讼法及地方法规，物业使用人既可能成为原告，也可能成为被告。北京市高级人民法院在2004年《北京市高级人民法院关于审理物业管理纠纷案件的意见（试行）》中规定，物业使用人有下列情形之一的，可以作为诉讼当事人：

① 物业使用人与物业服务企业直接签订物业服务合同的；

② 物业使用人接受物业服务，已经与物业服务企业形成事实上的物业服务关系的；

③ 业主与物业使用人约定由物业使用人交纳物业服务费用的；

④ 物业使用人违反《物业管理条例》和管理规约的规定的。

在上述③、④情形下，业主可以列为共同被告。

（3）物业服务公司

（4）房地产开发商

（5）政府及相关部门

(二) 物业管理法律关系的内容

物业管理法律关系的内容就是物业管理法律关系主体之间的法律权利和法律义务。它是法律规范的指示内容（行为模式、法律权利和法律义务的一般规定）在实际的社会生活中的具体落实，是法律规范在实惠关系中实现的一种状态。

(三) 物业管理法律关系的客体

1. 物业管理法律关系客体的概念

物业管理法律关系客体是指物业管理法律关系主体之间权利和义务所指向的对象。物业管理法律关系客体是物业管理及相关活动中一定利益的法律形式。

2. 物业管理法律关系客体的种类

(1) 物业及物业组成部分

(2) 行为结果　物业管理法律关系客体的行为结果是特定的，即义务人完成其行为所产生的能够满足权利人的利益要求的结果。这种结果一般分为两种：物化结果和非物化结果。

物化结果是指义务人的行为（劳动）凝结于一定的物体，产生一定的物化产品或营建物。非物化结果即义务人的行为没有转化为物化实体，而仅表现为一定的行为过程，直至终了，最后产生权利人所期望的结果或效果。多边法律关系、复杂法律关系中常常存在两个或两个以上的客体。

三、物业管理法律关系的种类

1. 调整性法律关系和保护性法律关系

所谓调整性法律关系，是基于人们的合法行为而产生的、执行法的调整职能的法律关系，它所实现的是法律规范（规则）的行为规则（指示）的内容。保护性法律关系是由于违法行为而产生的、旨在恢复被破坏的权利和秩序的法律关系，实现的是法律规范（规则）的保护规则（否定性法律后果）的内容，是法的实现的非正常形式。

2. 隶属的（行政管理）法律关系和平权（民事）的法律关系

所谓隶属的法律关系，是指在不平等的法律主体，即行政管理机关与行政管理对象之间所建立的权利服从关系。平权的法律关系是指平权法律主体，即平等的民事主体之间的权利义务关系，法律主体的地位是平等的，权利和义务的内容具有一定程度的任意性。

3. 单向法律关系、双向法律关系和多向法律关系

所谓单向法律关系，是指权利人仅享有权利，义务人仅履行义务，两者之间不存在相反的联系。单向法律关系是法律关系中最基本的构成要素，一切法律关系均可分解为单向的权利义务关系。双向法律关系是指在特定的双方法律主体之间，存在着两个密不可分的单向权利义务关系，其中一方主体的权利对应另一方的义务，反之亦然。所谓多向法律关系，又称“复合法律关系”或“复杂的法律关系”，是三个或三个以上相关法律关系的复合体，其中既包括单向法律关系，也包括双向法律关系。例如：某写字楼业主通过物业服务合同与物业服务公司约定，物业服务公司向业主和租户提供物业服务，业主依合同支付部分物业服务费，其余部分物业服务费由物业服务企业向租户收取。这一法律关系中包含了物业服务公司向业主和租户提供物业服务的义务，业主支付约定部分物业服务费的义务，物业服务企业代业主向租户收取其余部分物业服务费并归其所有的权利和物业服务企业代业主向租户收取其余部分物业服务费的义务。

4. 主法律关系和从法律关系

主法律关系是人们之间依法建立的不依赖其他法律关系而独立存在的，或在多向法律关系中居于支配地位的法律关系。由此而产生的、居于从属地位的法律关系，就是从法律关系。从法律关系产生以主法律关系存在为条件，从法律关系随主法律关系的终止而终止。例如：某写字楼业主通过房屋租赁合同与租户约定业主和租户之间的租赁关系，同时约定了租户享有的接受物业服务公司提供物业服务权利和承担交纳物业服务费的义务，不管由于任何原因，当租赁关系终止时，租户享有的接受物业服务公司提供物业服务权利和承担的交纳物业服务费的义务都自行终止。

【案例 1-3】 某小区的陈女士在她看房并决定签订购房合同时，开发商承诺，小区将建一所小学。因为儿子很快上小学了，想到日后省去了接送等麻烦，冲着这点，陈女士容忍了小区的其他不足之处，下定决心在这里买下了一套房。谁知入住了半年，小学连个影子都没有，开发商好像从此消失了似的再也找不着，她只好向物业服务公司反映此事。物业服务公司“半推半就”，既不敢于替业主说话，又不得不认可业主说话的道理。这个小区内业主把对开发商的埋怨都算到了物业服务公司身上。时间不长，业主大会成立，提出解聘物业服务公司。

分析： 建管不分离，使得物业管理法律关系主体和房屋转让法律关系主体不分，物业管理法律关系和房屋转让法律关系错综复杂，影响开发商的市场信誉，也是引发物业服务纠纷的主要根源。

无论开发商、物业服务公司还是业主都应当分清各种法律关系、区分各个主体的角色，才能够正确处理相互之间的关系，保护个体利益。

第三节 物业管理法律责任

一、物业管理法律责任的含义

法律责任是指行为人由于违法行为、违约行为或者由于法律规定而应承受的某种不利的法律后果。与道义责任或其他社会责任相比，法律责任有两个特点：第一，承担法律责任的最终依据是法律，承担法律责任的具体原因可能各有不同，但最终依据是法律；第二，法律责任具有国家强制性，即法律责任的履行由国家强制力保证，当然，国家强制力只是在必要时，在责任人不能主动履行其法律责任时才会使用。

二、物业管理法律责任的种类

1. 行政责任

行政责任是指因违反行政法或因行政法规定而应承担的法律责任。行政责任的特点是：

① 承担行政责任的主体是行政主体和行政相对人。

② 产生行政责任的原因是行为人的行政违法行为和法律规定的特殊情况。

③ 通常情况下，实行过错推定的方法。在法律规定的一些场合，实行严格责任。

④ 行政责任的承担方式多样化。

2. 民事责任

民事责任是指由于违反民事法律、违约或者由于民法规定所应承担的一种法律责任。民事责任的特点是：

① 民事责任主要是一种救济责任。民事责任的功能主要在于救济当事人的权利，赔偿或补偿当事人的损失。当然，民事责任也执行惩罚的功能，具有惩罚的内容，如违约金本身就含有惩罚的意思。

② 民事责任主要是一种财产责任。

③ 民事责任主要是一方当事人对另一方的责任，在法律允许的条件下，多数民事责任可以由当事人协商解决。

根据承担民事责任的原因，将民事责任分为：由违约行为产生的违约责任；由民事违法行为，即侵权行为产生的一般侵权责任；由法律规定产生的特殊侵权责任。违约责任和侵权责任主要区别是：①在违约责任中，受害人请求违约方承担违约责任，只要证明其有违约行为即可，不需要举证证明违约方对造成违约有过错，除非违约方能够举证证明自己未履行合同，具备法定免责事由；而在多数侵权责任中，需要侵权方有过错，一般也需要受害人须对行为人的过错负责举证；②赔偿范围不同，一般来讲，违约责任不能要求精神损害赔偿，而侵权责任则可以要求精神损害赔偿。

3. 刑事责任

刑事责任是指行为人因其犯罪行为所必须承受的，由司法机关代表国家所确定的否定性法律后果。一般来说，只有实施犯罪行为者本人承担刑事责任。当然，刑事责任也包括“单位犯罪”的刑事责任。

4. 国家赔偿责任

国家赔偿责任是指国家对于国家机关及其工作人员执行职务、行使公共权力损害公民、法人和其他组织的法定权利与合法利益所应承担的赔偿责任。国家赔偿责任的特点是：

① 产生国家赔偿责任的原因是国家机关及其工作人员在执行职务过程中的不法侵害行为。

② 国家赔偿责任的主体是国家。

③ 国家赔偿责任的范围包括：行政赔偿与刑事赔偿两部分。行政赔偿是指行政机关及其工作人员在行使职权时，侵犯人身权、财产权造成损害而给予的赔偿。刑事赔偿时指行使国家侦察、检查、审判、监狱管理职权的机关在刑事诉讼中，侵犯当事人人身权、财产权，造成损害而给予的赔偿。

三、物业管理法律责任与权利、义务、权力的关系

物业管理法律责任与权利、义务、权力的关系也就是在物业管理中法律责任与权利、义务、权力的关系。

法律责任与法定权利与义务有密切的联系。首先，法律责任规范着物业管理法律关系主体行使的权利的界限，以否定的法律后果防止权利行使不当或滥用权利；其次，在权利受到妨害，以及违反法定义务时，法律责任又成为救济权利、强制履行义务或追求新义务的依据；再次，法律责任通过否定的法律后果成为对权利、义务得以顺利实现的保证。总之，法律责任是物业管理中国家强制责任人作出一定行为或不作一定行为，救济受到侵害或损害的合法利益和法律权利的手段，是保障权利与义务实现的手段。

法律责任与法律权力也有着密切的联系。一方面，责任的认定、归结与实现都离不开国家司法、执法机关的权力（职权）；另一方面，责任规定了行使权力的界限以及越权的后果，因而使权力的运作成为主体所施发的一种具有负责精神的行为过程。

第四节　我国物业管理法规的发展与现状

一、我国物业管理制度产生之前的法律环境

我国物业管理制度产生是以住房制度改革和房地产市场制度建立为基础的。从1954年在《共同纲领》基础上制定出的第一部宪法到1978年3月5日通过了我国的第三部宪法，我国土地使用制度都是完全计划经济性质的管理模式。1978年的《宪法》的第十条中有这样的规定："任何组织或者个人不得侵占、买卖、出租或者以其他形式非法转让土地"。改革开放以后，1980年我国首先在深圳特区试行以收取土地使用费为主要内容的土地管理制改革，迈出了房地产市场制度的第一步。1980年8月，由深圳市房地产管理局房地产公司（深房集团前身）与港商合资开发的深圳第一个涉外商品房工程——东湖丽苑小区开工兴建。以此为契机，1981年3月10日，经深圳市编制委员会批复同意，全国第一家物业服务公司——深圳市物业服务公司成立，在我国率先对计划经济条件下形成的传统房产管理体制进行了改革，开始了对物业管理新体制的探索和实践，拉开了我国物业管理的帷幕，标志着我国物业管理的诞生。1988年6月10日，令人瞩目的《深圳经济特区住房制度改革方案》及与之配套的以推进物业管理为主导思想的《住宅区管理细则》顺利出台，从制度上奠定了深圳物业管理大发展的基础。这一时期，内地的公有制房屋管理制度却难以向前迈进。据20世纪80年代初的统计，全国直管公房失修率达50%以上，由于城市公产住房长期实行低租金制，每平方米使用面积年租金仅为1.56元，除去管理费0.68元，税金0.28元外，修理费只剩下0.60元，仅为正常维修保养费的1/6。其结果，一方面国家每年要拿出大量资金，大约60亿对公房进行维修保养的补贴，另一方面房屋管理部门无法核算其经济效益，职工吃房租，修房靠补贴。

1988年的《宪法》修正案当中，房地产市场经济的模式有所展现。1988年《宪法》修正案规定："任何组织或者个人不得侵占、买卖或者以其他形式非法转让土地。土地的使用权可以依照法律的规定转让"，这奠定了房地产市场经济发展的制度基础。1994年国务院颁布了《关于深化城镇住房制度改革的决定》，这个决定非常明确地指出，城镇住房制度改革的根本目的，就是要建立与社会主义市场经济体制相适应的新的住房制度，实现住房商品化、社会化。具体内容包括推行住房公积金制度，推进租金改革，稳步出售公有住房，渐进进行住房货币化制度改革。由过去的福利性分配改为商品性住房后，住房必然由福利型向商品化、社会化方向改变，从过去单纯的管理型向经营管理型转变。

二、我国物业管理制度、法规的产生

1994年3月建设部颁布了《城市新建住宅小区管理办法》，这是我国第一部比较完备的针对物业管理的法规，标志着物业管理制度的建立。《城市新建住宅小区管理办法》规定了住宅小区的管理体制，社会化和专业化管理模式，住宅小区的物业管理责任，住宅小区管理委员会的权利与义务，物业服务公司的权利与义务，物业服务公司可享受的优惠政

策，物业服务合同的内容，房地产产权人和使用人的权利与义务等内容。由于《城市新建住宅小区管理办法》是以新建住宅小区的管理为重点，具有较强的针对性，故其适用范围较窄。

建设部颁布《城市新建住宅小区管理办法》之后，《城市住宅小区物业管理服务收费暂行办法》等配套规章相继出台。各地方政府也相应制定了地方性法规和实施办法，如《上海市物业服务公司经营资质审批的规定》、《深圳市经济特区物业管理条例》、《常州市市区住宅区物业管理暂行办法》、《北京市居住小区物业管理办法》、《北京市居住小区（普通）委托管理收费标准（试行）》、《上海市商品住宅物业管理服务收费暂行办法》等。这些规定、条例、办法既是各地方政府根据当地物业管理情况制定颁布的法规性文件，又是对部门行政规章的补充。

三、我国物业管理法规的发展与现状

随着物业管理的进一步发展，物业管理逐步涉及工业物业、商业物业等众多领域，这些领域的物业管理也都需要法规来加以规范。2003 年 6 月 1 日，国务院颁布了《物业管理条例》。《物业管理条例》的颁布具有里程碑式的意义，它标志着我国的物业管理进入了法制化、规范化发展的阶段。《物业管理条例》确立了一系列重要的物业管理制度，对业主及业主大会、前期物业管理、物业管理服务、物业的使用与维护等方面作了明确规定，并明确了相应的法律责任。《物业管理条例》的颁布施行，为维护物业管理市场秩序、规范物业管理活动、保障业主和物业服务企业的合法权益提供了法律保障；对于促进物业管理的健康发展，进一步改善人民群众的生活和工作环境具有十分重要的意义。

2007 年 3 月 16 日第十届全国人民代表大会第五次会议通过了《中华人民共和国物权法》。《物权法》规定了业主的建筑物区分所有权、共有部分范围确定原则、业主共同决定权和业主的物业管理自主原则。这些物业管理基本制度的确立，一定程度上解决了物业管理立法层次较低、涵盖性差的问题。

但是，物业管理是在计划经济体制向市场经济体制转变的过程中，借鉴海外物业管理经验由福利制房屋管理模式转化而来的。多年来，物业管理理论滞后于物业管理立法，物业管理立法滞后于物业管理实践。立法中存在着大量的地方主义、实用主义色彩，原因在于物业管理理论体系不完善，立法要领不清，指导思想混乱。同时，我国物业管理主体制度、物业服务合同制度等物业管理法律制度仍不完善，物业管理法律体系仍未成形。

思考题

1. 物业管理法律规范以何为依据？
2. 物业管理法律关系的主体有哪些？
3. 业主是物业管理法律关系的客体吗？
4. 物业管理法律关系的种类怎样划分？具体包括哪些类型？
5. 物业管理法律责任种类有哪些？

第二章　物业权属

业主之所以能够按照本人意愿利用物业、享有管理物业的最终决定权，是由于他拥有物业产权。业主享有权利的同时，还要承担相应义务。本章讲述物业产权、物业权属及其管理。不仅如此，业主的权利和义务、业主之间权利冲突时的解决等一系列问题的回答都需要以本章学习为基础。

第一节　物业权属基本概念

一、物业权属的概念

物业权属是指物业产权在主体上的归属状态。物业权属主要包括：土地所有权归属、土地使用权归属、房屋的所有权归属、房屋的使用权归属、房屋的抵押权归属等。

物业的所有权人享有物业的处分权和收益权，有管理物业的权利和义务，物业的使用权人有能够合法使用房屋的权利。因此，物业权属决定了物业的使用人、物业的管理人、谁有权处分、物业的收益权归谁所有等重大问题。

物业权属状态往往非常复杂，土地所有权、建设用地使用权、房屋的所有权、房屋的使用权、房屋的抵押权可能分属不同的权利主体。

二、物业的所有权、物权与产权的概念

（一）物业的所有权

所有权（ownership）是指所有人依法可以对有体物进行占有、使用、收益和处分的权利。因此，物业的所有人对物业依法可以进行占有，也可以放弃占有；可以实际使用以实现物业的使用价值，也可以不做任何使用；可以将物业出租，也可以供人参观游览而获收益；可以将物业出售、出租、出借，也可以作赠与等其他处分。

（二）物业的物权

1. 物权概念及特征

物权（real rights）是由法律确认的，对物依法所享有的支配权利。物权具有以下特征。

（1）物权的客体是物　物权概念中的物是指可以独立区分并独立使用的有体物、平面或空间。

（2）物权是直接支配性权利　只要求权利人自己的意思，无须他人的意思或行为介入就可以实现。

（3）物权具有排他性　同一物之上不得同时成立两个内容不相容的物权。

（4）物权是绝对权　在物权的可支配权利范围内，非经其同意，不得进入或干涉，否则就构成违法；《物权法》规定，无权占有不动产或者动产的，权利人可以请求返还原物；妨害物权或者可能妨害物权的，权利人可以请求排除妨害或者消除危险；造成不动产或者动产毁损的，权利人可以请求修理、重作、更换或者恢复原状；侵害物权，造成权利人损

害的，权利人可以请求损害赔偿，也可以请求承担其他民事责任；物权受到侵害的，权利人可以通过和解、调解、仲裁、诉讼等途径解决。

(5) 物权一般没有期限限制　只要物权的客体——物存在，物权就存在。

(6) 物权具有追及效力和优先效力　物不管辗转流入到什么人的手中，权利人都可以依法向不法占有人索取。当物权与债权并存时，物权优先于债权。

(7) 物权必须依法确认　由于物权具有直接支配性、绝对性、排他性、追及效力和优先效力等特征，物权的种类和内容必须受法律的限制，不允许当事人任意创设新的物权，也不允许当事人变更物权的内容；物权设定时必须公示。

2. 物业的物权

物业的物权是权利人对一宗物业或一宗物业中的一物所享有的物权。物业中的平面或空间具备可以独立区分并独立使用特点的也属于物。一宗物业可以看作一物，如一栋写字楼，一个住宅小区；一宗物业中可以独立区分并独立使用的部分也可以看作一物，如一栋写字楼中的某一房间或某一单元，一个住宅小区中的某一停车位。权利人对一宗物业或一宗物业中的一物都可以享有物权。

3. 物业的物权种类

物权并非是一种单一权利，它包含了所有权、抵押权、典权及其他物权。物业的物权种类主要包括物业的所有权、建筑物区分所有权、建设用地使用权和物业抵押权、物业典权等。

(三) 物业的产权

产权，是财产权利或财产权（property rights 或 property）的简称，是指以财产权益为内容直接体现某种物质利益的权利，它是与人格权、身份权等非财产权对应的概念，物权、债权、知识产权及继承权都是财产权。产权并非是一种单一权利，它是多项权利的集合。

物业的产权除包括物业的物权外还包括租赁房屋的使用权等物业债权和建筑作品著作权等物业的知识产权，以及其他物业财产权。但通常情况下，物业的产权指法律要求登记的财产权内容，主要包括国有建设用地使用权、集体建设用地使用权、房屋所有权、抵押权、地役权及依照法律法规规定需要登记的其他物业财产权利。

(四) 物业的所有权、物权与产权之间的关系

所有权是物权的一种。它是物权中最完整、最充分的权利。物业出让、出租及物业抵押权的设定都以物业所有权为基础，因此，物业的所有权是物业的物权中最重要的内容。物权与产权不同，物权是产权的一种。

生活中，人们常用“大产权”、“小产权”表述住宅的权属状况。“小产权”对应“大产权”而言，表达了某一产权具有权利内容不完整性的特点。一般在两种情况下会使用“小产权”称谓。第一种，“大产权房”指原为国家所有的住房（以下简称“公房”），以不低于成本的价格转让给职工后，职工对其拥有的产权；“小产权房”指在公房转让给职工时，不是以成本价而是以标准价转让的（即转让的价格低于成本，国家仍然对住房拥有部分的产权），职工对住房所拥有的产权，此时无论是“大产权房”还是“小产权房”，都主要针对“房屋”而言，一般情况下相应的国有土地使用权都是国家无偿提供的；第二种，指农村集体所有土地上违法建造的“商品房”产权。

第二节 物业产权

一、土地所有权

土地是地球表面的陆地上层部分。作为物业的土地，不包括地表以上的空间及气候资源，也不包括土地下层的矿藏和地下水等自然资源。

土地所有权是指土地所有人依法可以对土地进行占有、使用、收益和处分的权利。中华人民共和国实行土地的社会主义公有制，即全民所有制和劳动群众集体所有制；与之对应，土地所有权形式包括国有土地所有权和集体土地所有权两种。

1. 国有土地所有权

下列土地属于全民所有，即国家所有。

① 城市市区的土地；

② 农村和城市郊区中已经依法没收、征收、征购为国有的土地；

③ 国家依法征用的土地；

④ 依法不属于集体所有的林地、草地、荒地、滩涂及其他土地；

⑤ 农村集体经济组织全部成员转为城镇居民的，原属于其成员集体所有的土地；

⑥ 因国家组织移民、自然灾害等原因，农民成建制地集体迁移后不再使用的原属于迁移农民集体所有的土地。

全民所有，即国家所有土地的所有权由国务院代表国家行使。

2. 集体土地所有权

农村和城市郊区的土地，除由法律规定属于国家所有的以外，属于农民集体所有；宅基地和自留地、自留山，属于农民集体所有。

农民集体所有的土地依法属于村农民集体所有的，由村集体经济组织或者村民委员会经营、管理；已经分别属于村内两个以上农村集体经济组织的农民集体所有的，由村内各该农村集体经济组织或者村民小组经营、管理；已经属于乡（镇）农民集体所有的，由乡（镇）农村集体经济组织经营、管理。

3. 土地所有权转移

任何单位和个人不得侵占、买卖或者以其他形式非法转让土地。国家为公共利益的需要，可以依法对集体所有的土地实行征用。

二、建设用地使用权

（一）建设用地使用权的概念

建设用地使用权是经人民政府批准，依照法律规定或合同约定，以在土地上有住宅建筑物或其他工作物为目的，对他人土地享有的占有、使用和收益的权利。《物权法》第一百三十五条规定："建设用地使用权人依法对国家所有的土地享有占有、使用和收益的权利，有权利用该土地建造建筑物、构筑物及其附属设施。"所谓工作物，指建筑物、道路、场地、隧道、沟渠、广告塔、纪念碑及地铁等于地上或地下设置的"建筑物"。建设用地使用权设定的范围无须为土地之全部，也不以建筑物或其他工作物本身占用之土地为限，其周围之附属地，例如房屋之庭院等，也包括在内。建设用地使用权可以在土地的地表、地上或者地下分别设立。

《物权法》第一百五十一条规定："集体所有的土地作为建设用地的，应当依照土地管理法等法律规定办理"。《土地管理法》第四十三条规定："任何单位和个人进行建设，需要使用土地的，必须依法申请使用国有土地；但是，兴办乡镇企业和村民建设住宅经依法批准使用本集体经济组织农民集体所有的土地的，或者乡（镇）村公共设施和公益事业建设经依法批准使用农民集体所有的土地的除外"。可见，集体所有的土地可以作为建设用地使用，也可以设立建设用地使用权。

（二）建设用地使用权的特征

1. 物权性

① 建设用地使用权的客体是国家或集体所有的土地，是可以独立区分并独立使用的平面或空间。

② 建设用地使用权人具有直接支配使用土地的权利。虽然建设用地使用权是基于土地所有权而产生的，但并不从属于土地所有权，而是一项独立的物权，当受到他人侵犯时，权利人可以独立行使诉权。权利人对土地享有独立的支配权，只要有权利人自己的意思，无须他人的意思或行为介入就可以实现。

③ 建设用地使用权是绝对权。在建设用地使用权人的可支配权利范围内，非经其同意，包括土地所有权人在内的任何人都不得进入或干涉，否则就构成违法。

④ 建设用地使用权具有排他性的占有、使用和收益权，除法律规定或合同约定的限制外，不容他人干预。并且，建设用地使用权所对应的土地之上不得再成立具有土地使用权内容的物权。

⑤ 建设用地使用权具有追及效力。建设用地使用权不管辗转流入什么人的手中，权利人都可以依法向不法占有人索取。

⑥ 建设用地使用权具有优先效力。在建设用地使用权出让或转让的过程中，发生建设用地使用权与债权并存时，建设用地使用权优先于债权。

⑦ 建设用地使用权的内容依据《物权法》得以确认和限制。建设用地使用权出让合同订立后，应当向登记机构申请建设用地使用权登记，予以公示。登记机构应当向建设用地使用权人发放建设用地使用权证书。依法取得并经过登记的建设用地使用权即可以对抗第三人。

⑧ 建设用地使用权受到侵害时，权利人可请求以返还原物、排除妨害和消除危险等方法得到法律保护。

2. 限制性

（1）时间限制　建设用地使用权从土地所有权中分离出来之后虽然具有很强的独立性，但最终要回归到所有权中，使土地所有权恢复圆满状态。因此，建设用地使用权通常具有明确的期限。当合同约定的土地使用期限届满时，土地使用权即行终止。建设用地使用权的转让、互换、出资、赠与或者抵押合同的期限不得超过原建设用地使用权出让合同剩余的期限。

（2）规划用途限制　我国实行土地用途管制制度。国家编制土地利用总体规划，规定土地用途，将土地分为农用地、建设用地和未利用地。农用地是指直接用于农业生产的土地，包括耕地、林地、草地、农田水利用地、养殖水面等；建设用地是指建造建筑物、构筑物的土地，包括城乡住宅和公共设施用地、工矿用地、交通水利设施用地、旅游用地、军事设施用地等；未利用地是指农用地和建设用地以外的土地。使用土地的单位和个人必须严格按照土地利用总体规划确定的用途使用土地。只有规划用途为建设用地的土地才能够设定建设用地使用权和宅基地使用权。任何单位和个人进行建设，需要使用土地的，必须依法申请使用国有土地；但是，兴办乡镇企业和村民建设住宅经依法批准使用本集体经济组织农民集体所有的土地的，或者乡（镇）村公共设施和公益事业建设经依法批准使用农民集体所有的土地的除外。

（三）建设用地使用权的分类

根据土地使用权来源的不同，可将建设用地使用权分为国有建设用地使用权和集体建设用地使用权。

国有建设用地使用权是经人民政府批准，依照法律规定或合同约定，以在国有土地上有非农户住宅建筑物或其他工作物为目的，对他人土地享有的占有、使用和收益的权利。

集体建设用地使用权是经人民政府批准，依照法律规定或合同约定，以在集体所有土地上有非农户住宅建筑物或其他工作物为目的，对他人土地享有的占有、使用和收益的权利。集体建设用地使用权与宅基地不同，主要包括乡（镇）村企事业单位用地、公共设施用地和公益事业用地。集体建设用地使用权的主体，在法律上受到比较严格的限制，一般来讲，只有集体经济组织进行非农业建设，才可能申请使用该集体的土地。

由于使用集体所有土地的主体在法律上受到比较严格的限制，建设用地使用权一般是指国有建设用地使用权。

（四）建设用地使用权人的权利与义务

1. 建设用地使用权人的权利

① 建设用地使用权人依法享有对国家所有的土地占有、使用和收益的权利，有权自主利用该土地建造并经营建筑物、构筑物及其附属设施。建设用地使用权人使用土地的圆满状态受到妨害时，可以请求确认建设用地使用权、返还原土地、恢复土地原状、排除妨害，仍有损失的，可以请求损害赔偿；有可能危及行使建设用地使用权的，权利人可以请求消除危险。相邻的建设用地使用权人之间、建设用地使用权人与其他有权使用土地的人之间，应依法给予方便或接受限制。

② 建设用地使用权人有权将建设用地使用权转让、互换、出资、赠与或者抵押，但法律另有规定的除外。建设用地使用权人将建设用地使用权转让、互换、出资、赠与或者抵押的，当事人应当采取书面形式订立相应的合同。合同的期限由当事人约定，但不得超过原建设用地使用权出让合同剩余的期限。

2. 建设用地使用权人的义务

① 建设用地使用权人应当依照法律规定以及合同约定支付出让金等费用。

② 建设用地使用权人应当合理利用土地，不得改变土地用途；需要改变土地用途的，应当依法经有关行政主管部门批准。

三、房屋所有权

1. 房屋所有权

房屋所有权是指房屋所有人依法可以对房屋进行占有、使用、收益和处分的权利。

房屋所有权分为国有房屋所有权、集体房屋所有权、私有房屋所有权、外产房屋所有权、中外合资房屋所有权和其他性质的房屋所有权。

2. 房屋的使用权

房屋的使用权是指依法对房屋进行利用，以满足自己某种需要的权利。房屋使用权实际上也有两种：一种是房屋所有人对自己拥有的房屋所享有的使用权；另一种是非房屋所有权人对房屋所享有的使用权。后者是从房屋所有权中分离出来的一种权利，在实际生活中，房屋作为商品只发生使用权转移的情况有租赁、借用等。房屋使用权包括房屋的占有权、使用权和一定范围内的收益权。

四、建筑物区分所有权

建筑物区分所有权是指各业主对建筑物内的住宅、商业用房等专有部分享有的专有所有权，与对专有部分以外的共有部分享有的共有所有权和共同管理权的总称。《物权法》第七十条规定："业主对建筑物内的住宅、经营性用房等专有部分享有所有权，对专有部分以外的共有部分享有共有和共同管理的权利"，即是明确了建筑物区分所有权。

建筑物区分所有权具有以下特征：

① 复合性。即建筑物区分所有权是由专有所有权、共有所有权和共同管理权构成。

② 专有所有权主导性。在以上三项构成中，专有所有权占主导地位，最为重要。建筑物区分所有权人只有取得了专有所有权，才能取得共有所有权和共同管理权。后两项权力既不单独登记，其大小也取决于专有所有权的大小。

③ 一体性。专有所有权、共有所有权和共同管理权必须合为一体，不可分离。在转让、处分、抵押、继承时，不能保留其一或其二而转让、抵押其他权利。

④ 权力主体身份的多重性。由于建筑物区分所有权是由专有所有权、共有所有权和共同管理权构成，因此建筑物区分所有权人的身份具有多重性。

五、物业抵押权

物业抵押权是指债权人对于债务人或者第三人不转移占有而提供担保的物业，在债务人不履行债务时，依法享有的就担保的财产变价并优先受偿的权利。

抵押权担保的范围包括主债权及利息、违约金、损害赔偿金和实现抵押权的费用。抵押合同另有约定的，按照约定。

抵押权效力及于标的物的范围，除双方当事人约定用于抵押的物业外，还包括从物和从权利、孳息及因抵押物灭失得受的赔偿金。例如：抵押权的效力及于设定抵押权物业范围内的树木、租金等。

六、物业产权的取得、消灭与变更

（一）物业产权的取得

物业产权的取得，是指民事主体以合法方式和根据获得物业产权。物业产权的取得有原始取得和继受取得两种方式。

1. 原始取得

原始取得，是指根据法律规定，最初取得财产的所有权或不依赖于原所有人的意志而取得财产的所有权。物业产权的原始取得根据主要包括以下几项。

（1）劳动生产　指民事主体通过自己的劳动生产活动获取劳动产品，以及通过扩大再生产取得其所创造的劳动产品。

建设用地使用权人建造的建筑物、构筑物及其附属设施的所有权属于建设用地使用权人。建设用地使用权人对其建造的建筑物、构筑物等物业产权的取得即是原始取得。

(2) 附和　指民事主体把不同所有人的财产密切结合在一起而形成新财产，非经拆毁不能达到原来的状态。例如：建设用地使用权人以外的人在土地上建造的永久性房屋即形成附和。在这种情况下，关于新的物业产权的归属，应由当事人协商处理，或归一方所有，或归当事人共有。如果不能达成协议，应归给物业添附价值高的一方所有，但他要向原所有人给付适当的经济补偿。如果取得物业产权的一方的附和行为是出于恶意，即明知是他人的财产而进行附和，或有其他故意或过失行为，则原所有人除有权向他请求经济补偿外，还有权要求他赔偿因附和所造成的损失。这种情况下取得的物业产权也是原始取得。

(3) 没收　指国家根据法律、法规采取革命措施或强制手段，剥夺官僚资本家、反革命或违法犯罪分子的财产归国家所有。例如：建国初期国家对旧官僚资本家房产的没收，国家对某些财产犯罪人员处以没收财产的刑罚后对其房产的没收都是原始取得。

(4) 出让　即建设用地使用权出让，是由国家按照土地所有权与土地使用权相分离的原则，依法授权市、县人民政府作为本行政区域内国家土地所有者的代表，将城镇中指定的地块的建设用地使用权以一定年限、用途和其他条件，让与土地使用者占有、使用、经营和管理，并一次行收取货币金额的行为。经建设用地地使用权出让，建设用地使用者取得建设用地使用权。

(5) 划拨　建设用地使用权划拨是指县级以上人民政府依法批准，在土地使用者交纳补偿、安置费用后将该幅土地交付其使用。经建设用地使用权划拨，建设用地使用者取得建设用地使用权。

另外，原始取得物业产权还包括征收、征用、抵押、出典、集体建设用地许可等其他合法原因。

2. 继受取得

继受取得，是指通过某种法律行为从原所有人那里取得对某项财产的所有权。物业产权的继受取得根据主要为买卖合同。通过买卖，买受人可以取得原属于出卖人的建设用地使用权，也可以同时取得房屋所有权以及建设用地使用权。

另外，继受取得物业产权还包括接受赠与、互易、继承遗产、接受遗赠、合资入股等其他合法原因。

(二) 物业产权的消灭

物业产权的消灭，是指因某种法律事实的出现，而使物业产权人丧失了物业产权。物业产权的消灭从权利人方面观察，即物业产权的丧失，可以分为绝对消灭和相对消灭。

1. 绝对消灭

绝对消灭是指物权本身不存在了，即物权的标的物不仅与其主体相离，而且他人也未取得其权利。物业产权绝对消灭的原因主要有以下几项。

(1) 物业灭失　建设用地使用权、抵押权因土地灭失而终止。房屋所有权、抵押权因房屋灭失而消失。

(2) 建设用地使用权的期限届满　建设用地使用权的期限届满，建设用地使用权消灭。

物业产权绝对消灭的原因还包括没收、征收、征用、建设用地使用权的收回、混同、抵押主债权消灭等。

2. 相对消灭

相对消灭则是指原主体权利的丧失和新主体权利的取得。物业产权的相对消灭同时也是物业产权的继受取得或主体变更。物业产权的消灭原因主要有：物业产权人死亡、转让、抛弃、赠与以及物业产权被依法强制消灭等。

(三) 物业产权的变更

物业产权的变更指物业产权内容的变更及客体的变更。

1. 物业产权内容的变更

其是指不影响物业产权整体内容的物权的范围、方式等方面的变化，如建设用地使用权期限、条件的变更，地役权行使方法的改变，抵押权所担保的主债权的部分履行。

住宅建设用地使用权期间届满的，自动续期。非住宅建设用地使用权期间届满后的续期，依照法律规定办理。

2. 物业产权客体的变更

其是指物业发生的变化，如所有权的客体因附和而有所增加。

第三节　建筑物区分所有权

一、专有所有权

1. 专有所有权的概念

专有所有权是指建筑物区分所有权人对专有部分可以占有、使用、收益和处分的权利。业主行使权利不得危及建筑物的安全，不得损害其他业主的合法权益。业主不得违反法律、法规以及管理规约，将住宅改变为经营性用房。业主将住宅改变为经营性用房的，除遵守法律、法规以及管理规约外，应当经有利害关系的业主同意。

2. 专有部分

专有部分，指在构造上或从观念上能够明确区分，且可独立使用的物业部分。构造上能够明确区分是指四壁具有确定的遮蔽性；从观念上能够明确区分是指与其他部分在外观上可以区分并有固定的界线标识点；可独立使用是指物业专有部分有独立出入门户与公共走廊或公共楼梯等公共设施相通，可以供独立住家、店铺、办公室、仓库或其他不同用途使用。

专有部分的范围，应分别内部关系和外部关系而定。在建筑物区分所有人相互间对物业维持管理关系上，专有部分仅包括墙壁、天花板、地板等境界部分表层所粉刷之部分；在买卖、保险、税金等外部关系上，专有部分达到墙壁、天花板、地板等境界部分厚度之中心线。

建筑区划内符合下列条件的房屋，以及车位、摊位等特定空间，应当认定为专有部分：

① 具有构造上的独立性，能够明确区分；

② 具有利用上的独立性，可以排他使用；

③ 能够登记成为特定业主所有权的客体。

规划上专属于特定房屋，且建设单位销售时已经根据规划列入该特定房屋买卖合同中的露台等，应当认定为专有部分的组成部分。

3. 专有部分的共用权

专有部分的共用权来自法定和约定两种形式。

对小区内开发商专有的公共建筑和共用设施，如一些小区内的会所、车库等，只要是按照规划建设的，建筑物区分所有人就享有法定的“共用权”，这些建筑和设施的所有权人一般不得随意改变其用途。《物权法》规定，改建、重建建筑物及其附属设施的，应当经专有部分占建筑物总面积三分之二以上的业主且占总人数三分之二以上的业主同意。《物业管理条例》规定，业主确需改变公共建筑和共用设施用途的，应当在依法办理有关手续后告知物业服务企业；物业服务企业确需改变公共建筑和共用设施用途的，应当提请业主大会讨论决定后由业主依法办理有关手续。由此来看，像小区内的会所、游泳池、球场、花园、草坪、空地等之类的公共性建筑、设施和场地，即使开发商仍拥有所有权，但如果改变其用途，如在规划时本来是空地或绿地的地方新建商品房；拆除球场、花园改建经营性的停车场等，将有可能构成对小区业主法定“共用权”的侵犯。但是，也应当看到，由于这种法定“共用权”不是基于其共同所有权产生的，所以，一般不能必然得出其使用应当是无偿、免费的，而取决于约定和有关实际情况。一般来讲，享有“共用权”并不意味必然可以免费使用，因为这样等于实际排除了所有权人应有的收益权。

专有部分的约定共用权是对本来为专有部分的进行约定，由全体共同使用，如某一房屋，虽然是专有部分，但经管理规约约定被用作公共用房。

二、共有所有权

（一）共有所有权的概念

共有所有权，是指建筑物区分所有权人按照法律、法规的规定或合同约定，对建筑物区分所有的共有部分可以占有、使用和收益的权利。

（二）共有部分的范围

1. 共有部分整体上的范围

对于物业共有部分的范围，笼统地讲，除去专有部分即是共有部分。基于与专有部分的范围确定相同的考虑，共有部分的范围，也应分别内部关系和外部关系而定。具体而言，在内部关系上，共有部分包括以下几项。

（1）共有部位　共有部位包括建筑物的承重、围护和分界构造部分，门厅、楼梯间、走廊通道、垃圾道、变电室、设备间、地下室、值班警卫室等楼房内部套（单元）外部公共空间，外墙面及屋顶等建筑物外立面，围墙、配套商业用房、物业服务用房以及其他公共场所等配套建筑。地基虽然属于共有部位，但对地基下空间和屋顶上空间的利用还涉及到土地、空间的增建改建问题。增建改建权属于土地开发利用权，这种权利一般应属于土地所有权人。开发商在已售小区的增建改建、获得行政许可或者被认定为非法建筑，不影响公共部位性质及相关权益归属的判断，应经过业主大会表决同意。

（2）共有设施设备　是指建设费用已分摊进入住房销售价格的共用的上下水管道、落水管、水箱、加压水泵、电梯、天线、供电线路、照明、锅炉、暖气线路、煤气线路、消防设施、路灯、沟渠、池、井、小区大门等地上和地下共有配套设施设备。

（3）相关场地　包括住宅小区的绿地、道路、小区空地、场地等。

建筑区划内的道路，属于业主共有，但属于城镇公共道路的除外。建筑区划内的绿地，属于业主共有，但属于城镇公共绿地或者明示属于个人的除外。建筑区划内，规划用于停放汽车的车位、车库，可以由当事人通过出售、附赠或者出租等方式约定。占用业主共有的道路或者其他场地用于停放汽车的车位，属于业主共有。

建筑区规划是相关场地共有的基础，但建设用地使用权和场地的所有权是两个不同的概念，建设用地使用权由全体业主享有共有权，建设用地所有权仍属于国家。

建设部《住宅共用部位共用设施设备维修基金管理办法》（以下简称《办法》）第三条规定："本办法所称共用部位是指住宅主体承重结构部位（包括基础、内外承重墙体、柱、梁、楼板、屋顶等）、户外墙面、门厅、楼梯间、走廊通道等。共用设施设备是指住宅小区或单幢住宅内，建设费用已分摊进入住房销售价格的共用的上下水管道、落水管、水箱、加压水泵、电梯、天线、供电线路、照明、锅炉、暖气线路、煤气线路、消防设施、绿地、道路、路灯、沟渠、池、井、非经营性车场车库、公益性文体设施和共用设施设备使用的房屋等。"这就是从内部关系上划分出的共有部分，但只包括了需要使用专项维修资金（在以上《办法》中称"维修基金"）进行维修的范围，没有包括共有隔离墙等共有部分中不使用专项维修资金维修的部分。

从外部关系上进行划分，则应在从内部关系上划分出的共有部分中除去套（单元）与公用建筑空间之间的分隔墙以及外墙（包括山墙）墙体靠近套（单元）内部的一半。建设部《商品房销售面积计算及公用面积分摊规则》第八条规定，公用建筑面积由以下两部分组成：第一部分，电梯井、楼梯间、垃圾道、变电室、设备间、公共门厅和过道、地下室、值班警卫室以及其他功能上为整栋建筑服务的公共用房和管理用房建筑面积；第二部分，套（单元）与公用建筑空间之间的分隔墙以及外墙（包括山墙）墙体水平投影面积的一半。公用建筑面积属于共有部位，就是从外部关系上确定的。

【案例 2-1】 2005 年 6 月，宁波市北仑区一住宅小区的 19 名业主状告房地产商，称房地产公司销售房子时，在宣传资料中明确表示小区内有公共停车位和公共用地。但在房屋交付后，房地产公司却把楼前约 2000 平方米的公共用地"挪用"为旁边一家菜场的停车场，造成业主们的车无处停放。后经宁波市中级人民法院终审判决，被"挪用"的公共车位和公共用地归小区业主共有。

分析：案例中房地产公司是否侵犯了业主对公共停车位和公共用地的共有权，决定于房地产公司是否享有对公共停车位和公共用地的合法处分权。合法的处分权利来自于公共停车位和公共用地的共有权。在房地产公司没有被授权处分公共停车位和公共用地的使用权的情况下，房地产开发商有权处分的情形只可能是开发商享有公共停车位和公共用地的所有权。而相关证据证明其是公共停车位和公共用地，非开发商所有。《物业管理条例》第五十一条明确规定："业主、物业服务企业不得擅自占用、挖掘物业管理区域内的道路、场地，损害业主的公共利益"。《民法通则》第一百一十七条规定："侵占国家的、集体的财产或者其他人财产的，应当返还财产，不能返还财产的，应当折价赔偿。"因此，法院判决返还业主公共停车位和公共用地是正确的。

2007 年 10 月 1 日开始实施的《物权法》第七十三条规定："建筑区划内的道路，属于业主共有，但属于城镇公共道路的除外。建筑区划内的绿地，属于业主共有，但属于城镇公共绿地或者明示属于个人的除外。建筑区划内的其他公共场所、公用设施和物业服务用房，属于业主共有。"确认了业主公共停车位和公共用地的产权属于业主共有。

2. 共有部分各细分部分的范围

共有部分又可划分为全体业主共有部分和部分业主共有部分、法定共有部分和约定共有部分、共有共用部分和共有专用部分，每一种划分中各细分部分的范围如下。

(1) 全体业主共有部分和部分业主共有部分的范围　在多幢建筑物聚合的居住小区情形下，又可进一步分为一幢楼房的全部或部分业主共有部分（一幢建筑物全体业主所共有的电梯）和居住小区全体业主共有部分。

为部分物业提供辅助功能的共有部分，为这部分物业业主共有。如：非承重界墙应为相邻业主共有；建筑物内承重、围护结构应由整幢建筑物全体业主共有；为楼上业主承重和分割各层楼之间的楼板为楼上下相邻业主共有；一建筑物内，但为小区全体业主服务的共有部位，如物业服务公司办公用房、小区道路、绿地等，为小区全体业主共有。但一般认为，首层业主与其他层业主对电梯共有，底层不利用水泵供水业主与利用水泵供水业主对水泵共有。

(2) 法定共有部分和约定共有部分的范围　法定共有部分又称性质上、构造上的共有部分，一般指在构造和使用上不具有独立性的建筑物的基本构造部分、建筑物的附属物及建筑物的附属设备。这里的“法定”是说某些共有部分的范围是依据法律而确定，由于建筑物的自然属性属于全体业主共有，而不是依全体业主的约定。约定共有部分是指在构造和使用上具有独立性的某一部分基于建筑物区分所有权人之间或建筑物区分所有权人同开发商约定，由建筑物区分所有权人共同享有所有权而成为共有部分。

法律明确规定的共有部分有建筑区划内的道路（属于城镇公共道路的除外）、绿地（属于城镇公共绿地或者明示属于个人的除外）、公用设施和物业服务用房以及其他公共场所。建设部规章界定“共用部位”、“共用设施设备”和“共用分摊面积”时列举的范围，可以在司法实践中参照适用。对依自然属性而共有的部分，即使在没有明文规定的情形下，基于这些部分的自身属性和同建筑物整体的关系，也应视为当然共有。同时，对当然共有部分，不得约定专用权。建筑区划内，规划用于停放汽车的车位、车库，可以由当事人约定为业主共有。

(3) 共有共用部分和共有专用部分的范围　一般而言，共有部分当然由共有人共用，但对本来为共有部分的可以约定由特定人享有专有使用权，如屋顶平台约定为某广告公司使用，车库约定由专门建筑物区分所有权人使用。

共有专用部分的约定，业主大会成立前由开发商同专用人约定，业主大会成立后在管理规约中约定或业主大会授权业主委员会、物业服务公司同专用人约定。

(三) 建筑物区分所有权人作为共有权人的权利和义务

1. 建筑物区分所有权人作为共有权人的权利

(1) 共有部分的使用权　这是建筑物区分所有权人作为共有权人的一项基本权利。即使在管理规约没有规定的情况下，业主仍在一定限度内对自己房屋所在的外墙面、墙壁拥有合理的使用权。如安装空调，如果业主没有任何利用外墙面的权利的话，那么空调的室外安装就成问题了。

(2) 知情权和监督权　指共有所有权人有了解和监督共用部分的使用情况的权利。《物业管理条例》第六条规定，业主在物业管理活动中，对物业共用部位、共用设施设备和相关场地使用情况享有知情权和监督权。

(3) 收益权　指共有所有权人可依规约或其共有部分，取得因共有部分所产生的收益的权利。《物业管理条例》第五十五条规定，利用物业共用部位、共用设施设备进行经营的，应当在征得相关业主、业主大会、物业服务企业的同意后，按照规定办理有关手续。业主所得收益应当主要用于补充专项维修资金，也可以按照业主大会的决定使用。此约定获得的收益归全体业主所有，一般为按份收益。

（4）共有部分单纯的修缮改良权　共有所有权人基于居住或其他用途的需要，有权对共有部分进行的不影响或损害建筑物的共有部分的修缮改良行为。

（5）排除他人对共有部分干扰的请求权　共有权人有权直接制止或请求排除妨害共有共用物的一切非法行为。

建筑物区分所有权人的共有权也包括一定的处分权，只不过这种处分权与一般共有权不同，建筑物区分所有的共有权人不享有单独的处分权，只有共有权人整体才享有这项权利。正因为如此，对共有部分一般也称为“共用部分”。业主大会以及经过授权的业主委员会可以行使处分权，一般由物业服务公司具体行使。另外，处分权的内容范围也是极为有限的，主要表现在拆除共有部分上不合理的建筑、共有部分的改建重建、空地和空余空间的增建等有限事项的处分方面。

2. 建筑物区分所有权人作为共有权人的义务

（1）依共有部分的本来用途使用共有部分　除依法对建筑物及其附属设施的改建、重建外，共有部分使用权利的行使应在合理限度之内，并不得改变其本来用途。合理的界线应当包括：是否对相邻业主的生活造成不良影响；是否影响了整幢楼宇的美观和统一性；是否影响公共安全等。所谓“本来用途”，又称“固有用途”，指依共有部分的种类、位置、构造、性质或依约定的共有部分的目的或用途使用共有部分。《物业管理条例》第五十条规定，“物业管理区域内按照规划建设的公共建筑和共用设施，不得改变用途”，即便在专有部分范围内的共用部分也是如此。

（2）分担共同费用和负担　共同费用的分担一般包括：日常维修和更新共有部分的费用、委托管理及自治管理所需管理费用、共有部分的税款等。根据《物业管理条例》第四十二条规定，业主应当根据物业服务合同的约定交纳物业服务费用。

业主作为共有权人的义务是法律规定的义务，不得附加任何条件，不得以放弃共有权人权利不履行义务。《物权法》第七十二条规定：“业主对建筑物专有部分以外的共有部分，享有权利，承担义务；不得以放弃权利不履行义务”。

【案例 2-2】　乙公司从甲公司手上购买了一大厦的裙楼（共 3 层）。该大厦呈“L”形，主楼高 18 层，裙楼的第 3 层与主楼相连。裙楼 3 层的屋顶为一约 896 平方米的露台，原设计规划为屋顶花园，但因种种原因尚未动工，通过主楼电梯经 4 楼可以到裙楼露台。在乙公司购买裙楼一年后，甲公司将裙楼露台卖给丙公司。丙公司在上面盖了轻型钢结构建筑，经营歌舞厅。乙公司遂以自己享有 3 楼屋顶所有权为由，将甲公司告上法庭。

分析：开发商原规划该露台为空中花园，应是确定露台权属的一个十分重要的考虑因素，它表明了露台的公共用途。露台在条件具备时应建成屋顶花园使用。因此，甲公司将裙楼露台卖给丙公司在上面盖轻型钢结构建筑经营歌舞厅侵犯了业主对露天的使用权。根据《物权法》第七十三条：“建筑区划内的道路，属于业主共有，但属于城镇公共道路的除外。建筑区划内的绿地，属于业主共有，但属于城镇公共绿地或者明示属于个人的除外。建筑区划内的其他公共场所、公用设施和物业服务用房，属于业主共有。”即明确了该露台属于法定共有部位。因此，不能认为在露台未能建成时，开发商对露台具有开发权和经营性使用权。乙公司依据建设部《住宅共用部位共用设施设备维修基金管理办法》第三条规定，认为屋顶属于自己所有是错误的，屋顶作为主体承重结构部位归乙公司所有，而作为屋顶花园归全体业主共有。

三、共同管理权

（一）共同管理权的含义

共同管理权，是指建筑物区分所有权人基于建筑物的构造、权利归属及使用上的共同关系而产生的，作为建筑物管理团体组织成员而享有的权利与承担的义务。

（二）共同管理权的内容

1. 建筑物区分所有权人作为共同管理权人享有的权利

（1）选举权与被选举权　即建筑物区分所有人参加业主大会，有选举和成为团体组织及执行等机构成员的权利。《物权法》第七十六条规定，业主共同决定选举业主委员会或者更换业主委员会成员事项。《物业管理条例》第六条规定，业主在物业管理活动中，享有选举业主委员会委员，并享有被选举权。

（2）表决权　即建筑物区分所有人参加业主大会，就大会讨论的事项享有的投票表决权。《物业管理条例》第六条规定，业主在物业管理活动中，享有参加业主大会会议，行使投票权的权利。

（3）参与订立规约权　即建筑物区分所有人参加业主大会，参与订立规约的权利。《物权法》第七十六条规定，制定和修改业主大会议事规则、制定和修改建筑物及其附属设施的管理规约等事项由业主共同决定。《物业管理条例》第六条规定，业主在物业管理活动中，享有提出制定和修改管理规约、业主大会议事规则的建议的权利。

（4）监督权　即建筑物区分所有权人参加业主大会，有监督团体各机构工作的权利。《物权法》第八十二条规定："物业服务企业或者其他管理人根据业主的委托管理建筑区划内的建筑物及其附属设施，并接受业主的监督。"《物业管理条例》第六条规定，业主在物业管理活动中，享有监督业主委员会的工作的权利。

（5）请求权　即建筑物区分所有权人对共同管理事项，及共同收益的应得份额享有的请求权。《物权法》第七十八条规定，业主大会或者业主委员会作出的决定侵害业主合法权益的，受侵害的业主可以请求人民法院予以撤销。《物权法》第八十三条规定，业主对侵害自己合法权益的行为，可以依法向人民法院提起诉讼。《物业管理条例》第六条规定，业主在物业管理活动中，享有提议召开业主大会会议，并就物业管理的有关事项提出建议的权利。请求权具体包括：

① 请求召集集会的权利。

② 请求正当管理共同关系事务的权利。

③ 请求收取共有部分应得的利益。

④ 请求停止违反共同利益的行为。

（6）车库、车位优先使用权　即物业管理区域内车库、车位在出售、附赠或者出租时，建筑物区分所有权人有优先的权利。《物权法》第七十四条规定："建筑区划内，规划用于停放汽车的车位、车库应当首先满足业主的需要"。建设单位按照规划确定的建筑区划内用于停放汽车的车位、车库与房屋套数的配置比例，将车位、车库以出售、附赠或者出租等方式处分给业主的，即是首先满足了业主的需要。

2. 建筑物区分所有权人作为共同管理权人应承担的义务

① 执行业主大会会议所作出的决议的义务。这是建筑物区分所有权人作为共同管理权人应履行的基本义务。《物业管理条例》第十二条规定，业主大会的决定对物业管理区域内的全体业主具有约束力。《物权法》第七十八条规定，业主大会或者业主委员会的决定，对业主具有约束力。

② 遵守管理规约的义务。《物业管理条例》第十七条规定，管理规约对全体业主具有约束力。

③ 接受管理人管理的义务。

另外，承担共同管理所需费用，不仅是作为共有所有权人应尽的义务，也属于共同管理权人义务的内容。

（三）共同管理权的特征

（1）它是独立于专有所有权与共有所有权以外的权利　专有所有权和共有所有权的主要内容是财产关系，具有“物法性”因素。共同管理权不仅仅是单纯的财产关系，其中很大部分是成员管理关系，具有“人法性”（成员管理制度）的因素存在。

（2）它是基于建筑物区分所有权人间的共同关系而产生的权利　城市生活中，各建筑物区分所有权人为了使用专有部分，而必须使用共有部分；各建筑物区分所有权人在行使专有部分权利时，不得妨碍其他建筑物区分所有权人对专有部分的使用和违反全体建筑物区分所有权人的共同利益。这种建筑物构造、权利归属及行使的不可分离关系，使各建筑物区分所有权人间形成事实上的共同体关系。为了维持该共同体关系的存续和发展，尤其为了管理相互间的共同事务、共有部分、共有共用部分的使用收益，各建筑物区分所有权人有必要形成团体组织，成为团体的成员，享有权利并承担义务。

（3）它是一种永续性的权利　只要建筑物存在，建筑物区分所有权人间的共同体关系即会存续。基于共同关系而产生的共同管理权与共同关系共始终，具有永续性。

（4）它是一项与专有所有权、共有所有权密不可分的权利，三者共同构成区分所有权的完整内容　共同管理权是各建筑物区分所有权人在共同关系事务上的意思形成和该意思执行的权利，因此，具有人身属性，不得单独作为让与的客体。

【案例 2-3】 坐落在南京市娄子巷××号的钢筋混凝土框架结构六层商住楼，建于1992年。底层为商业用房，层高4.2米，建筑面积362.04平方米，产权属甲公司所有。二至六层为居住房，住房制度改革后，已由南京市鼓楼区房产经营公司和钟先生等住户分别所有。1998年3月，甲公司装修底层房屋准备增建夹层时，把钢筋混凝土框架柱之间的填充墙全部拆除，将地面下挖0.9～1.2米深，使部分地梁裸露，由此引发纠纷。同年6月，甲公司委托南京市房屋安全鉴定处（下称安鉴处）就其增建夹层的安全性进行鉴定，结论为：夹层施工对楼房主体未造成明显的结构性损坏，目前不影响居住和使用安全，但夹层的设计、施工中存在问题，建议委托有资质的单位进行设计、施工。此后，甲公司按照提出的要求进行了整改，并于同年9月再次委托安鉴处对其增建夹层的新设计方案进行鉴定，结论为：现经持证设计单位出具的正规施工图，能满足安全使用要求，建议施工期间加强监督，确保工程质量。同年11月，江苏省建设委员会抗震办经审核，同意甲公司的增建夹层方案；南京市公安局鼓楼区分局消防科经审核，同意甲公司按所报图纸进行施工。原告房产公司和原告钟先生等住户不同意甲公司按照设计方案施工，于1999

年1月提起诉讼。原告等诉称：原告居住的楼房，底层为被告所有，二层以上的产权为原告等所有。被告擅自在其底层拆改装潢，为架设夹层而深挖屋内地面，将基础梁暴露在外，用膨胀螺栓把槽钢固定在楼房框架和四周墙体上，明显加大了楼房主体的负荷。被告的行为致使原告的住宅墙体开裂，屋面渗水，水管漏水，严重影响了原告的居住安全。被告的行为侵犯了原告等作为产权人的合法权益，请求判令被告恢复房屋原状，并对受损的楼房主体结构和给排水系统采取补救加固措施。审理期间，被告甲公司领取了南京市规划局颁发的准予在南京市娄子巷××号室内增建夹层的建设工程规划许可证。法院委托对原告钟先生等住房所诉住房损坏的情况进行鉴定，结论为：该楼房属基本完好房屋。钟先生等户住房出现的墙面瓷砖、拼板、阴角等处裂缝问题，并非因甲公司增建夹层造成，建议甲公司对底层公共部位大平台楼梯间的墙体裂缝用高标号水泥砂浆粉刷，对地梁露筋部位做好保护层。

一审法院认为：甲公司在自己的产权范围内增建夹层，新的方案是由有资质的部门设计，并得到建设工程规划和抗震、消防等行政主管机关的审核同意。甲公司如能在严格监督下按照批准的施工质量标准组织施工，楼房的安全是有保障的。房产公司和钟先生等主张二至六层房屋的损坏是因甲公司增建夹层所致，甲公司已经提供了与己无关的证据，房产公司和钟先生等再没有提出反证。对房产公司和钟先生等基于这一理由提出的诉讼请求，不予支持。因施工对相邻方造成干扰，甲公司自愿给钟先生等住户每户补偿1000元，应予准许。据此判决被告甲公司对楼房底层公共部位大平台楼梯间墙体裂缝部位用高标号水泥砂浆粉刷，对地梁露筋部位做好保护层，疏通下水管道。由原告房产公司和甲公司共同委托监理部门负责现场监理，监理费用由甲公司负担。被告甲公司给付原告钟先生等住户每户1000元补偿费。

原告钟先生等住户不服一审判决，以原起诉理由向江苏省南京市中级人民法院提起上诉，请求撤销原判，依法改判。南京市中级人民法院于2000年7月21日判决：被告甲公司对楼房底层公共部位大平台楼梯间墙体裂缝部位用高标号水泥砂浆粉刷，对地梁露筋部位做好保护层，疏通下水管道。由原告房产公司和甲公司共同委托监理部门负责现场监理，监理费用由甲公司负担。被上诉人甲公司于本判决生效之日起六十日内，拆除南京市娄子巷××号底层房屋的夹层，将下挖的部分恢复原状。由原审原告房产公司、上诉人钟先生等住户会同甲公司共同委托监理部门负责施工现场的监理，监理费用由甲公司负担。

分析：坐落在南京市娄子巷××号的六层商住楼，是由上诉人钟先生等住户、原审原告房产公司和被上诉人甲公司区分所有。各建筑物区分所有权人既对各自的专有部分享有所有权，又对整幢楼房共有部分享有共有所有权。底层地板以下的掩埋工程，应属共有部分。对共有部分的任何改动，应以不违背共同利益为前提，经全体业主表决同意，否则即构成对其他权利人共有权的侵害。

被上诉人甲公司虽然是在其专有部分增建夹层，但是其增建夹层的行为利用了属于共有部分的梁、柱和地板以下的掩埋工程，使梁、柱的负载加大，地梁裸露，是对共有部分的非正常使用，影响到全体建筑物区分所有权人的共同利益。甲公司增建夹层的行为虽然得到行政机关的批准，但这只能说明行政机关从行政管理的角度看，不认为该行为能给社会造成危害，可以实施。由于增建夹层需要利用房屋的共有部分，而房屋共有部分的所有权由全体建筑物区分所有权人享有，不是由批准的行政机关所有，因此增建夹层的行为应否实施，必须由甲公司征求全体建筑物区分所有权人的意见。甲公司以是在自己的产权范围内对属自己所有的房屋进行装潢改造为由提出没有侵权的辩解，不能成立。无论上诉人钟先生等住户的房屋是否损坏，无论该损坏是否与甲公司有关，甲公司在没有征得全体建筑物区分所有权人同意的情况下就利用共有部分给自己增建夹层，都侵害其他建筑物区分所有权人的共有权。故钟先生等住户以甲公司侵犯了产权人合法权益为由提出的上诉，应予支持。甲公司应当拆除夹层，将下挖的部分恢复原状。原审判决对各方当事人的房屋产权形态未作分析，就以相邻权的法律规定解决本案纠纷，是适用法律不当。原审判决甲公司用高标号水泥砂浆粉刷底层共有部位大平台楼梯间的墙体裂缝，对地梁露筋部位做好保护层和疏通下水管道，是正确的；但以房产公司、钟先生等住户的房屋损坏与甲公司无关为由，判决不予支持房产公司、钟先生等住户的诉讼请求，是错误的，应当改判。

此案例之外值得思考的是：在建筑物区分所有的情形下，随着人们对物业条件的需求变化，物业小区全体业主共有的公共部位进行变动是必须的。但是，业主众多，对公共部位的改动，不可能没有一个业主反对。《物权法》第七十六条规定，改建、重建建筑物及其附属设施应当经专有部分占建筑物总面积三分之二以上的业主且占总人数三分之二以上的业主同意。使得对公共部位进行变动既慎重，又可行。

第四节 相邻关系

一、相邻关系的含义

所谓相邻关系，指相邻的不动产所有权人或使用人因行使权利的延伸或限制而发生的各种关系。相邻关系实质上是在于谋求实现不动产相邻各方“发生冲突之时的利害关系的平衡调整”而对相邻各方行使所有权的一种限制或约束。所以，相邻关系不但包括相邻使用权，更强调对相邻人的义务。

二、物业管理中不同类型相邻关系的处理

不动产的相邻权利人应当按照有利生产、方便生活、团结互助、公平合理的原则，正确处理相邻关系。法律、法规对处理相邻关系有规定的，依照其规定；法律、法规没有规定的，可以按照当地习惯。不动产权利人因用水、排水、通行、敷设管线等利用相邻不动产的，应当尽量避免对相邻的不动产权利人造成损害；造成损害的，应当给予赔偿。

（一）土地相邻关系

1. 关于邻地地基动摇或其他危险防止的相邻关系

指土地利用人挖掘土地或修建建筑物时，不得使邻地地基动摇，或发生危险，或使邻地上的工作物受到损害。相邻人有请求土地利用人避免危害行为的权利。《物权法》第九十一条规定，不动产权利人挖掘土地、建造建筑物、铺设管线以及安装设备等，不得危及相邻不动产的安全。

2. 相邻用水、排水产生的相邻关系

多方共邻同一水源的情况下，各方均可以自由使用，但不得影响邻地的用水，并应当尊重自然形成的流向。《物权法》第八十六条规定，不动产权利人应当为相邻权利人用水、排水提供必要的便利。对自然流水的利用，应当在不动产的相邻权利人之间合理分配。对

自然流水的排放，应当尊重自然流向。相邻一方必须利用另一方的土地排水时，他方应当允许，但使用方应采取必要的保护措施，造成损失的，应由受益人合理补偿。对共同使用和受益的桥梁、堤坝等，相邻各方应共同承担养护、维修的义务。

3. 关于邻地使用的相邻关系

(1) 相邻管线安设关系　土地使用人非通过他人土地而不能安设电线、水管、煤气管、下水道、电缆等，或虽能安设而需要的费用较多时，可以通过他人土地的上下安设。但管线安设人应选择对邻人损害最小的线路和方法为之，并应支付补偿金。《物权法》第八十八条规定，不动产权利人因铺设电线、电缆、水管、暖气和燃气管线等必须利用相邻土地、建筑物的，该土地、建筑物的权利人应当提供必要的便利。

(2) 相邻必要通行关系　《物权法》第八十七条规定，不动产权利人对相邻权利人因通行等必须利用其土地的，应当提供必要的便利。最高人民法院《关于贯彻执行<中华人民共和国民法通则>若干问题的意见（试行）》第一百条规定："一方必须在相邻一方使用的土地上通行的，应当予以准许；因此造成损失的，应当给予适当补偿。"

4. 营缮的邻地使用关系

指土地利用人在边界或近旁营造或修缮建筑物而有使用邻地的必要时，邻地利用人负有容忍其使用自己土地的义务。《物权法》第八十八条规定，不动产权利人因建造、修缮建筑物而必须使用相邻土地、建筑物的，该土地的权利人应当提供必要的便利。土地利用人因使用邻地而给邻地利用人造成损害的，邻地利用人可以请求补偿。

5. 越界的相邻关系

(1) 越界建筑　相邻一方超越地界修建建筑物的，另一方有权请求予以排除；造成损害的，可以请求赔偿。邻地利用人如知其越界而不及时提出异议，则非但不得请求除去或变更建筑物，而且还要负担容忍邻人使用其土地的义务。在承担容忍义务的同时，邻地利用人可以相当的价额，请求越界土地利用权人购买越界部分的土地的使用权，并可以要求赔偿损失。

(2) 竹木根枝的越界　相邻一方在地界一侧栽培竹木时，应与地界线保持适当的距离，以预防竹木根枝越界侵入对方土地和空间。竹木的根枝或根部超越界限而侵入相邻土地时，相邻人可以向竹木所有权人请求在适当时间内剪除、截取，竹木所有权人逾期不剪除的，相邻人可以自行剪除、截取越界的根枝。

(3) 果实越界　一般而言，果实自落于邻地，归相邻人所有。

(二) 建筑物相邻关系

建筑物相邻关系，指一栋建筑物内彼此临近的建筑物区分所有权人、使用人之间，相临近的建筑物所有权人或使用人之间，以及建筑物所有权人或使用人与临近的土地使用人之间的相邻关系。在现代法律体系下，除了以法律直接调整相邻关系外，还根据《物权法》设立业主大会，通过订立管理规约而形成建筑物区分所有权人之间的权利义务关系，进而调整相邻关系。

1. 区分所有建筑物的相邻关系

区分所有建筑物的相邻关系指一栋建筑物内彼此临近的建筑物区分所有权人、使用人之间的相邻关系，它是一种平面与立体相互交错的相邻关系。对于区分所有建筑物内的这种相邻关系，如果仅仅类推使用有关平面相邻关系予以解决，则不能奏效。因此，除了以法律直接调整外，还根据《物权法》，设立建筑物区分所有权人管理团体，通过订立管理规约而形成建筑物区分所有权人之间的权利义务，调整相邻关系。

区分所有建筑物的相邻关系的内容主要包括以下几项。

（1）相邻使用关系　建筑物区分所有权人为保存专有部分或共有部分，或对专有部分予以改良时，在一定限度内可以请求使用其邻接的建筑物区分所有权人的专有部分或非由自己占有使用的其他共有部分，被请求的人没有正当事由不得拒绝。请求使用的专有部分不限于其前后左右或上下邻接的专有部分，为维护、修缮或保存建筑物，也可包括其他专有部分。因使用而致被请求人的建筑物出现损坏时，应予以恢复原状或赔偿。

（2）不得违反全体建筑物区分所有权人的共同利益　下列行为属于违反共同利益的行为：

① 对建筑物的不当毁损行为。

② 未依建筑物的本来用途或使用目的使用专有部分，如住宅建筑内单元用作经营，室内放置危险物品等。

2. 日照关系

日照同空气、水一样，同属于人类的共同资源，为一般人的生存所不可或缺。即便是合法建筑，也不能剥夺邻地享受阳光的权利。相邻人妨害他人日照达到什么程度，被害人才可以请求排除妨害和赔偿损失，一般以忍受限度为准。《物权法》第八十九条规定，建造建筑物，不得违反国家有关工程建设标准，妨碍相邻建筑物的通风、采光和日照。

3. 噪声、煤烟、振动、臭气、尘埃、放射性、光害等不可量物侵害

《物权法》第九十条规定，不动产权利人不得违反国家规定弃置固体废物，排放大气污染物、水污染物、噪声、光、电磁波辐射等有害物质。

【案例 2-4】 家住鼓楼区的刘先生和秦先生，是同一单元楼的楼上下邻居，楼上是503室，楼下是403室。住在楼下的秦先生诉称，几年前，楼上住户在进行室内装修时，对房屋结构进行了改造。将原放在卫生间的抽水马桶移到了一间卧室里。由于刘家的抽水马桶正好在秦家的卧室顶上，此后，楼上使用马桶时的小便声和冲水声，秦家都听得很清楚，致使秦先生及家人休息时，常因楼上不断发出的“哗哗”声，而难以入眠。更让秦先生难以忍受的是，他家这间卧室，又与餐厅紧邻。经常是秦先生的家人用餐正香时，楼上的小便声就传了过来了，他们家经常是看到饭菜却难以下咽。问题出现后，他多次找到楼上的刘先生，要求其停止侵害，排除妨碍，但刘先生的家人却置若罔闻。今年3月初，忍受了近5年之苦的秦先生，无奈之下走进了法院。

庭审中，刘先生辩称，由于该幢单元楼是20世纪70年代所建，结构不合理，为了使该房屋更适合居住，他才对该房屋进行一些改造。刘先生认为，他有权对自己的房屋进行装修，并改变功能。他在自家抽水马桶小便，并不违法，也不侵权。秦先生则认为，被告刘先生在自己的所有权范围内，对房间进行改建没有错。但是，刘先生改造的房间地面，恰恰又是秦先生房间的楼顶，这是共有部分，刘先生改造时，应征得他的同意。刘先生在没经秦先生同意的情况下，就进行改造，是滥用所有权，就是对他权益的侵害。

鼓楼区法院本着方便生活、团结互助、公平合理的相邻关系原则，对此案做出一审判决，判令刘先生拆除卫生间内的抽水马桶，并承担本案诉讼费。

分析：相邻关系实质上是在于谋求实现不动产相邻各方发生冲突之时的利害关系的平衡调整而对相邻各方行使所有权的一种限制或约束。刘先生对503室进行改建装修，将朝北的房间改建成卫生间，并使用至今。楼上抽水马桶确实影响了楼下住户秦先生家人的日

常生活。因此，秦先生要求刘先生停止侵害、排除妨碍是合理的。

本案中相邻关系不仅是指相邻人享有的权利，更是指相邻人应承担的义务；相邻关系包括以上相邻人之间的权利义务，但不限于这些权利和义务。

第五节　物业权属登记

一、物业权属登记基本概念

（一）物业权属登记

物业权属登记是指房地产行政主管机关对物业权属状况进行持续的记录，登记物业产权人的权利，在专门簿册上记载权利的种类、权利的范围等情况并向物业产权人颁发权利证书的一种法律行为。房地产行政主管机关依其职权与登记申请人之间是管理与被管理的关系。

（二）土地权属登记

土地权属登记即土地登记，是指将国有土地使用权、集体土地所有权、集体土地使用权、土地抵押权、地役权以及依照法律法规规定需要登记的其他土地权利记载于土地登记簿公示的行为。土地登记簿是土地权利归属和内容的根据。

1. 土地登记簿载明内容

土地登记簿应当载明下列内容：

① 土地权利人的姓名或者名称、地址；

② 土地的权属性质、使用权类型、取得时间和使用期限、权利以及内容变化情况；

③ 土地的坐落、界址、面积、宗地号、用途和取得价格；

④ 地上附着物情况。

2. 土地权利证书种类

土地权利证书包括：

① 国有土地使用证；

② 集体土地所有证；

③ 集体土地使用证；

④ 土地他项权利证明书。

国有建设用地使用权和国有农用地使用权在国有土地使用证上载明；集体建设用地使用权、宅基地使用权和集体农用地使用权在集体土地使用证上载明；土地抵押权和地役权可以在土地他项权利证明书上载明。土地权利证书由国务院国土资源行政主管部门统一监制。

（三）房屋权属登记

房屋权属登记即房屋登记，是指房屋登记机构依法将房屋所有权、抵押权等房屋权利和其他应当记载的事项在房屋登记簿上予以记载的行为。

物业产权人（以下简称权利人），是指依法享有房屋所有权和该房屋占用范围内的土地使用权、房地产他项权利的法人、其他组织和自然人。申请人，是指已获得了物业并提出物业登记申请，但尚未取得物业产权证书的法人、其他组织和自然人。

在建筑物区分所有权的三个组成部分中，建筑物区分所有权人对专有部分的所有权占主导地位，如果权利人丧失对专有部分的所有权，也就丧失了对共有部分的共有权及共同管理权。权利人对专有部分的权利范围决定了其对共有部分的共有权及共同管理权的权利范围。在建筑物区分所有的成立登记上，不需要对共有权以及共同管理权进行单独登记。在区分所有的成立登记上，一般只登记专有部分所有权，和部分共有部分所有权。

（四）土地登记与房屋登记

在我国，从中央到地方的物业权属管理体制中，有的实行土地、房屋由一个机关管理的体制，有的实行土地、房屋由两个不同的机关分别管理的体制。不论是综合管理，还是分别管理，土地的权属和房屋的权属都要分别进行登记。即使是体现在同一个房地产产权证书中，由于土地和房屋毕竟是属于不同形态的两种财产，也体现为不同的财产权利。但是，由于“房依地建，地为房载”，二者在物质形态上联结为一体，致使房地不可分；同时，房、地在经济内容和形成过程中又具有内在的整体性和不可分割性。现行体制实行房、地分管，即房产由建设部门管理，土地由土地管理部门管理。先行一步改革的少数城市，也规定了可以由一个房地产管理部门进行统管。《物权法》第十条规定：“不动产登记，由不动产所在地的登记机构办理。国家对不动产实行统一登记制度。统一登记的范围、登记机构和登记办法，由法律、行政法规规定。”《土地登记办法》第八条规定：“办理房屋登记，应当遵循房屋所有权和房屋占用范围内的土地使用权权利主体一致的原则。”

二、物业权属登记功能

（一）物业权属确认功能

物业权属的确认功能是指通过登记，使物业的权属状况在法律上得到认可，国家以强制力作为保障，除权利人以外的其他任何主体不得侵犯权利人对物业享有的权利。《物权法》第九条规定：“不动产物权的设立、变更、转让和消灭，经依法登记，发生效力；未经登记，不发生效力，但法律另有规定的除外。”权属的确认必须通过法定的机关依照法定的程序进行。权属确认功能重点在于保护权利人。

（二）物业权属公示功能

其是指将物业权属的状况向社会公开，使相关的利害关系人得以了解物业权属的真实情况。这是为维护房地产交易安全的需要，一方面可以防止不具有支配权或者不再具有支配权的人进行欺诈；另一方面，公示房地产已经设立的相关权利，如抵押权，也可以防止隐瞒权利的瑕疵进行交易。权属公示功能重点在于保护与权利人进行交易的相对人。国家实行土地登记资料公开查询制度。《物权法》第十八条规定：“权利人、利害关系人可以申请查询、复制登记资料，登记机构应当提供。”

（三）物业权属管理功能

其是指由国家行政机关对物业权属的设定和变动进行登记，充分体现了国家意志的干预性。物业作为商品，双方当事人的合意、交付或一方的占有均不足以判断物业是否真正流通，只有行政机关的登记才使流通的有效依据。一方面通过物业权属登记建立产籍资料，从而加强产籍管理；另一方面通过物业权属的得失变更进行审查监督，从而保证权属登记的真实性和合法性，进而实现国家房地产行政管理的意图。

三、物业权属登记效力

不动产物权的设立、变更、转让和消灭，依照法律规定应当登记的，自记载于不动产登记簿时发生效力。当事人之间订立有关设立、变更、转让和消灭不动产物权的合同，除法律另有规定或者合同另有约定外，自合同成立时生效；未办理物权登记的，不影响合同效力。因人民法院、仲裁委员会的法律文书或者人民政府的征收决定、继承或者受遗赠、合法建造等，享有不动产物权的，处分该物权时，依照法律规定需要办理登记的，未经登记，不发生物权效力。

不动产登记簿是物权归属和内容的根据。不动产权属证书是权利人享有该不动产物权的证明。不动产权属证书记载的事项，应当与不动产登记簿一致；记载不一致的，除有证据证明不动产登记簿确有错误外，以不动产登记簿为准。

四、土地登记

（一）土地登记的种类

1. 土地总登记

土地总登记，是指在一定时间内对辖区内全部土地或者特定区域内土地进行的全面登记。就登记的内容来讲，既包括土地权属状况登记，又包括土地的自然情况登记。就登记的特点来讲，初始登记具有普查的性质。不论土地权利人在拥有或使用土地期间是否发生过土地权利变更，是否有登记的愿望与要求，都必须按照人民政府土地管理机关的要求，通过一定程序在统一的簿册上进行重新登记注册，换发土地证书。

土地总登记应当发布通告。通告的主要内容包括：土地登记区的划分；土地登记的期限；土地登记收件地点；土地登记申请人应当提交的相关文件材料；需要通告的其他事项。

对符合总登记要求的土地，由国土资源行政主管部门予以公告。公告的主要内容包括：

① 土地权利人的姓名或者名称、地址；

② 准予登记的土地坐落、面积、用途、权属性质、使用权类型和使用期限；

③ 土地权利人及其他利害关系人提出异议的期限、方式和受理机构；

④ 需要公告的其他事项。

公告期满，当事人对土地总登记审核结果无异议或者异议不成立的，由国土资源行政主管部门报经人民政府批准后办理登记。

2. 初始登记

初始登记，是指土地总登记之外对设立的土地权利进行的登记。

依法以划拨方式取得国有建设用地使用权的，当事人应当持县级以上人民政府的批准用地文件和国有土地划拨决定书等相关证明材料，申请划拨国有建设用地使用权初始登记。新开工的大中型建设项目使用划拨国有土地的，还应当提供建设项目竣工验收报告。

依法以出让方式取得国有建设用地使用权的，当事人应当在付清全部国有土地出让价款后，持国有建设用地使用权出让合同和土地出让价款缴纳凭证等相关证明材料，申请出让国有建设用地使用权初始登记。

划拨国有建设用地使用权已依法转为出让国有建设用地使用权的，当事人应当持原国有土地使用证、出让合同及土地出让价款缴纳凭证等相关证明材料，申请出让国有建设用地使用权初始登记。

依法以国有土地租赁方式取得国有建设用地使用权的，当事人应当持租赁合同和土地租金缴纳凭证等相关证明材料，申请租赁国有建设用地使用权初始登记。

依法以国有土地使用权作价出资或者入股方式取得国有建设用地使用权的，当事人应当持原国有土地使用证、土地使用权出资或者入股批准文件和其他相关证明材料，申请作价出资或者入股国有建设用地使用权初始登记。

以国家授权经营方式取得国有建设用地使用权的，当事人应当持原国有土地使用证、土地资产处置批准文件和其他相关证明材料，申请授权经营国有建设用地使用权初始登记。

农民集体土地所有权人应当持集体土地所有权证明材料，申请集体土地所有权初始登记。

依法使用本集体土地进行建设的，当事人应当持有批准权的人民政府的批准用地文件，申请集体建设用地使用权初始登记。

集体土地所有权人依法以集体建设用地使用权入股、联营等形式兴办企业的，当事人应当持有批准权的人民政府的批准文件和相关合同，申请集体建设用地使用权初始登记。

依法使用本集体土地进行农业生产的，当事人应当持农用地使用合同，申请集体农用地使用权初始登记。

依法抵押土地使用权的，抵押权人和抵押人应当持土地权利证书、主债权债务合同、抵押合同以及相关证明材料，申请土地使用权抵押登记。同一宗地多次抵押的，以抵押登记申请先后为序办理抵押登记。申请登记的抵押为最高额抵押的，应当记载所担保的最高债权额、最高额抵押的期间等内容。

在土地上设定地役权后，当事人申请地役权登记的，供役地权利人和需役地权利人应当向国土资源行政主管部门提交土地权利证书和地役权合同等相关证明材料。符合地役权登记条件的，国土资源行政主管部门应当将地役权合同保存于供役地和需役地的宗地档案中。供役地、需役地分属不同国土资源行政主管部门管辖的，当事人可以向负责供役地登记的国土资源行政主管部门申请地役权登记。负责供役地登记的国土资源行政主管部门完成登记后，应当通知负责需役地登记的国土资源行政主管部门，由其记载于需役地的土地登记簿。

3. 变更登记

变更登记，是指因土地权利人发生改变，或者因土地权利人姓名或者名称、地址和土地用途等内容发生变更而进行的登记。

依法以出让、国有土地租赁、作价出资或者入股方式取得的国有建设用地使用权转让的，当事人应当持原国有土地使用证和土地权利发生转移的相关证明材料，申请国有建设用地使用权变更登记。

因依法买卖、交换、赠与地上建筑物、构筑物及其附属设施涉及建设用地使用权转移的，当事人应当持原土地权利证书、变更后的房屋所有权证书及土地使用权发生转移的相关证明材料，申请建设用地使用权变更登记。涉及划拨土地使用权转移的，当事人还应当提供有批准权人民政府的批准文件。

因法人或者其他组织合并、分立、兼并、破产等原因致使土地使用权发生转移的，当事人应当持相关协议及有关部门的批准文件、原土地权利证书等相关证明材料，申请土地使用权变更登记。

因处分抵押财产而取得土地使用权的，当事人应当在抵押财产处分后，持相关证明文件，申请土地使用权变更登记。土地使用权抵押期间，土地使用权依法发生转让的，当事人应当持抵押权人同意转让的书面证明、转让合同及其他相关证明材料，申请土地使用权变更登记。已经抵押的土地使用权转让后，当事人应当持土地权利证书和他项权利证明书，办理土地抵押权变更登记。经依法登记的土地抵押权因主债权被转让而转让的，主债权的转让人和受让人可以持原土地他项权利证明书、转让协议、已经通知债务人的证明等相关证明材料，申请土地抵押权变更登记。

因人民法院、仲裁机构生效的法律文书或者因继承、受遗赠取得土地使用权，当事人申请登记的，应当持生效的法律文书或者死亡证明、遗嘱等相关证明材料，申请土地使用权变更登记。权利人在办理登记之前先行转让该土地使用权或者设定土地抵押权的，应当依照本办法先将土地权利申请登记到其名下后，再申请办理土地权利变更登记。

已经设定地役权的土地使用权转移后，当事人申请登记的，供役地权利人和需役地权利人应当持变更后的地役权合同及土地权利证书等相关证明材料，申请办理地役权变更登记。

土地权利人姓名或名称、地址发生变化的，当事人应当持原土地权利证书等相关证明材料，申请姓名或者名称、地址变更登记。土地的用途发生变更的，当事人应当持有关批准文件和原土地权利证书，申请土地用途变更登记。土地用途变更依法需要补交土地出让价款的，当事人还应当提交已补交土地出让价款的缴纳凭证。

4. 注销登记

注销登记，是指因土地权利的消灭等而进行的登记。

有下列情形之一的，可直接办理注销登记：

① 依法收回的国有土地；

② 依法征收的农民集体土地；

③ 因人民法院、仲裁机构的生效法律文书致使原土地权利消灭，当事人未办理注销登记的。

因自然灾害等原因造成土地权利消灭的，原土地权利人应当持原土地权利证书及相关证明材料，申请注销登记。

非住宅国有建设用地使用权期限届满，国有建设用地使用权人未申请续期或者申请续期未获批准的，当事人应当在期限届满前十五日内，持原土地权利证书，申请注销登记。

已经登记的土地抵押权、地役权终止的，当事人应当在该土地抵押权、地役权终止之日起十五日内，持相关证明文件，申请土地抵押权、地役权注销登记。

当事人未按规定申请注销登记的，国土资源行政主管部门应当责令当事人限期办理；逾期不办理的，进行注销公告，公告期满后可直接办理注销登记。

土地抵押期限届满，当事人未申请土地使用权抵押注销登记的，除设定抵押权的土地使用权期限届满外，国土资源行政主管部门不得直接注销土地使用权抵押登记。

土地登记注销后，土地权利证书应当收回；确实无法收回的，应当在土地登记簿上注明，并经公告后废止。

5. 其他登记

其他登记，包括更正登记、异议登记、预告登记和查封登记。

（1）更正登记　国土资源行政主管部门发现土地登记簿记载的事项确有错误的，应当报经人民政府批准后进行更正登记，并书面通知当事人在规定期限内办理更换或者注销原土地权利证书的手续。当事人逾期不办理的，国土资源行政主管部门报经人民政府批准并公告后，原土地权利证书废止。更正登记涉及土地权利归属的，应当对更正登记结果进行公告。

土地权利人认为土地登记簿记载的事项错误的，可以持原土地权利证书和证明登记错误的相关材料，申请更正登记。利害关系人认为土地登记簿记载的事项错误的，可以持土地权利人书面同意更正的证明文件，申请更正登记。

(2) 异议登记　土地登记簿记载的权利人不同意更正的，利害关系人可以申请异议登记。

对符合异议登记条件的，国土资源行政主管部门应当将相关事项记载于土地登记簿，并向申请人颁发异议登记证明，同时书面通知土地登记簿记载的土地权利人。异议登记期间，未经异议登记权利人同意，不得办理土地权利的变更登记或者设定土地抵押权。

有下列情形之一的，异议登记申请人或者土地登记簿记载的土地权利人可以持相关材料申请注销异议登记：

① 异议登记申请人在异议登记之日起十五日内没有起诉的；

② 人民法院对异议登记申请人的起诉不予受理的；

③ 人民法院对异议登记申请人的诉讼请求不予支持的。

异议登记失效后，原申请人就同一事项再次申请异议登记的，国土资源行政主管部门不予受理。

(3) 预告登记　当事人签订土地权利转让的协议后，可以按照约定持转让协议申请预告登记。

对符合预告登记条件的，国土资源行政主管部门应当将相关事项记载于土地登记簿，并向申请人颁发预告登记证明。

预告登记后，债权消灭或者自能够进行土地登记之日起三个月内当事人未申请土地登记的，预告登记失效。

预告登记期间，未经预告登记权利人同意，不得办理土地权利的变更登记或者土地抵押权、地役权登记。

(4) 查封登记　国土资源行政主管部门应当根据人民法院提供的查封裁定书和协助执行通知书，报经人民政府批准后将查封或者预查封的情况在土地登记簿上加以记载。

国土资源行政主管部门在协助人民法院执行土地使用权时，不对生效法律文书和协助执行通知书进行实体审查。国土资源行政主管部门认为人民法院的查封、预查封裁定书或者其他生效法律文书错误的，可以向人民法院提出审查建议，但不得停止办理协助执行事项。

对被执行人因继承、判决或者强制执行取得，但尚未办理变更登记的土地使用权的查封，国土资源行政主管部门依照执行查封的人民法院提交的被执行人取得财产所依据的继承证明、生效判决书或者执行裁定书及协助执行通知书等，先办理变更登记手续后，再行办理查封登记。

土地使用权在预查封期间登记在被执行人名下的，预查封登记自动转为查封登记。

两个以上人民法院对同一宗土地进行查封的，国土资源行政主管部门应当为先送达协助执行通知书的人民法院办理查封登记手续，对后送达协助执行通知书的人民法院办理轮候查封登记，并书面告知其该土地使用权已被其他人民法院查封的事实及查封的有关情况。轮候查封登记的顺序按照人民法院送达协助执行通知书的时间先后进行排列。查封法院依法解除查封的，排列在先的轮候查封自动转为查封；查封法院对查封的土地使用权全部处理的，排列在后的轮候查封自动失效；查封法院对查封的土地使用权部分处理的，对剩余部分，排列在后的轮候查封自动转为查封。

查封、预查封期限届满或者人民法院解除查封的，查封、预查封登记失效，国土资源行政主管部门应当注销查封、预查封登记。对被人民法院依法查封、预查封的土地使用权，在查封、预查封期间，不得办理土地权利的变更登记或者土地抵押权、地役权登记。

（二）土地权属登记的程序

1. 土地登记申请

土地登记除法律、法规另有规定的外应当依照申请进行。两个以上土地使用权人共同使用一宗土地的，可以分别申请土地登记。土地登记应当由当事人共同申请，但有下列情形之一的，可以单方申请：

① 土地总登记；

② 国有土地使用权、集体土地所有权、集体土地使用权的初始登记；

③ 因继承或者遗赠取得土地权利的登记；

④ 因人民政府已经发生法律效力的土地权属争议处理决定而取得土地权利的登记；

⑤ 因人民法院、仲裁机构已经发生法律效力的法律文书而取得土地权利的登记；

⑥ 更正登记或者异议登记；

⑦ 名称、地址或者用途变更登记；

⑧ 土地权利证书的补发或者换发；

⑨ 其他依照规定可以由当事人单方申请的情形。

申请人申请土地登记，应当根据不同的登记事项提交下列材料：土地登记申请书；申请人身份证明材料；土地权属来源证明；地籍调查表、宗地图及宗地界址坐标；地上附着物权属证明；法律法规规定的完税或者减免税凭证；其他证明材料。地籍调查表、宗地图及宗地界址坐标，可以委托有资质的专业技术单位进行地籍调查获得。申请人申请土地登记，应当如实向国土资源行政主管部门提交有关材料和反映真实情况，并对申请材料实质内容的真实性负责。

未成年人的土地权利，应当由其监护人代为申请登记。申请办理未成年人土地登记的，还应当提交监护人身份证明材料。托代理人申请土地登记的，还应当提交授权委托书和代理人身份证明。代理境外申请人申请土地登记的，授权委托书和被代理人身份证明应当经依法公证或者认证。

对当事人提出的土地登记申请，国土资源行政主管部门应当根据情况分别作出处理：申请登记的土地不在本登记辖区的，应当当场作出不予受理的决定，并告知申请人向有管辖权的国土资源行政主管部门申请；申请材料存在可以当场更正的错误的，应当允许申请人当场更正；申请材料不齐全或者不符合法定形式的，应当当场或者在五日内一次告知申请人需要补正的全部内容；申请材料齐全、符合法定形式，或者申请人按照要求提交全部补正申请材料的，应当受理土地登记申请。

2. 地籍调查

国土资源行政主管部门受理土地登记申请后，认为必要的，可以就有关登记事项向申请人询问，也可以对申请登记的土地进行实地查看。

国土资源行政主管部门应当根据地籍调查和土地定级估价成果，对土地权属、面积、用途、等级、价格等逐宗进行全面审核，填写土地登记审批表。但是，登记机构不得要求申请人对不动产进行评估。《物权法》第十二条规定，登记机构应当履行查验申请人提供的权属证明和其他必要材料，以及就有关登记事项询问申请人的职责，申请登记的不动产的有关情况需要进一步证明的，登记机构可以要求申请人补充材料，必要时可以实地查看。

3. 权属审核

有下列情形之一的，不予登记：

① 土地权属有争议的；

② 土地违法违规行为尚未处理或者正在处理的；

③ 未依法足额缴纳土地有偿使用费和其他税费的；

④ 申请登记的土地权利超过规定期限的；

⑤ 其他依法不予登记的。

不予登记的，应当书面告知申请人不予登记的理由。

4. 注册登记

国土资源行政主管部门应当对受理的土地登记申请进行审查，并按照下列规定办理登记手续：

① 根据对土地登记申请的审核结果，以宗地为单位填写土地登记簿；

② 根据土地登记簿的相关内容，以权利人为单位填写土地归户卡；

③ 根据土地登记簿的相关内容，以宗地为单位填写土地权利证书。对共有一宗土地的，应当为两个以上土地权利人分别填写土地权利证书。

国土资源行政主管部门在办理土地所有权和土地使用权登记手续前，应当报经同级人民政府批准。

国土资源行政主管部门应当自受理土地登记申请之日起二十日内，办结土地登记审查手续。特殊情况需要延期的，经国土资源行政主管部门负责人批准后，可以延长十日。土地登记形成的文件资料，由国土资源行政主管部门负责管理。

五、房屋登记

（一）国有土地范围内房屋登记的种类

1. 所有权（建筑物区分所有权）登记

（1）初始登记　因合法建造房屋申请房屋所有权初始登记的，应当提交下列材料：

① 登记申请书；

② 申请人身份证明；

③ 建设用地使用权证明；

④ 建设工程符合规划的证明；

⑤ 房屋已竣工的证明；

⑥ 房屋测绘报告；

⑦ 其他必要材料。

房地产开发企业申请房屋所有权初始登记时，应当对建筑区划内依法属于全体业主共有的公共场所、公用设施和物业服务用房等房屋一并申请登记，由房屋登记机构在房屋登记簿上予以记载，不颁发房屋权属证书。

（2）转移登记　发生下列情形之一的，当事人应当在有关法律文件生效或者事实发生后申请房屋所有权转移登记：

① 买卖；

② 互换；

③ 赠与；

④ 继承、受遗赠；

⑤ 房屋分割、合并，导致所有权发生转移的；

⑥ 以房屋出资入股；

⑦ 法人或者其他组织分立、合并，导致房屋所有权发生转移的；

⑧ 法律、法规规定的其他情形。

申请房屋所有权转移登记，应当提交登记申请书、申请人身份证明、房屋所有权证书或者房地产权证书、证明房屋所有权发生转移的材料（可以是买卖合同、互换合同、赠与合同、受遗赠证明、继承证明、分割协议、合并协议、人民法院或者仲裁委员会生效的法律文书，或者其他证明房屋所有权发生转移的材料）以及其他必要材料。

抵押期间，抵押人转让抵押房屋的所有权，申请房屋所有权转移登记的，除提供申请房屋所有权转移应提交的材料外，还应当提交抵押权人的身份证明、抵押权人同意抵押房屋转让的书面文件、他项权利证书。

因人民法院或者仲裁委员会生效的法律文书、合法建造房屋、继承或者受遗赠取得房屋所有权，权利人转让该房屋所有权或者以该房屋设定抵押权时，应当将房屋登记到权利人名下后，再办理房屋所有权转移登记或者房屋抵押权设立登记。

因人民法院或者仲裁委员会生效的法律文书取得房屋所有权，人民法院协助执行通知书要求房屋登记机构予以登记的，房屋登记机构应当予以办理。房屋登记机构予以登记的，应当在房屋登记簿上记载基于人民法院或者仲裁委员会生效的法律文书予以登记的事实。

（3）变更登记　发生下列情形之一的，权利人应当在有关法律文件生效或者事实发生后申请房屋所有权变更登记：

① 房屋所有权人的姓名或者名称变更的；

② 房屋坐落的街道、门牌号或者房屋名称变更的；

③ 房屋面积增加或者减少的；

④ 同一所有权人分割、合并房屋的；

⑤ 法律、法规规定的其他情形。

申请房屋所有权变更登记，应当提交登记申请书、申请人身份证明、房屋所有权证书或者房地产权证书、证明发生变更事实的材料以及其他必要材料。

（4）注销登记　经依法登记的房屋发生下列情形之一的，房屋登记簿记载的所有权人应当自事实发生后申请房屋所有权注销登记：

① 房屋灭失的；

② 放弃所有权的；

③ 法律、法规规定的其他情形。

申请房屋所有权注销登记的，应当提交登记申请书、申请人身份证明、房屋所有权证书或者房地产权证书、证明房屋所有权消灭的材料以及其他必要材料。

经依法登记的房屋上存在他项权利时，所有权人放弃房屋所有权申请注销登记的，应当提供他项权利人的书面同意文件。

经登记的房屋所有权消灭后，原权利人未申请注销登记的，房屋登记机构可以依据人民法院、仲裁委员会的生效法律文书或者人民政府的生效征收决定办理注销登记，将注销事项记载于房屋登记簿，原房屋所有权证收回或者公告作废。

2. 抵押权登记

(1) 抵押权设定登记　以房屋设定抵押的，当事人应当申请抵押权登记。申请抵押权登记，应当提交下列文件：

① 登记申请书；

② 申请人的身份证明；

③ 房屋所有权证书或者房地产权证书；

④ 抵押合同；

⑤ 主债权合同；

⑥ 其他必要材料。

对符合规定条件的抵押权设立登记，房屋登记机构应当记载于房屋登记簿的事项包括：抵押当事人、债务人的姓名或者名称；被担保债权的数额；登记时间。

(2) 抵押权变更登记　房屋登记簿记载事项发生变化或者发生法律、法规规定变更抵押权的其他情形的，当事人应当申请抵押权变更登记。

申请抵押权变更登记，应当提交下列材料：

① 登记申请书；

② 申请人的身份证明；

③ 房屋他项权证书；

④ 抵押人与抵押权人变更抵押权的书面协议；

⑤ 其他必要材料。

因抵押当事人姓名或者名称发生变更，或者抵押房屋坐落的街道、门牌号发生变更申请变更登记的，无需提交抵押人与抵押权人变更抵押权的书面协议。因被担保债权的数额发生变更申请抵押权变更登记的，还应当提交其他抵押权人的书面同意文件。

(3) 抵押权转移登记　经依法登记的房屋抵押权因主债权转让而转让，申请抵押权转移登记的，主债权的转让人和受让人应当提交下列材料：

① 登记申请书；

② 申请人的身份证明；

③ 房屋他项权证书；

④ 房屋抵押权发生转移的证明材料；

⑤ 其他必要材料。

(4) 抵押权注销登记　经依法登记的房屋抵押权发生下列情形之一的，权利人应当申请抵押权注销登记：

① 主债权消灭；

② 抵押权已经实现；

③ 抵押权人放弃抵押权；

④ 法律、法规规定抵押权消灭的其他情形。

申请抵押权注销登记的，应当提交的材料包括：登记申请书、申请人的身份证明、房屋他项权证书、证明房屋抵押权消灭的材料以及其他必要材料。

3. 最高额抵押权登记

(1) 最高额抵押权设立登记　以房屋设定最高额抵押的，当事人应当申请最高额抵押权设立登记。申请最高额抵押权设立登记，应当提交的材料包括：登记申请书、申请人的身份证明、房屋所有权证书或房地产权证书、最高额抵押合同、一定期间内将要连续发生的债权的合同或者其他登记原因证明材料以及其他必要材料。

当事人将最高额抵押权设立前已存在债权转入最高额抵押担保的债权范围，申请登记的，应当提交的材料包括：已存在债权的合同或者其他登记原因证明材料、抵押人与抵押权人同意将该债权纳入最高额抵押权担保范围的书面材料。对符合规定条件的最高额抵押权设立登记，除抵押权设立登记时房屋登记簿所列事项外，登记机构还应当将最高债权额、债权确定的期间记载于房屋登记簿，并明确记载其为最高额抵押权。

(2) 最高额抵押权变更登记　变更最高额抵押权登记事项或者发生法律、法规规定变更最高额抵押权的其他情形，当事人应当申请最高额抵押权变更登记。

申请最高额抵押权变更登记，应当提交下列材料：

① 登记申请书；

② 申请人的身份证明；

③ 房屋他项权证书；

④ 最高额抵押权担保的债权尚未确定的证明材料；

⑤ 最高额抵押权发生变更的证明材料；

⑥ 其他必要材料。

因最高债权额、债权确定的期间发生变更而申请变更登记的，还应当提交其他抵押权人的书面同意文件。

(3) 最高额抵押权转移登记　最高额抵押权担保的债权确定前，最高额抵押权发生转移，申请最高额抵押权转移登记的，转让人和受让人应当提交下列材料：

① 登记申请书；

② 申请人的身份证明；

③ 房屋他项权证书；

④ 最高额抵押权担保的债权尚未确定的证明材料；

⑤ 最高额抵押权发生转移的证明材料；

⑥ 其他必要材料。

最高额抵押权担保的债权确定前，债权人转让部分债权的，除当事人另有约定外，房屋登记机构不得办理最高额抵押权转移登记。当事人约定最高额抵押权随同部分债权的转让而转移的，应当在办理最高额抵押权确定登记之后，依法办理抵押权转移登记。

(4) 最高额抵押权确定登记　经依法登记的最高额抵押权担保的债权确定，申请最高额抵押权确定登记的，应当提交下列材料：

① 登记申请书；

② 申请人的身份证明；

③ 房屋他项权证书；

④ 最高额抵押权担保的债权已确定的证明材料；

⑤ 其他必要材料。

对符合规定条件的最高额抵押权确定登记，登记机构应当将最高额抵押权担保的债权已经确定的事实记载于房屋登记簿。

当事人协议确定或者人民法院、仲裁委员会生效的法律文书确定了债权数额的，房屋登记机构可以依照当事人一方的申请将债权数额确定的事实记载于房屋登记簿。

4. 在建工程抵押权登记

(1) 在建工程抵押权设立登记　以在建工程设定抵押的，当事人应当申请在建工程抵押权设立登记。申请在建工程抵押权设立登记的，应当提交下列材料：

① 登记申请书；

② 申请人的身份证明；

③ 抵押合同；

④ 主债权合同；

⑤ 建设用地使用权证书或者记载土地使用权状况的房地产权证书；

⑥ 建设工程规划许可证；

⑦ 其他必要材料。

(2) 在有建工程抵押权变更登记、转移登记、注销登记　已经登记在变更、转让或者消灭的，当事人应当提交下列材料，申请变更登记、转移登记、注销登记：

① 登记申请书；

② 申请人的身份证明；

③ 登记证明；

④ 证明在建工程抵押权发生变更、转移或者消灭的材料；

⑤ 其他必要材料。

在建工程竣工并经房屋所有权初始登记后，当事人应当申请将在建工程抵押权登记转为房屋抵押权登记。

5. 地役权登记

(1) 地役权设立登记　在房屋上设立地役权的，当事人可以申请地役权设立登记。申请地役权设立登记，应当提交下列材料：

① 登记申请书；

② 申请人的身份证明；

③ 地役权合同；

④ 房屋所有权证书或者房地产权证书；

⑤ 其他必要材料。

对符合规定条件的地役权设立登记，房屋登记机构应当将有关事项记载于需役地和供役地房屋登记簿，并可将地役权合同附于供役地和需役地房屋登记簿。

(2) 地役权变更登记、转移登记、注销登记　已经登记的地役权变更、转让或者消灭的，当事人应当提交下列材料，申请变更登记、转移登记、注销登记：

① 登记申请书；

② 申请人的身份证明；

③ 登记证明；

④ 证明地役权发生变更、转移或者消灭的材料；

⑤ 其他必要材料。

6. 预告登记

有下列情形之一的，当事人可以申请预告登记：

① 预购商品房；

② 以预购商品房设定抵押；

③ 房屋所有权转让、抵押；

④ 法律、法规规定的其他情形。

预告登记后，未经预告登记的权利人书面同意，处分该房屋申请登记的，房屋登记机构应当不予办理。预告登记后，债权消灭或者自能够进行相应的房屋登记之日起三个月内，当事人申请房屋登记的，房屋登记机构应当按照预告登记事项办理相应的登记。

预售人和预购人订立商品房买卖合同后，预售人未按照约定与预购人申请预告登记，预购人可以单方申请预告登记。

申请预购商品房预告登记，应当提交的材料包括：登记申请书、申请人的身份证明、已登记备案的商品房预售合同、当事人关于预告登记的约定、其他必要材料。预购人单方申请预购商品房预告登记，预售人与预购人在商品房预售合同中对预告登记附有条件和期限的，预购人应当提交相应的证明材料。

(1) 预购商品房抵押权预告登记　申请预购商品房抵押权预告登记，应当提交下列材料：

① 登记申请书；

② 申请人的身份证明；

③ 抵押合同；

④ 主债权合同；

⑤ 预购商品房预告登记证明；

⑥ 当事人关于预告登记的约定；

⑦ 其他必要材料。

(2) 房屋所有权转移预告登记　申请房屋所有权转移预告登记，应当提交下列材料：

① 登记申请书；

② 申请人的身份证明；

③ 房屋所有权转让合同；

④ 转让方的房屋所有权证书或者房地产权证书；

⑤ 当事人关于预告登记的约定；

⑥ 其他必要材料。

(3) 房屋抵押权预告登记　申请房屋抵押权预告登记的，应当提交下列材料：

① 登记申请书；

② 申请人的身份证明；

③ 抵押合同；

④ 主债权合同；

⑤ 房屋所有权证书或房地产权证书，或者房屋所有权转移登记的预告证明；

⑥ 当事人关于预告登记的约定；

⑦ 其他必要材料。

7. 更正登记

权利人、利害关系人认为房屋登记簿记载的事项有错误的，可以提交下列材料，申请更正登记：

① 登记申请书；

② 申请人的身份证明；

③ 证明房屋登记簿记载错误的材料；

④ 利害关系人申请更正登记的，还应当提供权利人同意更正的证明材料。

房屋登记簿记载确有错误的，应当予以更正；需要更正房屋权属证书内容的，应当书面通知权利人换领房屋权属证书；房屋登记簿记载无误的，应当不予更正，并书面通知申请人。

房屋登记机构发现房屋登记簿的记载错误，不涉及房屋权利归属和内容的，应当书面通知有关权利人在规定期限内办理更正登记；当事人无正当理由逾期不办理更正登记的，房屋登记机构可以依据申请登记材料或者有效的法律文件对房屋登记簿的记载予以更正，并书面通知当事人。

对于涉及房屋权利归属和内容的房屋登记簿的记载错误，房屋登记机构应当书面通知有关权利人在规定期限内办理更正登记；办理更正登记期间，权利人因处分其房屋权利申请登记的，房屋登记机构应当暂缓办理。

8. 异议登记

利害关系人认为房屋登记簿记载的事项错误，而权利人不同意更正的，利害关系人可以持登记申请书、申请人的身份证明、房屋登记簿记载错误的证明文件等材料申请异议登记。

房屋登记机构受理异议登记的，应当将异议事项记载于房屋登记簿。异议登记期间，房屋登记簿记载的权利人处分房屋申请登记的，房屋登记机构应当暂缓办理。

权利人处分房屋申请登记，房屋登记机构受理登记申请但尚未将申请登记事项记载于房屋登记簿之前，第三人申请异议登记的，房屋登记机构应当中止办理原登记申请，并书面通知申请人。

异议登记期间，异议登记申请人起诉，人民法院不予受理或者驳回其诉讼请求的，异议登记申请人或者房屋登记簿记载的权利人可以持登记申请书、申请人的身份证明、相应的证明文件等材料申请注销异议登记。

9. 其他登记情形

人民法院、仲裁委员会的生效法律文书确定的房屋权利归属或者权利内容与房屋登记簿记载的权利状况不一致的，房屋登记机构应当按照当事人的申请或者有关法律文书，办理相应的登记。

司法机关、行政机关、仲裁委员会发生法律效力的文件证明当事人以隐瞒真实情况、提交虚假材料等非法手段获取房屋登记的，房屋登记机构可以撤销原房屋登记，收回房屋权属证书、登记证明或者公告作废，但房屋权利为他人善意取得的除外。

(二) 集体土地范围内房屋登记的种类

1. 所有权登记

(1) 初始登记　因合法建造房屋申请房屋所有权初始登记的，应当提交下列材料：

① 登记申请书；

② 申请人的身份证明；

③ 宅基地使用权证明或者集体所有建设用地使用权证明；

④ 申请登记房屋符合城乡规划的证明；

⑤ 房屋测绘报告或者村民住房平面图；

⑥ 其他必要材料。

申请村民住房所有权初始登记的，还应当提交申请人属于房屋所在地农村集体经济组织成员的证明。农村集体经济组织申请房屋所有权初始登记的，还应当提交经村民会议同意或者由村民会议授权经村民代表会议同意的证明材料。

办理村民住房所有权初始登记、农村集体经济组织所有房屋所有权初始登记，房屋登记机构受理登记申请后，应当将申请登记事项在房屋所在地农村集体经济组织内进行公告。经公告无异议或者异议不成立的，方可予以登记。

(2) 变更登记　发生下列情形之一的，权利人应当在有关法律文件生效或者事实发生后申请房屋所有权变更登记：

① 房屋所有权人的姓名或者名称变更的；

② 房屋坐落变更的；

③ 房屋面积增加或者减少的；

④ 同一所有权人分割、合并房屋的；

⑤ 法律、法规规定的其他情形。

(3) 转移登记　房屋所有权依法发生转移，申请房屋所有权转移登记的，应当提交下列材料：

① 登记申请书；

② 申请人的身份证明；

③ 房屋所有权证书；

④ 宅基地使用权证明或者集体所有建设用地使用权证明；

⑤ 证明房屋所有权发生转移的材料；

⑥ 其他必要材料。

申请村民住房所有权转移登记的，还应当提交农村集体经济组织同意转移的证明材料。农村集体经济组织申请房屋所有权转移登记的，还应当提交经村民会议同意或者由村民会议授权经村民代表会议同意的证明材料。申请农村村民住房所有权转移登记，受让人不属于房屋所在地农村集体经济组织成员的，除法律、法规另有规定外，房屋登记机构应当不予办理。

2. 抵押权登记

依法以乡镇、村企业的厂房等建筑物设立抵押，申请抵押权登记的，应当提交下列材料：

① 登记申请书；

② 申请人的身份证明；

③ 房屋所有权证书；

④ 集体所有建设用地使用权证明；

⑤ 主债权合同和抵押合同；

⑥ 其他必要材料。

3. 地役权登记、预告登记、更正登记、异议登记

办理集体土地范围内房屋的地役权登记、预告登记、更正登记、异议登记等房屋登记，可以参照适用国有土地范围内房屋登记的有关规定。

房屋登记机构对集体土地范围内的房屋予以登记的，应当在房屋登记簿和房屋权属证书上注明“集体土地”字样。

（三）房屋登记的程序

1. 房屋登记程序

办理房屋登记，一般依照下列程序进行。

（1）申请　申请房屋登记，申请人应当向房屋所在地的房屋登记机构提出申请，并提交申请登记材料。申请登记材料应当提供原件。不能提供原件的，应当提交经有关机关确认与原件一致的复印件。申请人应当对申请登记材料的真实性、合法性、有效性负责，不得隐瞒真实情况或者提供虚假材料申请房屋登记。

申请房屋登记，应当由有关当事人双方共同申请。有下列情形之一，申请房屋登记的，可以由当事人单方申请：

① 因合法建造房屋取得房屋权利；

② 因人民法院、仲裁委员会的生效法律文书取得房屋权利；

③ 因继承、受遗赠取得房屋权利；

④ 有本办法所列变更登记情形之一；

⑤ 房屋灭失；

⑥ 权利人放弃房屋权利；

⑦ 法律、法规规定的其他情形。

共有房屋，应当由共有人共同申请登记。共有房屋所有权变更登记，可以由相关的共有人申请，但因共有性质或者共有人份额变更申请房屋登记的，应当由共有人共同申请。

未成年人的房屋，应当由其监护人代为申请登记。监护人代为申请未成年人房屋登记的，应当提交证明监护人身份的材料；因处分未成年人房屋申请登记的，还应当提供为未成年人利益的书面保证。

委托代理人申请房屋登记的，代理人应当提交授权委托书和身份证明。境外申请人委托代理人申请房屋登记的，其授权委托书应当按照国家有关规定办理公证或者认证。

申请房屋登记的，申请人应当使用中文名称或者姓名。申请人提交的证明文件原件是外文的，应当提供中文译本。

（2）受理　申请人提交的申请登记材料齐全且符合法定形式的，应当予以受理，并出具书面凭证。申请人提交的申请登记材料不齐全或者不符合法定形式的，应当不予受理，并告知申请人需要补正的内容。房屋登记机构认为申请登记房屋的有关情况需要进一步证明的，可以要求申请人补充材料。

房屋登记机构将申请登记事项记载于房屋登记簿之前，申请人可以撤回登记申请。

（3）审核　房屋登记机构应当查验申请登记材料，并根据不同登记申请就申请登记事项是否是申请人的真实意思表示、申请登记房屋是否为共有房屋、房屋登记簿记载的权利人是否同意更正，以及申请登记材料中需进一步明确的其他有关事项询问申请人。询问结果应当经申请人签字确认，并归档保留。

办理房屋所有权初始登记、在建工程抵押权登记、因房屋灭失导致的房屋所有权注销登记以及法律、法规规定的其他房屋登记，房屋登记机构应当实地查看。房屋登记机构实地查看时，申请人应当予以配合。

【案例 2-5】 坐落在厦门市鼓浪屿区内沃路××号的房屋是洪某于 1946 年共同购买的，1952 年厦门市人民政府经审查发给房屋所有权证。1985 年 9 月 25 日，原告陈某继承了该房屋。经翻建，2008 年 10 月 27 日，陈某向厦门市房地产管理局（以下称房管局）、厦门市土地管理局（以下称土管局）申请办理房屋所有权证和土地使用权证（以下称“两证”）。房管局与土管局受理后，多次到现场勘察和调查，发现内沃路××号房屋东面与笔架山路挡土墙临碣，根据房屋登记簿记载，原告的土地使用权东面界线应确认在挡土墙内侧。原告不同意此认定，但又提供不了充足的材料证明。房管局与土管局书面通知其补齐上手契三份和土地所有权状翻建（维修）执照等契证材料，但陈某一直没有补交。2008 年 11 月 27 日，房管局和土管局分别作出不予登记的决定。2008 年 12 月 2 日陈某向鼓浪屿区人民法院提起诉讼，要求法院判令被告房管局和土管局立即给予办理产权公告并发放“两证”，对不给予发证的行为作出书面答复，并赔偿因侵权行为所造成的经济损失。法院最后判决驳回原告诉讼请求。

分析：两被告受理后，多次到现场勘察和调查，房屋界址和权属确认有争议。《房屋登记办法》第二十二条规定，申请登记事项与房屋登记簿记载冲突的，房屋登记机构应当不予登记；《土地登记办法》第十八条规定，土地权属有争议的，不予登记。《土地管理法》第十六条规定：“土地所有权和使用权争议，由当事人协商解决；协商不成的，由人民政府处理。单位之间的争议，由县级以上人民政府处理；个人之间、个人与单位之间的争议，由乡级人民政府或者县级以上人民政府处理。当事人对有关人民政府的处理决定不服的，可以自接到处理决定通知之日起三十日内，向人民法院起诉。在土地所有权和使用权争议解决前，任何一方不得改变土地利用现状。”内沃路××号房屋东面与笔架山路挡土墙临碣，但根据房屋登记簿记载，原告的土地使用权东面界线应确认在挡土墙内侧，原告不同意此认定。因此在争议未决前不宜认定，也不应改变土地的现状和土地上的附着物。法院只对具体行政行为的合法性进行审查，而土地使用权争议已经超出法院审查范围，应由被告依法及时对该土地使用权进行确认，如原告有异议可随之提起行政复议或向人民法院提起行政诉讼。因此，驳回原告诉讼请求。

(4) 记载于登记簿　登记申请符合下列条件的，房屋登记机构应当予以登记，将申请登记事项记载于房屋登记簿：

① 申请人与依法提交的材料记载的主体一致；

② 申请初始登记的房屋与申请人提交的规划证明材料记载一致，申请其他登记的房屋与房屋登记簿记载一致；

③ 申请登记的内容与有关材料证明的事实一致；

④ 申请登记的事项与房屋登记簿记载的房屋权利不冲突；

⑤ 不存在《房屋登记办法》规定的不予登记的情形。

登记申请不符合以上所列条件的，如未依法取得规划许可、施工许可或者未按照规划许可的面积等内容建造的建筑申请登记的；申请人不能提供合法、有效的权利来源证明文件或者申请登记的房屋权利与权利来源证明文件不一致的；申请登记事项与房屋登记簿记载冲突的；申请登记房屋不能特定或者不具有独立利用价值的；房屋已被依法征收、没收，原权利人申请登记的；房屋被依法查封期间权利人申请登记的，以及法律、法规规定的其他情形，房屋登记机构应当不予登记，并书面告知申请人不予登记的原因。

（5）发证　房屋登记簿应当记载房屋自然状况、权利状况以及其他依法应当登记的事项。房屋登记簿可以采用纸介质，也可以采用电子介质。采用电子介质的，应当有唯一、确定的纸介质转化形式，并应当定期异地备份。

房屋登记机构应当根据房屋登记簿的记载，缮写并向权利人发放房屋权属证书。房屋权属证书是权利人享有房屋权利的证明，包括《房屋所有权证》、《房屋他项权证》等。申请登记房屋为共有房屋的，房屋登记机构应当在房屋所有权证上注明“共有”字样。

预告登记、在建工程抵押权登记，以及法律、法规规定的其他事项在房屋登记簿上予以记载后，由房屋登记机构发放登记证明。

房屋权属证书、登记证明与房屋登记簿记载不一致的，除有证据证明房屋登记簿确有错误外，以房屋登记簿为准。

房屋权属证书、登记证明破损的，权利人可以向房屋登记机构申请换发。房屋登记机构换发前，应当收回原房屋权属证书、登记证明，并将有关事项记载于房屋登记簿。

房屋权属证书、登记证明遗失、灭失的，权利人在当地公开发行的报刊上刊登遗失声明后，可以申请补发。房屋登记机构予以补发的，应当将有关事项在房屋登记簿上予以记载。补发的房屋权属证书、登记证明上应当注明“补发”字样。

在补发集体土地范围内村民住房的房屋权属证书、登记证明前，房屋登记机构应当就补发事项在房屋所在地农村集体经济组织内公告。

房屋登记机构认为必要时，可以就登记事项进行公告。

2. 房屋登记基本单元

房屋应当按照基本单元进行登记。房屋基本单元是指有固定界限、可以独立使用并且有明确、唯一的编号（幢号、室号等）的房屋或者特定空间。国有土地范围内成套住房，以套为基本单元进行登记；非成套住房，以房屋的幢、层、间等有固定界限的部分为基本单元进行登记。集体土地范围内村民住房，以宅基地上独立建筑为基本单元进行登记；在共有宅基地上建造的村民住房，以套、间等有固定界限的部分为基本单元进行登记。非住房以房屋的幢、层、套、间等有固定界限的部分为基本单元进行登记。

3. 房屋登记时限

自受理登记申请之日起，房屋登记机构应当于下列时限内，将申请登记事项记载于房屋登记簿或者作出不予登记的决定：

① 国有土地范围内房屋所有权登记，30 个工作日，集体土地范围内房屋所有权登记，60 个工作日；

② 抵押权、地役权登记，10 个工作日；

③ 预告登记、更正登记，10 个工作日；

④ 异议登记，1 个工作日。

公告时间不计入前款规定时限。因特殊原因需要延长登记时限的，经房屋登记机构负责人批准可以延长，但最长不得超过原时限的一倍。法律、法规对登记时限另有规定的，从其规定。

【案例 2-6】 1999 年 11 月 19 日和 1999 年 12 月 26 日，饮食服务公司因资金周转困难，分别两次向王先生借款共27万元，约定以饮食服务公司所有的坐落于罗阳镇北门路的A号、B号两间门店（面积均为88.3平方米一间）作抵押，两次借款均签订有协议，协议签订后，饮食服务公司将上述两间门店的房产证（原本）交给王先生。2000年10月13日，饮食服务公司又将已抵押给该公司开办的新世纪大酒店中餐部承包人谢先生的罗阳镇北C号门店租给王先生。2000年12月间，王先生在未有饮食服务公司书面同意的情况下，将A号门店的房产证与谢先生持有的C号门店的房产证对换。之后，王先生口头委托饮食服务公司原法定代表人袁先生到博罗县房地产管理局申请办理上述B号、C号两间门店的产权转让登记，袁先生向博罗县房地产管理局提供了《房地产交易申请表》、《房地产买卖契约》、《协议书》、上述B号和C号两间门店的《房地产权证》、饮食服务公司现法人代表身份证复印件、饮食服务公司组织机构代码证、王先生身份证复印件，并经博罗县房地产评估所（现博罗县华宏房地产估价事务所）对买卖房产进行评估。2000年12月20日，博罗县房地产管理局向王先生核发了粤房地证字第3032508号《房地产权证》（登记字号为私字第18071号），确认房屋产权归其所有。2001年4月29日，饮食服务公司以王先生非法转让国有资产为由，向博罗县公安局、博罗县人民检察院、博罗县国有资产管理办公室报案。博罗县公安局将两份盖有被上诉人印章和法定代表人何先生签名的房屋买卖协议书、房地产买卖契约提交惠州市公安局进行刑事技术鉴定。2001年8月28日，惠州市公安局作出（2001）惠市公刑技文检字第032号《鉴定书》，结论为：所送检的《协议书》上所盖"广东省博罗县饮食服务公司"印文与所送"广东省博罗县饮食服务公司"样本印文不相同一，《协议书》上"何××"三字与所送笔迹样本不相同一；所送检的《房地产买卖契约》上所盖"广东省博罗县饮食服务公司"印文与所送"广东省博罗县饮食服务公司"样本印文相同一，《房地产买卖契约》上"何××"三字与所送笔迹样本相同一。2001年7月3日，博罗县国有资产办公室向博罗县房地产管理局发出《协办通知》，认为王先生与饮食服务公司在办理转让国有资产过程中经办人可能有不正当行为，要求博罗县房地产管理局不要办理B号、C号门店国有房产的再转让。2000年9月21日，博罗县国有资产办公室向饮食服务公司发出博国资（2001）91号《关于撤销非法转让国有资产产权的通知》，认定饮食服务公司转让上述门店未经主管部门批准同意且未办理国有资产立项评估，属擅自转让企业产权行为，应予以纠正。2001年11月19日，饮食服务公司向原审法院提起行政诉讼，要求撤销房地产权证。法院认为，房地局在未办理土地使用权变更登记的情况下，先行办理房产转让登记，程序违法。法院最终判决撤销房地产权证。

分析：本案对具体行政行为合法性进行审查，对"转让程序不完整，是否是双方真实意思表示"和"转让此国有资产行为手续的完整性"的争议不属行政诉讼审查范围，不予认定。依据《广东省城镇房地产权登记条例》第十一条规定，"依法转让地上建筑物、附着物导致土地使用权转移的，房产管理部门在办理变更登记前，应当把有关申请文件和资料送同级土地管理部门查验核实并办理土地使用权变更登记，方能办理变更登记"，法院判定其程序违法，最终判决撤销房地产权证。

案件发生时，我国法律法规对土地产权和房屋产权在交易过程中关系的相关规定并不十分清楚，地方上也少有明确规定。《广东省城镇房地产权登记条例》对此有明确规定，对这一案例判决起到了关键作用。之后的立法，也对此有明确的规定。我国《物权法》颁布后，有关立法都经过了更新，对此也有明确的规定。《中华人民共和国房地产管理法》

第六十一条明确规定："房地产转让或者变更时，应当向县级以上地方人民政府房产管理部门申请房产变更登记，并凭变更后的房屋所有权证书向同级人民政府土地管理部门申请土地使用权变更登记，经同级人民政府土地管理部门核实，由同级人民政府更换或者更改土地使用权证书。"《土地登记办法》第四十条规定："因依法买卖、交换、赠与地上建筑物、构筑物及其附属设施涉及建设用地使用权转移的，当事人应当持原土地权利证书、变更后的房屋所有权证书及土地使用权发生转移的相关证明材料，申请建设用地使用权变更登记。"

思考题

1. 什么是物业权属？
2. 辨别物业的所有权、物权与产权之间的关系。
3. 建设用地使用权人的权利与义务有哪些？
4. 建筑物区分所有权具有哪些特征？
5. 怎样划分专有部分和共有部分的范围？
6. 业主作为共有权人的权利和义务有哪些？
7. 共同管理权有哪些特征？
8. 物业管理中相邻关系的类型与处理方法如何？
9. 土地和房屋权属登记包括哪些种类？

第三章 物业建设管理法规

建管脱节造成一些物业规划设计不合理、配套不完善、用地不合法、施工质量低劣。这些在项目开发阶段遗留下来的问题，衍变为物业管理中尤其是前期物业管理阶段业主和物业服务企业之间尖锐的矛盾。物业服务企业因此代开发商受过，管理成本大幅增加，市场信誉降低。因此，物业建设是物业管理的基础和前提，物业服务企业的提前介入是物业管理的重要环节。物业建设管理法规则是物业服务企业提前介入、解决项目开发阶段遗留问题必须掌握的内容。

第一节 物业建设规划管理

一、建设用地规划和城市规划

（一）建设用地规划

我国实行土地利用总体规划制度，县级以上的每一级政府都应编制本辖区内的土地利用总体规划，分级审批后严格贯彻执行。《土地管理法》第十七条规定：各级人民政府应当依据国民经济和社会发展规划、国土整治和资源环境保护的要求、土地供给能力以及各项建设对土地的需求，组织编制土地利用总体规划。

土地利用总体规划实行分级审批。省、自治区、直辖市的土地利用总体规划，报国务院批准。省、自治区人民政府所在地的市、人口在一百万以上的城市以及国务院指定的城市的土地利用总体规划，经省、自治区人民政府审查同意后，报国务院批准。其他土地利用总体规划，逐级上报省、自治区、直辖市人民政府批准；其中，乡（镇）土地利用总体规划可以由省级人民政府授权的设区的市、自治州人民政府批准。

土地利用总体规划有一项基本内容，是对建设用地实行总量控制，确保建设用地不超过上一级土地利用总体规划确定的控制指标。城市建设用地规模应当符合国家规定的标准，充分利用现有建设用地，不占或者尽量少占农用地。城市总体规划、村庄和集镇规划，应当与土地利用总体规划相衔接，城市总体规划、村庄和集镇规划中建设用地规模不得超过土地利用总体规划确定的城市和村庄、集镇建设用地规模。在城市规划区内、村庄和集镇规划区内，城市和村庄、集镇建设用地应当符合城市规划、村庄和集镇规划。

（二）城市规划

为了确定城市的规模和发展方向，实现城市的经济和社会发展目标，合理地制定城市规划和进行城市建设，城市人民政府依据《城乡规划法》负责组织编制城市规划。县级人民政府所在地镇的城市规划，由县级人民政府负责组织编制。编制城市规划一般分总体规划和详细规划两个阶段进行。

城市总体规划应当和国土规划、区域规划、江河流域规划、土地利用总体规划相协调。城市总体规划应当包括：城市的性质、发展目标和发展规模，城市主要建设标准和定额指标，城市建设用地布局、功能分区和各项建设的总体部署，城市综合交通体系和河湖、绿地系统，各项专业规划，近期建设规划。设市城市和县级人民政府所在地的总体规划，应当包括市或县的行政区域的城镇体系规划。大城市、中等城市为了进一步控制和确定不同地段的土地用途、范围和容量，协调各项基础设施和公共设施的建设，在总体规划基础上，可以编制分区规划。

城市详细规划应当在总体规划或者分区规划的基础上，对城市近期建设区域内各项建设作出具体规划。城市详细规划应当包括：规划地段各项建设的具体用地范围，建筑密度和高度等控制指标，总平面布置、工程管线综合规划和竖向规划。

二、城市规划实施

城市规划区内的土地利用和各项建设必须符合城市规划，服从规划管理。政府主要通过核发选址意见书、建设用地规划许可证和建设工程规划许可证实施规划管理。

（一）选址意见书

《城乡规划法》第三十六条规定："按照国家规定需要有关部门批准或者核准的建设项目，以划拨方式提供国有土地使用权的，建设单位在报送有关部门批准或者核准前，应当向城乡规划主管部门申请核发选址意见书。以上规定以外的建设项目不需要申请选址意见书。"这赋予了城市规划行政主管部门在建设单位可行性研究报告（建设项目设计任务书）阶段的选址工作中提出意见和建议的权力。

建设项目选址意见书包括下列内容。

1. 建设项目的基本情况

主要是建设项目名称、性质，用地与建设规模，供水与能源的需求量，采取的运输方式与运输量，以及废水、废气、废渣的排放方式和排放量。

2. 建设项目规划选址的主要依据

① 经批准的项目建议书；

② 建设项目与城市规划布局的协调；

③ 建设项目与城市交通、通讯、能源、市政、防灾规划的衔接与协调；

④ 建设项目配套的生活设施与城市生活居住及公共设施规划的衔接与协调；

⑤ 建设项目对于城市环境可能造成的污染影响，以及与城市环境保护规划和风景名胜、文物古迹保护规划的协调。

建设单位应当按照《建设项目环境保护管理条例》要求在建设项目可行性研究阶段或者在初步设计完成前报批建设项目环境影响报告书、环境影响报告表或者环境影响登记表。

3. 建设项目选址、用地范围和具体规划要求

建设项目选址意见书，按建设项目计划审批权限实行分级规划管理。

（二）建设用地规划许可证

在城市、镇规划区内以划拨方式提供国有土地使用权的建设项目，经有关部门批准、核准、备案后，建设单位应当向城市、县人民政府城乡规划主管部门提出建设用地规划许可申请，由城市、县人民政府城乡规划主管部门依据控制性详细规划核定建设用地的位置、面积、允许建设的范围，核发建设用地规划许可证。建设单位在取得建设用地规划许可证后，方可向县级以上地方人民政府土地主管部门申请用地，经县级以上人民政府审批后，由土地主管部门划拨土地。

在城市、镇规划区内以出让方式提供国有土地使用权的，在国有土地使用权出让前，

城市、县人民政府城乡规划主管部门应当依据控制性详细规划，提出出让地块的位置、使用性质、开发强度等规划条件，作为国有土地使用权出让合同的组成部分。以出让方式取得国有土地使用权的建设项目，在签订国有土地使用权出让合同后，建设单位应当持建设项目的批准、核准、备案文件和国有土地使用权出让合同，向城市、县人民政府城乡规划主管部门领取建设用地规划许可证。

在城市规划区内进行临时建设，应按照临时建设和临时用地规划管理的具体办法经城市、县人民政府城乡规划主管部门批准，而且必须在批准的使用期限内拆除。

（三）建设工程规划许可证

建设工程审批阶段建设单位要向规划部门申请颁发建设工程规划许可证。《城乡规划法》第四十条规定："在城市、镇规划区内进行建筑物、构筑物、道路、管线和其他工程建设的，建设单位或者个人应当向城市、县人民政府城乡规划主管部门或者省、自治区、直辖市人民政府确定的镇人民政府申请办理建设工程规划许可证。"

申请办理建设工程规划许可证，应当提交使用土地的有关证明文件、建设工程设计方案等材料。需要建设单位编制修建性详细规划的建设项目，还应当提交修建性详细规划。对符合控制性详细规划和规划条件的，由城市、县人民政府城乡规划主管部门或者省、自治区、直辖市人民政府确定的镇人民政府核发建设工程规划许可证。

县级以上人民政府城乡规划主管部门对城乡规划的实施情况进行监督检查，有权要求有关单位和人员提供与监督事项有关的文件、资料，并进行复制；有权要求有关单位和人员就监督事项涉及的问题作出解释和说明，并根据需要进入现场进行勘测；有权责令有关单位和人员停止违反有关城乡规划的法律、法规的行为。县级以上地方人民政府城乡规划主管部门按照国务院规定对建设工程是否符合规划条件予以核实。未经核实或者经核实不符合规划条件的，建设单位不得组织竣工验收。建设单位应当在竣工验收后六个月内向城市规划行政主管部门报送有关竣工资料。

【案例 3-1】 矗立在虹口区四平路上的"金苑"小区是一个规模不大的小区，共两幢楼房，一幢规划 7 层，一幢规划 24 层。1999 年 9 月，小区竣工，同年 9 月 9 日，上海市虹口区建设质量监督站对该项目工程进行验收，9 月 10 日，虹口区房地产测绘中心前来实地测绘，核定该小区高层楼共 24 层。2000 年 1 月 3 日，上海市住宅发展局经验收，认可了以上这些数字，便向开发商华亮房地产公司颁发了大产权证。与此同时，上海市房地局依法注销了虹口区规划局于 1998 年 4 月 6 日向开发商颁发的建设工程规划许可证。2002 年 4 月 2 日，小区成立了业主委员会后，有个别业主来反映问题，说经过详细计数，这幢楼不是 24 层，而是 25 层。这可一下子令人震惊了，因为谁也没有细细想过自己居住的楼究竟有几层，总觉得合同、楼书、产权证上都写得清楚明白，怎么会去怀疑呢。但后来大家实地看了一看，就发现真的是 25 层。多出来的这一层位于一楼商业用房和 2 楼居民住宅之间。经过业主的推敲琢磨终于发现了奥秘，他们在买楼时开发商告之层高是 2.8 米，现在实测是 2.7 米，23 个 0.1 米就是 2.3 米，然后再把本来就比较高的商业房往下降低一些，就能增加出一层楼来，而这层楼在法律上属于违章建筑。业主委员会出面向虹口区城市规划管理局反映了此事，并起诉到人民法院。法院判决开发商华亮房地产公司对业主进行赔偿。2002 年 11 月 18 日，上海市虹口区城市规划管理局对开发商华亮房地产公司罚款，并补发了建设工程规划许可证。

分析：城市规划行政主管部门根据城市规划提出的规划设计要求核发建设工程规划许可证件是为实现城市的经济和社会发展目标，保证人们生存和发展环境而对房地产开发进行的管理。因此，违法变更建设工程规划，是侵犯社会公共利益的行为，也是侵犯个人利益的行为。一般情况下，未取得建设工程规划许可证的违法建设工程，其对城市规划和城市管理尚无不良影响的，对建设者处以罚款，并责令补办建设工程规划许可证。案例中变更规划的行为，显然是对城市规划和城市管理产生了不良影响，也侵犯了广大业主的利益，但对已经建成的项目，规划管理部门又很“无奈”。可见，如何有效地监督开发商按照规划内容开发是一个值得思考的问题。

第二节 物业建设用地管理

一、房地产开发建设用地的审批

各级人民政府应当加强土地利用计划管理，实行建设用地总量控制。土地利用年度计划，根据国民经济和社会发展计划、国家产业政策、土地利用总体规划以及建设用地和土地利用的实际状况编制。土地利用年度计划的编制审批程序与土地利用总体规划的编制审批程序相同。县级以上地方人民政府出让土地使用权用于房地产开发的，须根据省级以上人民政府下达的控制指标拟订年度出让土地使用权总面积方案，按照国务院规定，报国务院或者省级人民政府批准。土地使用权出让，由市、县人民政府有计划、有步骤地进行。出让的每幅地块、用途、年限和其他条件，由市、县人民政府土地管理部门会同城市规划、建设、房产管理部门共同拟订方案，按照国务院规定，报经有批准权的人民政府批准后，由市、县人民政府土地管理部门实施。

政府对有偿出让国有土地使用权的批准权限，应与行政划拨国有土地使用权的批准权限相同，按照《中华人民共和国土地管理法》中关于国家建设用地批准权限的规定，出让国有土地使用权的批准权限为：耕地1000亩以上、其他土地2000亩以上的，由国务院批准；耕地3亩以下、其他土地10亩以下的，由县级人民政府批准；省辖市、自治州人民政府的批准权限，由省、自治区人民代表大会常务委员会决定。各地执行上述规定，对一次出让国有土地使用权的土地不得“化整为零”，变相扩大批准权限。

任何单位和个人进行建设，需要使用土地的，必须依法申请使用国有土地，乡镇企业、乡（镇）村公共设施、公益事业、农村村民住宅等乡（镇）村建设除外。集体所有土地经国家征收成为国有土地才能成为建设用地。征收下列土地的，由国务院批准：

① 基本农田；

② 基本农田以外的耕地超过35公顷的；

③ 其他土地超过70公顷的。

征收以上规定以外的土地的，由省、自治区、直辖市人民政府批准，并报国务院备案。

征收农用地的，还应当先行办理农用地转用审批。其中，经国务院批准农用地转用的，同时办理征地审批手续，不再另行办理征地审批；经省、自治区、直辖市人民政府在征地批准权限内批准农用地转用的，同时办理征地审批手续，不再另行办理征地审批，超过征地批准权限的，应当依照前述规定另行办理征地审批。

建设占用土地，涉及农用地转为建设用地的，应当办理农用地转用审批手续。省、自治区、直辖市人民政府批准的道路、管线工程和大型基础设施建设项目，国务院批准的建设项目占用土地，涉及农用地转为建设用地的，由国务院批准。在土地利用总体规划确定的城市和村庄、集镇建设用地规模范围内，为实施该规划而将农用地转为建设用地的，按土地利用年度计划分批次由原批准土地利用总体规划的机关批准。在已批准的农用地转用范围内，具体建设项目用地可以由市、县人民政府批准。除此之外，建设项目占用土地，涉及农用地转为建设用地的，由省、自治区、直辖市人民政府批准。

乡镇企业、乡（镇）村公共设施、公益事业、农村村民住宅等乡（镇）村建设，应当按照村庄和集镇规划，合理布局，综合开发，配套建设；建设用地，应当符合乡（镇）土地利用总体规划和土地利用年度计划。农村集体经济组织使用乡（镇）土地利用总体规划确定的建设用地兴办企业，或者与其他单位、个人以土地使用权入股、联营等形式共同举办企业的，应当持有关批准文件，向县级以上地方人民政府土地行政主管部门提出申请，按照省、自治区、直辖市规定的批准权限，由县级以上地方人民政府批准；其中，涉及占用农用地的，依照农用地转用审批手续办理。乡（镇）村公共设施、公益事业建设，需要使用土地的，经乡（镇）人民政府审核，向县级以上地方人民政府土地行政主管部门提出申请，按照省、自治区、直辖市规定的批准权限，由县级以上地方人民政府批准；其中，涉及占用农用地的，依照农用地转用审批手续办理。

二、建设用地使用权的有偿出让和划拨

（一）建设用地地使用权的有偿出让

1. 概念

建设用地使用权出让，是指国家将国有建设用地使用权（以下简称建设用地使用权）在一定年限内出让给土地使用者，由土地使用者向国家支付土地使用权出让金的行为。

2. 建设用地使用权出让的方式

（1）拍卖　拍卖出让国有土地使用权，是指出让人发布拍卖公告，由竞买人在指定时间、地点进行公开竞价，根据出价结果确定土地使用者的行为。拍卖的特点是交易过程公开透明，价高者得，成交快。

（2）招标　招标出让国有土地使用权，是指市、县人民政府土地行政主管部门（以下简称出让人）发布招标公告，邀请特定或者不特定的公民、法人和其他组织参加国有土地使用权投标，根据投标结果确定土地使用者的行为。招标的特点是综合衡量土地价格和利用等多方因素，而且交易公平、公正、公开。

（3）挂牌　挂牌出让国有土地使用权，是指出让人发布挂牌公告，按公告规定的期限将拟出让宗地的交易条件在指定的土地交易场所挂牌公布，接受竞买人的报价申请并更新挂牌价格，根据挂牌期限截止时的出价结果确定土地使用者的行为。挂牌的特点是不同地块可以集中在同一场所内集中交易，而且在一段时间内可供选择，同时价高者得，公平竞争。

（4）协议　协议出让是指建设用地使用权的有意受让人直接向土地所有者提出有偿使用土地的愿望，由土地所有者即出让方与有意受让人在没有第三人参与的条件下通过谈判、协商达成出让土地使用权一致意见的一种方式。协议方式简便易行，程序简单，但不能引入竞争机制，不利于土地使用者公平竞争。利用国有土地进行商业、旅游、娱乐、写

字楼及商品住宅等经营性开发的项目用地一般不得采用协议方式出让建设用地。

3. 建设用地使用权出让合同

(1) 建设用地使用权出让合同订立的原则

① 遵守国家法律、法规的原则。订立建设用地使用权出让合同，要遵守规划、建设以及其他与建设用地相关的法律、法规，既不侵犯公共利益，也不妨碍他人利益。《物权法》第一百三十六条规定："建设用地使用权可以在土地的地表、地上或者地下分别设立。新设立的建设用地使用权，不得损害已设立的用益物权"。

② 符合城市规划的原则。《房地产管理法》第十条规定，土地使用权出让，必须符合土地利用总体规划、城市规划和年度建设用地计划。

③ 坚持平等、自愿、有偿的原则。《土地管理法》第五十五条规定，以出让等有偿使用方式取得国有土地使用权的建设单位，按照国务院规定的标准和办法，缴纳土地使用权出让金等土地有偿使用费和其他费用后，方可使用土地。《房地产管理法》第十六条规定，土地使用者必须按照出让合同约定，支付土地使用权出让金；未按照出让合同约定支付土地使用权出让金的，土地管理部门有权解除合同，并可以请求违约赔偿。《房地产管理法》第十六条规定，土地使用者按照出让合同约定支付土地使用权出让金的，市、县人民政府土地管理部门必须按照出让合同约定，提供出让的土地；未按照出让合同约定提供出让的土地的，土地使用者有权解除合同，由土地管理部门返还土地使用权出让金，土地使用者并可以请求违约赔偿。

(2) 建设用地使用权出让合同的内容　建设用地使用权出让合同一般包括下列条款：

① 当事人的名称和住所；

② 土地位置、面积等；

③ 建筑物、构筑物及其附属设施占用的空间；

④ 土地用途；

⑤ 使用期限；

⑥ 出让金等费用及其支付方式；

⑦ 解决争议的办法。

(3) 土地使用权出让合同的变更　《土地管理法》第五十六条规定，建设单位使用国有土地的，应当按照土地使用权出让等有偿使用合同的约定或者土地使用权划拨批准文件的规定使用土地；确需改变该幅土地建设用途的，应当经有关人民政府土地行政主管部门同意，报原批准用地的人民政府批准。其中，在城市规划区内改变土地用途的，在报批前，应当先经有关城市规划行政主管部门同意。《房地产管理法》第十八条规定，土地使用者需要改变土地使用权出让合同约定的土地用途的，必须取得出让方和市、县人民政府城市规划行政主管部门的同意，签订土地使用权出让合同变更协议或者重新签订土地使用权出让合同，相应调整土地使用权出让金。《物权法》第一百四十八条规定，建设用地使用权期间届满前，因公共利益需要提前收回该土地的，应当对该土地上的房屋及其他不动产给予补偿，并退还相应的出让金。

《房地产管理法》第二十条规定，国家对土地使用者依法取得的土地使用权，在出让合同约定的使用年限届满前不收回；在特殊情况下，根据社会公共利益的需要，可以依照法律程序提前收回，并根据土地使用者使用土地的实际年限和开发土地的实际情况给予相应的补偿。

4. 土地使用权出让年限

土地使用权出让最高年限按下列用途确定：

① 居住用地七十年；

② 工业用地五十年；

③ 教育、科技、文化、卫生、体育用地五十年；

④ 商业、旅游、娱乐用地四十年；

⑤ 综合或者其他用地五十年。

住宅建设用地使用权期间届满的，自动续期。非住宅建设用地，使用权期间届满，土地使用者需要继续使用土地的，应当最迟于届满前一年申请续期，除根据社会公共利益需要收回该幅土地的，应当予以批准。经批准准予续期的，应当重新签订土地使用权出让合同，依照规定支付土地使用权出让金。土地使用权出让合同约定的使用年限届满，建设用地使用者未申请续期或者虽申请续期但依照规定未获批准的，建设用地使用权终止。

（二）建设用地使用权的划拨

1. 概念

建设用地使用权划拨，是指县级以上人民政府依法批准，在土地使用者缴纳补偿、安置等费用后将该幅土地交付其使用，或者将土地使用权无偿交付给土地使用者使用的行为。

以划拨方式取得土地使用权的，除法律、行政法规另有规定外，没有使用期限的限制。

2. 建设用地使用权划拨的范围

下列建设用地的土地使用权，确属必需的，可以由县级以上人民政府依法批准划拨：

① 国家机关用地和军事用地；

② 城市基础设施用地和公益事业用地；

③ 国家重点扶持的能源、交通、水利等项目用地；

④ 法律、行政法规规定的其他用地。

三、房地产开发用地的使用

依法取得的建设用地使用权，可以作价入股，合资、合作开发经营房地产，但是必须按照土地使用权出让合同约定的土地用途、动工开发期限开发土地。《房地产管理法》第二十六条规定，以出让方式取得土地使用权进行房地产开发的，必须按照土地使用权出让合同约定的土地用途、动工开发期限开发土地。超过出让合同约定的动工开发日期满一年未动工开发的，可以征收相当于土地使用权出让金百分之二十以下的土地闲置费；满二年未动工开发的，可以无偿收回土地使用权；但是，因不可抗力或者政府、政府有关部门的行为或者动工开发必需的前期工作造成动工开发迟延的除外。

【案例 3-2】 2001 年 4 月 25 日，这一天对于购买了北京市海淀区上庄乡“天涯名流”别墅的 45 位业主来说，是犹如噩梦般的一天，他们花几十万甚至上百万元购买的欧式别墅，被海淀区规划局认定为违章建筑，申请法院强制拆除。在短短的三天时间内，45 栋总价值达 5000 万元的别墅，在二十多台推土机的轰鸣声中被夷为平地。原来，“天涯名流”别墅是 1998 年 6 月海淀区上庄乡乡长兼乡党委副书记毕振永、副乡长聂西海擅自批准北京西郊农场河北村农工商合作社与不具备房地产开发资质的北京天涯商贸集团等占用该乡河北村37.28亩土地（其中基本农田27亩、耕地9亩、非耕地1.28亩）建设的项目。1999年5月，项目开工建设，至2001年建成别墅45栋。2001年3月，海淀区国土房管局对其立案进行调查；后被海淀区规划局认定为违章建筑，申请法院强制拆除。几十万甚至上百万的房款，就这样打了水漂，无奈之下的业主们只得将开发商天涯集团以及上庄乡政府告上法庭。2002年元月11日，海淀区人民法院对此案作了公开审理。法院判决：天涯集团返还所有业主的房款，上庄乡政府承担连带责任，对于业主提出的房款利息的诉讼请求法院不予支持。至于装修损失，法院根据各个业主的实际情况判决开发商酌情赔偿。2003年6月，海淀区法院对涉案的毕振永，以玩忽职守罪，判处有期徒刑1年；2002年，区法院对涉案的聂西海，以非法批准占用土地罪，判处有期徒刑2年。

分析：“天涯名流”别墅是占用耕地所建，而且没有办理任何审批手续。根据我国《土地管理法》的规定，乡一级政府没有转让土地使用权的权力。同时，开发商天涯集团不具备房地产开发资质。因此，海淀区规划局认定“天涯名流”别墅为违章建筑是正确的，理应拆除，有关政府人员也难逃其咎。

第三节　物业建设质量管理

房地产开发企业开发建设的房地产项目，应当符合有关法律、法规的规定和建筑工程质量、安全标准，建筑工程勘察、设计、施工的技术规范以及合同的约定。房地产开发企业应当首先对其开发建设的房地产开发项目的质量承担责任。勘察、设计、施工、监理等单位应当依照《建设工程质量管理条例》等有关法律、法规的规定或者合同的约定，承担相应的责任。

一、建筑工程施工许可

建筑工程开工前，建设单位应当按照国家有关规定向工程所在地县级以上人民政府建设行政主管部门申请领取施工许可证；但是，国务院建设行政主管部门确定的限额以下的小型工程除外。按照国务院规定的权限和程序批准开工报告的建筑工程，不再领取施工许可证。申请领取施工许可证，应当具备下列条件：

① 已经办理该建筑工程用地批准手续；

② 在城市规划区的建筑工程，已经取得规划许可证；

③ 需要拆迁的，其拆迁进度符合施工要求；

④ 已经确定建筑施工企业；

⑤ 有满足施工需要的施工图纸及技术资料；

⑥ 有保证工程质量和安全的具体措施；

⑦ 建设资金已经落实；

⑧ 法律、行政法规规定的其他条件。

建设行政主管部门应当自收到申请之日起十五日内，对符合条件的申请颁发施工许可证。建设单位应当自领取施工许可证之日起三个月内开工。因故不能按期开工的，应当向发证机关申请延期；延期以两次为限，每次不超过三个月。既不开工又不申请延期或者超过延期时限的，施工许可证自行废止。在建的建筑工程因故中止施工的，建设单位应当自中止施工之日起一个月内，向发证机关报告，并按照规定做好建筑工程的维护管理工作。建筑工程恢复施工时，应当向发证机关报告；中止施工满一年的工程恢复施工前，建设单位应当报发证机关核验施工许可证。按照国务院有关规定批准开工报告的建筑工程，因故不能按期开工或者中止施工的，应当及时向批准机关报告情况。因故不能按期开工超过六个月的，应当重新办理开工报告的批准手续。

二、建设质量管理权利与义务

1. 建设单位的质量责任和义务

① 建设单位应当将工程发包给具有相应资质等级的单位。建设单位不得将建设工程肢解发包。

② 建设单位应当依法对工程建设项目的勘察、设计、施工、监理以及与工程建设有关的重要设备、材料等的采购进行招标。

③ 建设单位必须向有关的勘察、设计、施工、工程监理等单位提供与建设工程有关的原始资料。原始资料必须真实、准确、齐全。

④ 建设工程发包单位不得迫使承包方以低于成本的价格竞标，不得任意压缩合理工期。

⑤ 建设单位不得明示或者暗示设计单位或者施工单位违反工程建设强制性标准，降低建设工程质量。

⑥ 建设单位应当将施工图设计文件报县级以上人民政府建设行政主管部门或者其他有关部门审查。施工图设计文件未经审查批准的，不得使用。

⑦ 实行监理的建设工程，建设单位应当委托具有相应资质等级的工程监理单位进行监理，也可以委托具有工程监理相应资质等级并与被监理工程的施工承包单位没有隶属关系或者其他利害关系的该工程的设计单位进行监理。下列建设工程必须实行监理：

a. 国家重点建设工程；

b. 大中型公用事业工程；

c. 成片开发建设的住宅小区工程；

d. 利用外国政府或者国际组织贷款、援助资金的工程；

e. 国家规定必须实行监理的其他工程。

⑧ 按照合同约定，由建设单位采购建筑材料、建筑构配件和设备的，建设单位应当保证建筑材料、建筑构配件和设备符合设计文件和合同要求。建设单位不得明示或者暗示施工单位使用不合格的建筑材料、建筑构配件和设备。

⑨ 涉及建筑主体和承重结构变动的装修工程，建设单位应当在施工前委托原设计单位或者具有相应资质等级的设计单位提出设计方案；没有设计方案的，不得施工。房屋建筑使用者在装修过程中，不得擅自变动房屋建筑主体和承重结构。

2. 勘查、设计单位的质量责任和义务

① 从事建设工程勘察、设计的单位应当依法取得相应等级的资质证书，并在其资质等级许可的范围内承揽工程。禁止勘察、设计单位超越其资质等级许可的范围或者以其他勘察、设计单位的名义承揽工程。禁止勘察、设计单位允许其他单位或者个人以本单位的名义承揽工程。

② 勘察、设计单位不得转包或者违法分包所承揽的工程。

③ 勘察、设计单位必须按照工程建设强制性标准进行勘察、设计，并对其勘察、设计的质量负责。

注册建筑师、注册结构工程师等注册执业人员应当在设计文件上签字，对设计文件负责。

④ 勘察单位提供的地质、测量、水文等勘察成果必须真实、准确。

⑤ 设计单位应当根据勘察成果文件进行建设工程设计。设计文件应当符合国家规定的设计深度要求，注明工程合理使用年限。

⑥ 设计单位在设计文件中选用的建筑材料、建筑构配件和设备，应当注明规格、型号、性能等技术指标，其质量要求必须符合国家规定的标准。除有特殊要求的建筑材料、专用设备、工艺生产线等外，设计单位不得指定生产厂、供应商。

⑦ 设计单位应当就审查合格的施工图设计文件向施工单位作出详细说明。

⑧ 设计单位应当参与建设工程质量事故分析，并对因设计造成的质量事故，提出相应的技术处理方案。

3. 施工单位的质量责任和义务

① 施工单位应当依法取得相应等级的资质证书，并在其资质等级许可的范围内承揽工程。禁止施工单位超越本单位资质等级许可的业务范围或者以其他施工单位的名义承揽工程。禁止施工单位允许其他单位或者个人以本单位的名义承揽工程。

② 施工单位不得转包或者违法分包工程。

③ 施工单位对建设工程的施工质量负责。施工单位应当建立质量责任制，确定工程项目的项目经理、技术负责人和施工管理负责人。建设工程实行总承包的，总承包单位应当对全部建设工程质量负责；建设工程勘察、设计、施工、设备采购的一项或者多项实行总承包的，总承包单位应当对其承包的建设工程或者采购的设备的质量负责。总承包单位依法将建设工程分包给其他单位的，分包单位应当按照分包合同的约定对其分包工程的质量向总承包单位负责，总承包单位与分包单位对分包工程的质量承担连带责任。

④ 施工单位必须按照工程设计图纸和施工技术标准施工，不得擅自修改工程设计，不得偷工减料。施工单位在施工过程中发现设计文件和图纸有差错的，应当及时提出意见和建议。

⑤ 施工单位必须按照工程设计要求、施工技术标准和合同约定，对建筑材料、建筑构配件、设备和商品混凝土进行检验，检验应当有书面记录和专人签字；未经检验或者检验不合格的，不得使用。

⑥ 施工单位必须建立、健全施工质量的检验制度，严格工序管理，作好隐蔽工程的质量检查和记录。隐蔽工程在隐蔽前，施工单位应当通知建设单位和建设工程质量监督机构。

⑦ 施工人员对涉及结构安全的试块、试件以及有关材料，应当在建设单位或者工程监理单位监督下现场取样，并送具有相应资质等级的质量检测单位进行检测。

⑧ 施工单位对施工中出现质量问题的建设工程或者竣工验收不合格的建设工程，应当负责返修。

4. 工程监理单位的质量责任和义务

① 工程监理单位应当依法取得相应等级的资质证书，并在其资质等级许可的范围内承担工程监理业务。禁止工程监理单位超越本单位资质等级许可的范围或者以其他工程监

理单位的名义承担工程监理业务。禁止工程监理单位允许其他单位或者个人以本单位的名义承担工程监理业务。

② 工程监理单位不得转让工程监理业务。

③ 工程监理单位与被监理工程的施工承包单位以及建筑材料、建筑构配件和设备供应单位有隶属关系或者其他利害关系的，不得承担该项建设工程的监理业务。

④ 工程监理单位应当依照法律、法规以及有关技术标准、设计文件和建设工程承包合同，代表建设单位对施工质量实施监理，并对施工质量承担监理责任。

【案例 3-3】 2003 年 5 月 8 日，敦煌大酒店筹建处与省四建签订《建设工程施工合同》，约定省四建承包建设敦煌大酒店工程，2003 年 5 月 8 日开工；合同价款暂定人民币 1200 万元；2005 年 1 月 18 日，该工程完工后被甘肃省建设委员会评定为省优质样板工程。7 月 11 日，敦煌大酒店向敦煌市城建局递交了《竣工验收报告》，请求对敦煌大酒店工程给予验收，后因敦煌大酒店未交纳相关费用，验收工作未能如期进行。2005 年 10 月，敦煌大酒店开始试营业。省四建为此于同年先后三次致函敦煌大酒店，告知该工程未经验收，不得投入使用，并督促其尽快与质检部门联系组织验收。但敦煌大酒店仍将未经验收的工程全面投入经营、使用。2006 年 6 月，敦煌大酒店主楼客房部一楼非承重墙局部开始出现裂缝。同年 7 月 21 日，甘肃省质量监督总站针对敦煌大酒店工程质量问题，召集各有关部门在现场勘验调查的基础上，形成了《关于敦煌国际大酒店工程质量问题会议纪要》（以下简称《纪要》），认定一楼非承重墙裂缝是由于地基不均匀压缩变形和湿陷下沉引起的，同时认为设计单位、施工单位、勘察单位、建设单位均存在问题，并提出了处理意见。省四建对该《纪要》中与其有关的责任表示认可和愿意执行，但因设计单位西北设计院提出异议，问题未能得到解决。2006 年 12 月 7 日，敦煌大酒店以省四建为被告，西北设计院、地质队为第三人提起诉讼，请求赔偿因一楼工程质量问题造成的损失 5355640 元。法院依法委托甘肃省工程质量监督总站对敦煌大酒店工程质量进行鉴定。依据该站作出的鉴定意见及各方当事人提出的意见和相关证据说明：敦煌大酒店工程在建设单位投入使用 15 个月就发生一楼非承重墙体下沉裂缝，不是施工单位省四建一方造成的。首先，设计单位西北设计院对该工程的个别部位设计违反了国家颁布实施的规范标准，而且对甘肃省建设委员会 2003 年 1 月 31 日甘建发（2002）441 号《关于敦煌国际大酒店工程初步设计审查的批复》中第三个问题曾明确指出设计“应考虑不均匀沉降对建筑物的影响”的批复意见，未给予足够的重视，诸如一楼墙体应设计基础梁而未设计，将砌墙体直接坐落在回填土薄厚不等的垫层上，一楼地基下直埋管道而不设置检漏地沟等，因而未能有效解决地基的“不均匀沉降对建筑的影响”，为一楼墙体下沉裂缝埋下了无法回避的隐患；因填土夯压不实和地表水的渗漏等，只是加速了问题的暴露，因此，设计单位对此质量问题应承担重要的责任。施工单位省四建在施工过程中，回填土的压实系数未达到设计要求；自购的排水管个别管壁厚度偏薄，加之个别地段管道埋置的设计违反规范标准，导致使用不久后出现破裂、跑水等，对造成地基不沉、墙体开裂应负直接责任。建设单位敦煌大酒店违反国家有关规范标准，在未采取任何防水措施的情况下，在大楼周围 6 米内种植草坪、花坛，并采用漫灌式浇水，致使大量排水渗入楼体地基下；由于一楼未设计基础地梁，加速了地基下沉，恶化了一楼墙体的裂缝，对此质量问题负有不可推卸的责任。地质勘察单位地质队提供的地质勘探报告虽然存在着几处资料不完善的地方，而作为使用该勘探资料的设计单位，并未对勘察报告提出任何异议，敦煌大酒店也未提出赔偿请求，因此地质队对敦煌大酒店工程一楼部分墙体下沉裂缝不应承担责任。法院最后判决：敦煌大酒店工程一楼非承重墙体裂缝问题，应增设墙基地梁，进行加固，在判决生效二十日内，省四建做好加固维修施工的准备工作，承担全部加固费用的30%；敦煌大酒店做好施工队伍进场前的有关准备工作，承担全部加固费用的30%；第三人西北设计院拿出加固整改设计图，承担全部加固费用的40%；

分析：首先，地基不均匀压缩变形和湿陷下沉引起一楼非承重墙局部开始出现裂缝，原因出自设计单位的设计未考虑不均匀沉降对建筑物的影响；施工单位施工中回填土的压实系数未达到设计要求，自购的排水管个别管壁厚度偏薄，个别地段管道埋置的设计违反规范标准；建设单位违反国家有关规范标准，在未采取任何防水措施的情况下，在大楼周围6米内种植草坪、花坛，并采用漫灌式浇水。《建设工程质量管理条例》明确规定："勘察、设计单位必须按照工程建设强制性标准进行勘察、设计，并对其勘察、设计的质量负责；施工单位必须按照工程设计图纸和施工技术标准施工，不得擅自修改工程设计，不得偷工减料。"虽然，敦煌大酒店未经验收即投入使用，但根据《关于审理建设工程施工合同纠纷案件适用法律问题的解释》第十三条"建设工程未经竣工验收，发包人擅自使用后，又以使用部分质量不符合约定为由主张权利的，不予支持；但是承包人应当在建设工程的合同使用寿命内对地基基础工程和主体结构质量承担民事责任"的规定，设计单位西北设计院仍然应当承担最大责任。又由于省四建对《纪要》中与其有关的责任表示认可和愿意执行，法院最后判决由西北设计院、敦煌大酒店和省四建分担责任是正确的。

三、开发项目的竣工验收

房地产开发项目竣工，经验收合格后，方可交付使用；未经验收或者验收不合格的，不得交付使用。《建筑法》第六十一条规定，交付竣工验收的建筑工程，必须符合规定的建筑工程质量标准，有完整的工程技术经济资料和经签署的工程保修书，并具备国家规定的其他竣工条件。建筑工程竣工经验收合格后，方可交付使用；未经验收或者验收不合格的，不得交付使用。《城市房地产管理法》第二十七条规定，房地产开发项目的设计、施工，必须符合国家的有关标准和规范。《合同法》第二百七十九条规定，建设工程竣工后，发包人应当根据施工图纸及说明书、国家颁发的施工验收规范和质量检验标准及时进行验收。验收合格的，发包人应当按照约定支付价款，并接收该建设工程。

工程竣工验收工作，由建设单位负责组织实施。县级以上地方人民政府建设行政主管部门应当委托工程质量监督机构对工程竣工验收实施监督。

（一）工程竣工验收的条件

工程符合下列要求方可进行竣工验收。

① 完成工程设计和合同约定的各项内容。

② 施工单位在工程完工后对工程质量进行了检查，确认工程质量符合有关法律、法规和工程建设强制性标准，符合设计文件及合同要求，并提出工程竣工报告。工程竣工报告应经项目经理和施工单位有关负责人审核签字。

③ 对于委托监理的工程项目，监理单位对工程进行了质量评估，具有完整的监理资料，并提出工程质量评估报告。工程质量评估报告应经总监理工程师和监理单位有关负责人审核签字。

④ 勘察、设计单位对勘察、设计文件及施工过程中由设计单位签署的设计变更通知

书进行了检查，并提出质量检查报告。质量检查报告应经该项目勘察、设计负责人和勘察、设计单位有关负责人审核签字。

⑤ 有完整的技术档案和施工管理资料。

⑥ 有工程使用的主要建筑材料、建筑构配件和设备的进场试验报告。

⑦ 建设单位已按合同约定支付工程款。

⑧ 有施工单位签署的工程质量保修书。

⑨ 城乡规划行政主管部门对工程是否符合规划设计要求进行检查，并出具认可文件。

⑩ 有公安消防、环保等部门出具的认可文件或者准许使用文件。

⑪ 建设行政主管部门及其委托的工程质量监督机构等有关部门责令整改的问题全部整改完毕。

（二）工程竣工验收的程序

工程竣工验收应当按以下程序进行。

① 工程完工后，施工单位向建设单位提交工程竣工报告，申请工程竣工验收。实行监理的工程，工程竣工报告须经总监理工程师签署意见。

② 建设单位收到工程竣工报告后，对符合竣工验收要求的工程，组织勘察、设计、施工、监理等单位和其他有关方面的专家组成验收组，制定验收方案。

③ 建设单位应当在工程竣工验收 7 个工作日前将验收的时间、地点及验收组名单书面通知负责监督该工程的工程质量监督机构。

④ 建设单位组织工程竣工验收，应顺序完成如下事项：

a. 建设、勘察、设计、施工、监理单位分别汇报工程合同履约情况和在工程建设各个环节执行法律、法规和工程建设强制性标准的情况；

b. 审阅建设、勘察、设计、施工、监理单位的工程档案资料；

c. 实地查验工程质量；

d. 对工程勘察、设计、施工、设备安装质量和各管理环节等方面作出全面评价，形成经验收组人员签署的工程竣工验收意见。

参与工程竣工验收的建设、勘察、设计、施工、监理等各方不能形成一致意见时，应当协商提出解决的方法，待意见一致后，重新组织工程竣工验收。

工程竣工验收合格后，建设单位应当及时提出工程竣工验收报告。工程竣工验收报告主要包括工程概况，建设单位执行基本建设程序情况，对工程勘察、设计、施工、监理等方面的评价，工程竣工验收时间、程序、内容和组织形式，工程竣工验收意见等内容。工程竣工验收报告还应附有下列文件：

① 施工许可证。

② 施工图设计文件审查意见。

③ 工程竣工验收的条件②、③、④、⑤、⑥项规定的文件。

④ 验收组人员签署的工程竣工验收意见。

⑤ 市政基础设施工程应附有质量检测和功能性试验资料。

⑥ 施工单位签署的工程质量保修书。

⑦ 法规、规章规定的其他有关文件。

建设单位应当自工程竣工验收合格之日起 15 日内，依照《房屋建筑工程和市政基础设施工程竣工验收备案管理暂行办法》的规定，向工程所在地的县级以上地方人民政府建设行政主管部门备案。

(三)城市住宅小区等群体房地产开发项目竣工综合验收

1. 验收要求

城市住宅小区等群体房地产开发项目竣工,应当按照竣工验收要求和下列要求进行综合验收:

① 城市规划设计条件的落实情况;

② 城市规划要求配套的基础设施和公共设施的建设情况;

③ 单项工程的工程质量验收情况;

④ 拆迁安置方案的落实情况;

⑤ 物业管理的落实情况。

2. 验收程序

住宅小区竣工综合验收应当按照以下程序进行。

① 住宅小区建设项目全部竣工后,开发建设单位应当向城市人民政府建设行政主管部门提出住宅小区竣工综合验收申请报告并附如下文件资料:

a. 规划部门及其他专业管理部门批准的选址意见书、建设用地规划许可证、建设工程规划许可证、修建性详细规划,以及各个单项工程设计文件(图纸)等;

b. 工程承发包合同;

c. 工程质量监督机构核定的各单项工程质量等级评定文件;

d. 竣工资料(图纸)和技术档案资料;

e. 建设行政主管部门规定的其他文件资料。

② 城市人民政府建设行政主管部门在接到住宅小区竣工综合验收申请报告和有关资料一个月内,应当组成由城建(包括市政工程、公用事业、园林绿化、环境卫生)、规划、房地产、工程质量监督等有关部门及住宅小区经营管理单位参加的综合验收小组;

③ 综合验收小组应当审阅有关验收资料,听取开发建设单位汇报情况,进行现场检查,对住宅小区建设、管理的情况进行全面鉴定和评价,提出验收意见并向城市人民政府建设行政主管部门提交住宅小区竣工综合验收报告;

④ 城市人民政府建设行政主管部门对综合验收报告进行审查。综合验收报告审查合格后,开发建设单位方可给房屋和有关设施办理交付使用手续。验收合格并已办理交付使用手续的住宅小区,开发建设单位不再承担工程增建、改建费用。

住宅小区竣工验收合格后,开发建设单位应当按照有关规定将完整的小区综合验收资料报送备案。分期建设的住宅小区,可以实行分期验收,待全部建成后进行综合验收。分期验收的住宅小区,市政公用基础设施和公共配套设施满足使用功能要求的,可以分期投入使用。

(四)未经竣工验收即交付使用的责任

2005年1月1日起施行的最高人民法院《关于审理建设工程施工合同纠纷案件适用法律问题的解释》第十三条规定:"建设工程未经竣工验收,发包人擅自使用后,又以使用部分质量不符合约定为由主张权利的,不予支持;但是承包人应当在建设工程的合同使用寿命内对地基基础工程和主体结构质量承担民事责任。"建设单位不经验收合格就提前使用建设工程,不但放弃了自己的权利,还加重了自己的责任。

【案例3-4】 1998年1月4日，广州市A学校为解决职工住房问题，与B建筑公司签订建设工程承包合同，合同约定B建筑公司负责施工建设，由学校提供建筑设计图纸等，合同对工期、质量、价款、结算等进行了约定。合同签订后，B建筑公司按照合同约定进场施工。A学校也制定了分房方案，在施工蓝图上对房屋进行了分配。1999年初，经受多年住房紧张困扰的教职工，因见住宅楼室内装修逐渐完毕，不顾学校和施工单位的阻拦，强行搬进。到1999年6月工程完工时，住宅楼已经全部投入使用。这时A学校对工程进行验收，发现楼梯间、门厅和部分房屋的墙皮脱落、木地板起鼓等质量问题。A学校对上述质量问题要求B建筑公司进行返工而遭拒绝。而A学校迫于教职工的压力，花费6万多元进行了修复。1999年底，A学校就修复费用与B建筑公司无法达成一致意见后向法院起诉，要求B建筑公司赔偿因不履行返工和质量修缮义务而造成的经济损失6万多元。

广州市某人民法院经审理认为，按照法律规定，作为施工单位的B建筑公司对工程质量负有全面的责任，不得规避，对A学校的职工住宅楼出现的墙皮脱落、地板起鼓等问题应当依照《中华人民共和国合同法》和《中华人民共和国建筑法》以及合同约定进行返工，但是这种义务是建立在建设单位不提前使用该工程的前提下，现因建设单位A学校提前使用了该建设工程，B建筑公司的质量瑕疵的返工义务就消失，因此对于施工单位的返工责任亦予以免除。A学校在职工住宅楼还没有竣工验收的情况下，对本单位教职工擅自进入施工场地没有采取可行、有效的措施加以避免，因此对于质量缺陷的修复责任应当自行承担，遂作出驳回A学校诉讼请求的判决。

分析：实践中，建设单位将未经竣工验收或者验收不合格的工程直接投入使用的情况并不鲜见。这种做法实际上蕴涵着巨大的法律风险，本案就是一个典型的例子。建设单位不经验收合格就提前使用建设工程，不但放弃了自己的权利，还加重了自己的责任。《中华人民共和国建筑法》第六十一条规定："建筑工程竣工验收后，方可交付使用；未经验收或者验收不合格的，不得交付使用。"《中华人民共和国合同法》第二百七十九条、《建设工程质量管理条例》第十六条亦作了基本相同的规定。交付经验收合格的建设工程是施工单位的责任，具备竣工验收条件时及时组织验收亦是建设单位的责任。在建设工程未经竣工验收或者验收不合格的情况下，建设单位如擅自或强行使用，可视为其对建筑工程质量的认可或者自愿承担质量责任。

那么，是不是只要建设单位擅自使用未经验收的建设工程，施工单位对建设工程的质量就无需承担责任了呢？答案是否定的。2005年1月1日起施行的最高人民法院《关于审理建设工程施工合同纠纷案件适用法律问题的解释》第十三条规定："建设工程未经竣工验收，发包人擅自使用后，又以使用部分质量不符合约定为由主张权利的，不予支持；但是承包人应当在建设工程的合同使用寿命内对地基基础工程和主体结构质量承担民事责任。"本条司法解释明确规定，发包人擅自使用未经验收的建设工程的，仅对其擅自使用部分出现的质量问题承担风险责任。假如本案中的建设单位A学校为解决部分急需住房的教职工，在该职工住宅楼还未经竣工验收的情况下，将其中第三层楼的房屋安置给教职工居住。在对工程进行验收时，出现包括第三层楼在内的其他楼梯间、门厅和房屋的墙皮脱落、木地板起鼓等质量问题，现又因修复费用引起纠纷诉至法院。此时，B建筑公司应对除第三层楼外的其他楼层的质量问题承担修复责任。特别是，对于建筑工程在合理使用寿命内地基基础工程和主体结构质量出现问题，无论建筑工程是否经过验收、发包人是否擅自使用，承包人都要承担责任。

四、建筑工程质量保修

房屋建筑工程质量保修，是指对房屋建筑工程竣工验收后在保修期限内出现的质量缺陷，予以修复。质量缺陷，是指房屋建筑工程的质量不符合工程建设强制性标准以及合同的约定。国务院2000年发布的《建设工程质量管理条例》和建设部2000年颁布的《房屋建筑工程质量保修办法》规定了在正常使用条件下，建设工程的最低保修期限。

1. 房屋建筑工程的最低保修期限

在正常使用的情况下，房屋建筑工程的最低保修期限为：

① 地基基础和主体结构工程，为设计文件规定的该工程的合理使用年限；

② 屋面防水工程、有防水要求的卫生间、房间和外墙面的防渗漏，为5年；

③ 供热与供冷系统，为2个采暖期、供冷期；

④ 电气系统、给排水管道、设备安装为2年；

⑤ 装修工程为2年。

其他项目的保修期限由建设单位和施工单位约定。房屋建筑工程保修期从工程竣工验收合格之日起计算。

2. 保修责任

房屋建筑工程在保修期限内出现质量缺陷，建设单位或者房屋建筑所有权人应当向施工单位发出保修通知。施工单位接到保修通知后，应当到现场核查情况，在保修书约定的时间内予以保修。发生涉及结构安全或者严重影响使用功能的紧急抢修事故，施工单位接到保修通知后，应当立即到达现场抢修。

发生涉及结构安全的质量缺陷，建设单位或者房屋建筑所有权人应当立即向当地建设行政主管部门报告，采取安全防范措施；由原设计单位或者具有相应资质等级的设计单位提出保修方案，施工单位实施保修，原工程质量监督机构负责监督。

施工单位不按工程质量保修书约定保修的，建设单位可以另行委托其他单位保修，由原施工单位承担相应责任。保修完后，由建设单位或者房屋建筑所有权人组织验收。涉及结构安全的，应当报当地建设行政主管部门备案。保修费用由质量缺陷的责任方承担。

在保修期内，因房屋建筑工程质量缺陷造成房屋所有权人、使用人或者第三方人身、财产损害的，房屋所有权人、使用人或者第三方可以向建设单位提出赔偿要求。建设单位向造成房屋建筑工程质量缺陷的责任方追偿。因保修不及时造成新的人身、财产损害，由造成拖延的责任方承担赔偿责任。

思 考 题

1. 城市规划是如何实施的？
2. 建设用地使用权出让的方式有哪些？
3. 勘查、设计、施工、监理及建设单位对物业建设质量有哪些权利与义务？
4. 如何划分未经竣工验收即交付使用的责任？
5. 如何对建筑工程质量进行保修？

第四章 物业交易法规

物业在开发建设完成后，一般需要经过流通过程才能消费利用。房地产开发商进行物业建设的目的是为了通过交易实现物业的商品价值，业主投资物业，经过交易实现物业的商品价值，可以获得投资回报。如果说物业权属的确定是物业静态意义上的权利定位，那么物业交易则实现了物业动态意义上的权利流转。物业交易是获得物业产权的主要的途径。因此，物业交易法规是物业管理法规的重要组成部分。

第一节 物业交易基本含义

一、物业交易的概念和特征

物业交易，即通常所说的房地产交易，根据《城市房地产管理法》第二条的规定，房地产交易就是指当事人之间进行的房地产转让、房地产抵押和房屋租赁活动的总称。它包括转让、抵押和租赁三种形式，不包括房地产开发和房地产中介服务。

物业交易具有如下特征。

1. 交易对象的特殊性

物业交易的对象是作为特殊商品的房地产，包括房屋及其他建筑物的所有权以及所占用范围内的建设用地使用权。房地产开发不属于房地产交易的范畴，在房地产开发过程中，开发商和建筑商也发生一些交易，但这些交易并不是以房产和地产作为交易对象，而是以建筑行为或劳务行为作为交易对象的。

2. 交易形式的确定性

根据《城市房地产管理法》第二条的规定，房地产交易的形式仅包括房地产转让、房地产抵押和房屋租赁。

3. 交易行为的要式性

物业交易通过各种合同形式实现。由于交易合同标的物的特殊性，法律规定，房地产转让、抵押合同都必须采用书面形式。另外，物业为不动产，其权属的变动必须办理过户登记手续，未办理登记手续，不发生物业权属转移的法律后果。

二、物业交易的主要类型

（一）物业转让

物业转让即房地产转让，根据《城市房地产管理法》第三十七条的规定，房地产转让，是指房地产权利人通过买卖、赠与或者其他合法方式将其房地产转移给他人的行为。上述概念包括以下含义。

（1）物业转让人，只能是房地产权利人 房地产权利人包括：房产的所有权人，建设用地的使用权人、共有权人以及依法享有处分权的用益物权人等。除房地产权利人及其代理人外，其他任何人无权转让房地产。

(2) 物业转让方式，包括买卖、赠与或者其他合法方式　买卖是指转让人将其物业产权转移给受让人所有并由受让人支付相应对价的行为。赠与即赠与人将其物业产权无偿转移给受赠人所有的行为。其他合法方式包括以物业作价入股，以物业抵债，因企业合并、分立物业权属随之转移等情形。买卖是物业转让的主要方式。

(3) 物业转让的客体是房地产　物业转让的客体既包括地上建筑物的所有权（或建筑物区分所有权），也包括建设用地使用权。根据房地一体原则，地上建筑物的所有权（或建筑物区分所有权）与其所占用范围内的建设用地使用权必须同时转让。

(4) 物业转让行为的性质　是平等主体之间的民事法律行为。这种行为贯彻了民法的平等自愿、等价有偿和诚实信用的基本原则。

物业转让又可区分为商品房现售、商品房预售和二手房转让。

① 商品房现售。商品房现售，是指房地产开发企业将竣工验收合格的商品房出售给买受人，并由买受人支付房价款的行为。

② 商品房预售。商品房预售，是指房地产开发企业在建设房屋的工程尚未竣工之前，将正在施工的房屋预先出售给购买者的行为。

房地产开发投资量大，故需通过一定的方式融资，房屋预售就是房地产开发企业常用的一种融资方式。由于商品房预售具有标的物非现实性、履行非即时性等特征，实践中，最基本的问题是当事人，尤其是预购人的合法权益的保护。

③ 二手房转让。二手房转让是购房人取得房产后，又将房屋出售给其他买受人的行为。

城镇职工根据国家和县级以上地方人民政府有关城镇住房制度改革政策的规定，按照成本价或者标准价购买的公有住房以及按照地方人民政府指导价购买的经济适用房，具备一定条件后才能上市交易。

(二) 物业租赁

物业租赁，是指物业出租人和承租人双方约定，在一定期限内，出租人移转特定物业给承租人使用或收益，承租人给付租金并于期限届满时返还租赁物的行为。其特征是：

① 物业租赁是以转移房屋的使用收益权为内容，其对价是租金，属于双务、有偿法律行为；

② 物业租赁转移的是房屋的使用权而非所有权，与房屋买卖不同；

③ 物业租赁合同应当采用书面形式，自当事人意思达成一致起成立，为诺成、要式合同；

④ 物业租赁可分为定期租赁和不定期租赁。对于不定期租赁，任何一方当事人都有权依自己的意思随时解除租赁合同，但应当给对方必要的准备时间。

(三) 物业抵押

物业抵押是指抵押人以其合法的房地产，以不转移占有的方式向抵押权人提供债务履行担保的行为。债务人不履行债务时，抵押权人有权依法以抵押的房地产折价，或者以拍卖、变卖所得的价款优先受偿。房地产抵押权是通过设定担保物权对担保价值的转让，其具备如下特征。

1. 房地产抵押权具有变价优先受偿性

抵押权人设定抵押权的目的不是为了取得抵押房地产的使用价值，而是为了取得抵押房地产的交换价值。在债务人不履行到期债务，或者发生当事人约定的实现抵押权的情形时，抵押权人有权与抵押人协议以抵押房地产折价或者以拍卖、变卖该抵押财产所得价款优先受偿，但无权对抵押房地产加以使用和收益。另外，法律规定，在设定抵押权时，不得约定流质条款，即抵押物的所有权在主债权未受清偿时归债权人所有。流质条款为无效条款。

2. 房地产抵押权从属性

抵押权是为了担保债权实现而成立的一种权利，它不是债权本身。成立抵押权的目的在于保证债权顺利受偿，减少主债权不能受偿的危险性，它以相应的债权成立为前提，不能脱离债权而单独成立，不得与债权分离而单独转让或者作为其他债权的担保。抵押权随主债权转让而转让，随主债权消灭而消灭。

3. 房地产抵押权具有不可分性

房地产抵押权的不可分性表现为：

① 抵押房地产的价格上涨，债务人无权要求减少抵押物，抵押房地产的价格下跌，债务人也无提供补充新的抵押物的义务。

② 在抵押房地产一部分消灭时，其余部分仍然担保债权的全部。

③ 抵押房地产因共有的分割分别属于数人时，其分割的各部分仍然担保债权的全部。

④ 抵押权人在其债权未受到全部清偿前，有权就抵押物的全部行使抵押权。

如果抵押人的行为足以使抵押房地产价值减少的，抵押权人有权要求抵押人停止其行为。抵押房地产价值减少的，抵押权人有权要求恢复抵押财产的价值，或者提供与减少的价值相应的担保。抵押人不恢复抵押财产的价值也不提供担保的，抵押权人有权要求债务人提前清偿债务。

4. 房地产抵押权具有物上代位性

物上代位性是指抵押权的效力及于抵押物的代位物。抵押期间，抵押房地产毁损、灭失或者被征收等，抵押权人可以就获得的保险金、赔偿金或者补偿金等优先受偿。被担保债权的履行期未届满的，也可以提存该保险金、赔偿金或者补偿金等。上述保险金、赔偿金、补偿金等即为抵押房地产的代位物。

【案例 4-1】 李某在县城有临街房屋 12 间，是祖遗房产。李某是孤寡老人，长期以租房为生。1970 年，该县食品公司因扩大营业用房，主动找李某协商要求买房，李某未同意。后食品公司又提出要求典当房屋，开始李某不同意，后经人说和，双方达成了房屋典当协议。协议约定："李某愿将 12 间房屋出典给县食品公司，典价 1.2 万元，典期无限，立约为凭。"双方在协议上签字盖章。李某与县食品公司确立的是什么法律关系？

分析： 房屋出典指房屋所有权人以自己所有的房屋出典，收取典价，承典人支付典价，占有出典人房屋，并进行使用、收益的行为。房屋典权是设立于他人所有的房屋之上，以使用和收益为目的的用益物权。房屋买卖是当事人双方约定一方转让房屋所有权给另一方，并办理过户登记，另一方支付价款的行为。本例中李某与县食品公司就房屋设定典权的意思表示真实，并没有转移房屋所有权的意思，故应为典权关系。对双方未约定典权的期限，依最高人民法院司法解释：经过 30 年未赎的，原则上视为绝卖。可认定，当事人未约定典权期限的，最长期限为 30 年。

三、物业交易的原则

（一）房地一体原则

物业交易涉及到地上建筑物的所有权和所占用范围内的土地使用权，由于土地和地上建筑物不可分的特性，为避免土地使用权人和地上建筑物的所有权人相分离，客观上要求房地产权属的一并转移，而不是房地产权属的分别转移。《城市房地产管理法》第三十二条规定："房地产转让、抵押时，房屋的所有权和该房屋占用范围内的土地使用权同时转让、抵押。"《物权法》第一百四十六条规定："建设用地使用权转让、互换、出资或者赠与的，附着于该土地上的建筑物、构筑物及其附属设施一并处分。"《物权法》第一百四十七条规定："建筑物、构筑物及其附属设施转让、互换、出资或者赠与的，该建筑物、构筑物及其附属设施占用范围内的建设用地使用权一并处分。"《物权法》第一百八十二条规定："以建筑物抵押的，该建筑物占用范围内的建设用地使用权一并抵押。以建设用地使用权抵押的，该土地上的建筑物一并抵押。抵押人未一并抵押的，未抵押的财产视为一并抵押。"这些法律规定明确了物业交易的一般原则，即房地一体原则。

（二）登记公示原则

物业交易产生物权的变动，物权变动应当公示，其目的是为了建立不动产物权的秩序、保障市场交易安全和保护第三人的利益。我国不动产物权的范围包括：不动产所有权、建设用地使用权、土地承包经营权、宅基地使用权、不动产抵押权等。《物权法》第九条规定："不动产物权的设立、变更、转让和消灭，经依法登记，发生效力；未经登记，不发生效力，但法律另有规定的除外。"《物权法》第一百八十七条规定，以建筑物和其他土地附着物、建设用地使用权以及正在建造的建筑物抵押的，应当办理抵押登记。抵押权自抵押合同生效时设立。这些规定显示，我国对不动产物权的公示实行"登记生效主义"。所谓"登记生效主义"，就是必须登记，非登记不可，未经登记，就不发生效力。《物权法》第十条规定："不动产登记，由不动产所在地的登记机构办理。国家对不动产实行统一登记制度。统一登记的范围、登记机构和登记办法，由法律、行政法规规定。"我国《土地管理法》、《城市房地产管理法》等法律、法规对房地产登记公示制度作了类似的规定，在本教材第二章第五节有详细介绍。

还有一些非交易的行为不登记也能产生物业物权变动效力，包括：①因法院判决、因仲裁机构裁决和政府征收决定；②因继承和受遗赠；③因合法建造、拆除房屋等事实行为。这些情形下物权变动虽然在办理登记之前已经发生效力，但是有一个限制，就是在完成"登记"之前，所有权人不能进行处分（出卖或抵押）。

（三）物权变动与原因行为的区分原则

这里讲的"物权变动"就是指"产权过户"、"抵押权设立"的事实。这里讲的"原因行为"，是指导致某种法律效果的"法律行为"，主要是买卖合同、抵押合同。以买卖房屋为例，买卖合同是导致产权过户的原因，产权过户是买卖合同的结果；设立抵押也是如此，抵押合同是原因，抵押权设立是结果。

所谓"区分原则"，是指区分"原因行为"和"物权变动"的生效时间和生效条件。作为原因行为的买卖合同、抵押合同，按照《合同法》的规定自合同成立时生效；而作为物权变动的"标的物所有权转移"、"抵押权设立"，按照《物权法》的规定自办理"产权过户登记”、“抵押登记”时生效。

《物权法》第十五条规定：“当事人之间订立有关设立、变更、转让和消灭不动产物权的合同，除法律另有规定或者合同另有约定外，自合同成立时生效；未办理物权登记的，不影响合同效力。”上述条文中，合同自合同成立时生效的规定与我国《合同法》的规定完全一致。我国有的地方法院，在审理房屋买卖纠纷中，因未办理产权过户登记就据此认定房屋买卖合同无效，这样判决，就把房屋买卖合同的生效时间和条件与产权过户的生效时间和条件弄混淆了。同样，订立抵押合同之后，没有办理抵押登记就认定抵押合同无效，同样是把抵押合同生效的时间和条件与抵押权成立的时间和条件弄混淆了。

【案例4-2】 李某与王某签订了房屋买卖合同，王某将其三间平房作价10万元卖与李某，李某付清房款后搬入该房居住。因当时王某生意繁忙，经常出差，两人一直未办理产权过户手续。一年后，李某请求王某办理产权过户手续时，王某以房价大涨为由要求李某多支付3万元房款，遭到李某拒绝。于是，王某便以15万元的价格将该房出售给张某，并办理了产权过户手续。问：该房屋的所有权应当归谁？受害人应当如何维护自己的合法权益？

分析：本案中，三间平房的所有权应归张某所有。因为李某与王某未办理过户登记手续，而张某与王某办理了过户登记手续。李某的损失，可依据与王某签订的房屋买卖合同，请求法院追究王某的违约责任。

买卖合同生效后，交了房没有办理产权过户的，诉讼中，法院应当责令出卖人补办产权过户登记手续；如果出卖人既没有交房也没有办理产权过户手续的，法院应当责令出卖人交房，并办理产权过户登记手续。如果房屋已出售给第三人且已经办理了产权过户手续的，此时出卖人不再享有该房屋的所有权。这时候，买卖合同仍然有效，受害人可凭此合同追究出卖人的违约责任。如果合同规定有违约金的，法院就判处违约金，如果合同没有规定违约金的，法院就判处损害赔偿金。总之，按照合同法的规定，给受害人一定的补偿，保护受害人的利益。

第二节　房地产转让

一、房地产转让的条件

（一）房地产转让的禁止条件

在房地产转让中，无论是以出让方式还是以划拨方式取得土地使用权的，都必须符合上述允许房地产转让的必备条件，否则不得转让。除此之外，《城市房地产管理法》还规定，下列房地产，不得转让。

1. 司法机关和行政机关依法裁定、决定查封或者以其他形式限制房地产权利的

在房地产转让中，作为转让对象的房地产必须是可以流通的，不受限制的。如果某项房地产在一定时期处于限制之中，则该房地产在限制期限内是不能转让的。

2. 依法收回土地使用权的

国有土地使用权被依法收回，原土地使用权人就无权转让该土地使用权了。否则，构

成非法转让。依法收回土地使用权的情况包括：

① 出让年限届满而未续期；

② 根据社会公共利益的需要而提前收回；

③ 因逾期开发而被无偿收回等。

3. 共有房地产，未经其他共有人书面同意的

共有房地产是指两个以上的权利主体共同享有房屋所有权和土地使用权。无论是共同共有还是按份共有，部分共有人要转让房地产均应征得其他共有人的书面同意。否则，就是对其他共有人权利的侵犯。

4. 权属有争议的

权属有争议的房地产，表明该房地产的权利主体不确定。房地产在权利主体不确定的情况下转让，难免会出现新的争议，侵害第三人的利益。为此，有必要予以禁止。

5. 未依法登记领取权属证书的

房地产权属证书是房地产权属的法律凭证。未依法登记领取权属证书的，在法律上不是该房地产的所有权人，因此，其不得转让该房地产。

6. 法律、行政法规规定禁止转让的其他情形

法律、行政法规规定禁止转让的其他情形，是一种灵活性安排，既包括现行法律、行政法规规定的其他情形，也包括将来法律、行政法规规定的其他情形。但是，这里不包括地方性法规和规章。

以法律的形式规定房地产不得转让的情形，其目的是为了加强房地产市场的管理，维护房地产市场的正常秩序，保障交易安全，保障交易当事人的合同权益，促进社会的安定团结。

（二）以出让方式取得土地使用权的房地产的转让应当具备的条件

出让土地上的房地产和划拨土地上的房地产，转让条件有进一步规定。根据《城市房地产管理法》第三十八条的规定，以出让方式取得土地使用权的，转让房地产时，应当符合下列条件：

① 按照出让合同约定已经支付全部土地使用权出让金，并取得土地使用权证书。

② 按照出让合同约定进行投资开发，属于房屋建设工程的，完成开发投资总额的百分之二十五以上，属于成片开发土地的，形成工业用地或者其他建设用地条件。

③ 转让房地产时房屋已经建成的，还应当持有房屋所有权证书。

用地单位或者个人以出让方式有偿取得土地使用权，这是一项独立的财产权利，应该可以转让、出租或抵押。《城市房地产管理法》之所以对以出让方式取得土地使用权的房地产转让条件做出如上规定，其目的是为了解决房地产转让中突出存在的“炒地皮”现象，以维护国家正常的经济秩序，维护各方当事人的合法权益。

【案例 4-3】 张某与陈某 1993 年结婚。1994 年，张某以经营所得购住房一幢，产权人登记为张某。1998 年，张某将该房屋赠与情妇余某居住，陈某得知，大为不满，但未表态。1999 年，张某为免纠纷，暗中将房屋过户给余某。2002 年 3 月，张某去世后，陈某发现房屋产权变更，遂诉至法院要求余某返还房屋。此案应如何处理？

分析：产权人虽登记为张某，但夫妻关系存续期间所购住房，应为夫妻共同共有财

产。法律规定：处分共有房地产，应经其他共有人书面同意。若部分共有人擅自处分的，构成无权处分行为；但若第三人有偿、善意，应保护第三人的利益。对其他共有人的损失，由擅自处分共有房产的人赔偿。本案中余某取得共有房产既非有偿，也非善意，故张某生前赠与无效，陈某有权索回房屋。

二、房地产转让的程序

房地产转让，应当按照下列程序办理。

1. 签约

当事人签订房地产转让的书面合同，明确双方的权利和义务。

2. 申报

当事人在房地产转让合同签订后，持房地产权属证书、当事人的合法身份证明、转让合同等有关文件向房地产所在地的房地产管理部门提出申请，并申报成交价格。

国家实行房地产价格申报制度。当房地产权利人转让房地产时，应当向县级以上地方人民政府规定的部门如实申报成交价，不得瞒报或者作不实的申报。房地产转让一般以申报的成交价作为缴纳税费的依据，只有当申报的成交价明显低于市场价时，才以评估价作为缴纳税费的依据。

3. 审查

房地产管理部门对当事人提供的有关文件进行审查，并作出是否受理申请的书面答复。

4. 查勘与评估

房地产管理部门核实申报的成交价格，并根据需要对转让的房地产进行现场查勘与评估。

5. 交纳税费

经过房地产管理部门审查、查勘与评估后，房地产转让当事人按照规定缴纳有关税费。

6. 核发过户单

当事人缴纳有关税费后，房地产管理部门核发过户单。

三、房地产转让合同

（一）房地产转让合同的概念

房地产转让合同，是指房地产转让当事人签订的，明确双方当事人在房地产转让过程中相关权利、义务的协议。签订房地产转让合同应当本着平等自愿、等价有偿的原则进行。

房地产转让合同自合同成立时生效，合同当事人如果违反合同规定的权利义务，则应承担相应的违约责任。

我国《房地产管理法》第四十条规定，房地产转让，应当签订书面转让合同。房地产转让合同应当采用书面形式，这是法律对房地产转让合同的形式要求。

（二）房地产转让合同的主要内容

确定房地产转让合同的主要内容，有利于明确当事人的权利义务和责任，保证合同的顺利履行，避免争议的发生，从而维护房地产交易的正常秩序。房地产转让合同应当载明下列主要内容：

① 双方当事人的姓名或者名称、住所；

② 房地产权属证书名称和编号；

③ 房地产坐落位置、面积、四至界限；

④ 土地宗地号、土地使用权取得的方式及年限；

⑤ 房地产的用途或使用性质；

⑥ 成交价格及支付方式；

⑦ 房地产交付使用的时间；

⑧ 违约责任；

⑨ 双方约定的其他事项。

【案例 4-4】 原告谭甲与被告谭乙是兄弟，第三人林某是两人的母亲。1985 年 12 月 7 日，三人到市公证处办理了赠与公证手续，第三人自愿将某路 8 号二楼全层房产赠与原、被告二人共有。1990 年 2 月 21 日，被告将人民币 2.5 万元交给第三人转交给原告，原告于同年 3 月 30 日写收据一份，写明："人民币 2.5 万元。作为房屋转让费的款项，今后某路 8 号二楼的房产权归谭乙所有。" 1990 年 12 月 6 日，被告与第三人到某区公证处办理了赠与公证，第三人自愿将该房屋产权无偿赠与给被告，双方并在公证处的询问笔录上签字认可赠与及接受赠与。笔录中均未提及该房产的第一次赠与公证。原告于 1995 年 11 月知道被告与第三人重新办理了赠与公证后，认为该份公证是在未撤销第一份赠与公证的情况下作出的，应属无效，被告长期占用其一半房屋，应属侵权，遂诉至法院，要求被告停止侵权，归还其一半房屋，并赔偿损失。某区人民法院认定两次赠与均未签订赠与合同，亦未办理所有权转移登记手续，产权仍为第三人所有，故驳回原告的诉讼请求。被告不服，向市中级人民法院上诉，市中级人民法院驳回上诉，维持原判。

分析： 对于赠与合同的性质，《民法通则》认为是实践合同。1999 年通过的《合同法》则规定赠与合同是诺成性合同。根据特别法优于普通法的原则，赠与合同的性质应当依照《合同法》的规定，属诺成性合同。即双方就赠与的内容达成合意，合同即成立生效。

赠与合同本身是不要式合同，但房屋赠与合同属于房屋转让合同，是要式合同，应当以书面形式订立，口头形式不成立。房屋赠与双方必须到房屋管理部门办理所有权过户登记手续，房屋所有权才发生转移。如果房屋赠与双方已到房屋管理部门办理所有权过户登记手续，根据《合同法》第三十六条规定："法律、行政法规规定或者当事人约定采用书面形式订立合同，当事人未采用书面形式但一方已经履行主要义务，对方接受的，该合同成立"，则房屋赠与合同成立且生效，房屋所有权也发生了转移。

四、商品房预售

（一）商品房预售条件

房地产开发企业预售商品房，应当符合下列条件：

① 已交付全部土地使用权出让金，取得土地使用权证书；

② 持有建设工程规划许可证；

③ 按提供预售的商品房计算，投入开发建设的资金达到工程建设总投资额的 25％以

上，并已经确定施工进度和竣工交付日期；

④ 已办理预售登记，取得商品房预售许可证。

国家对商品房预售实行许可证制度。出卖人未取得商品房预售许可证的，不得进行商品房预售，与预购人订立的商品房预售合同，应当认定无效，但是在起诉前取得商品房预售许可证的，可以认定有效。

（二）商品房预售公示制度

1. 预售合同登记备案

《城市商品房预售管理办法》第十条规定，商品房的预售人应当在签约之日起30天内持商品房预售合同向县级以上人民政府房产管理部门和土地管理部门办理登记备案手续。经登记备案的预售合同产生的权利仍是债权，经公示的债权优先于未经公示的债权，因此其具有对抗第三人的效力，但是不具备对抗物权的效力。

2. 预告登记

《物权法》第二十条规定："当事人签订买卖房屋或者其他不动产的协议，为保障将来实现物权，按照约定可以向登记机构申请预告登记。预告登记后，未经预告登记的权利人同意，处分该不动产的，不发生物权效力。"按照这个制度，商品房预售合同的买受人，可以凭商品房预售合同到不动产登记机构申请预告登记，由登记机构在登记簿上作出"预告登记"：记载某号房屋已经卖给某某。办理预告登记后，开发商把这套房子再卖给其他任何人，都将"不发生物权效力"。所谓"不发生物权效力"，就是说其他买受人不可能取得房子的所有权。其他买房人知道自己不可能取得房屋所有权，自然也就不买了。这样就达到了限制"一房多卖"的目的。

预告登记是一种特殊的公示方法。从实质上说，预告登记所登记的并不是物权，而是买房人根据买卖合同请求交付房屋和转移房屋所有权的债权。合同上的债权，因为办理了预告登记，《物权法》就赋予它对抗其他买房人的"物权效力"。预告登记制度，不仅保护商品房预售的买受人，还保护其他不动产的买受人，甚至可以保护银行的抵押权。

为避免权利人以预告登记代替正式的物权登记，《物权法》还规定："预告登记后，债权消灭或者自能够进行不动产登记之日起三个月内未申请登记的，预告登记失效。"

【案例4-5】 1999年5月31日，中国建设银行北京城市建设开发专业支行（以下简称"建行城建支行"）与北京国发兴业投资中心（以下简称"国发中心"）签订了一份人民币资金借款合同，由国发中心向建行城建支行借款800万元，用于资金周转。借款期限自1999年5月31日至2000年5月30日。为保证按期还款，北京市坤厚房地产开发股份有限公司（以下简称坤厚公司）用自有资产作抵押，担保国发中心到期还款。1999年5月24日，建行城建支行与坤厚公司签订了抵押协议，抵押物是坤厚公司拥有的恒昌花园5号楼土地使用权，抵押土地面积9167.56平方米，抵押设定日期为1999年5月31日。同日，建行城建支行向国发中心发放了贷款。在5月24日的抵押协议中，双方约定在土地使用权抵押期间，建行城建支行同意坤厚公司预售在抵押的土地上所建的房屋，预售面积在44186.68建筑平方米以内；建行城建支行在处分抵押的土地使用权时，不包括已预售的房屋所占用的土地使用权。1999年9月，双方办理了抵押物登记手续，并领取了土地他项权利证明书。由于借款合同到期后，国发中心未能偿还全部借款本金和部分利息，建行城建支行遂诉至法院，请求国发中心承担还款责任，坤厚公司承担担保责任。

本案一审法院认为，建行城建支行与国发中心签订的人民币资金借款合同和建行城建支行与坤厚公司签订的抵押协议均未违反国家有关法律规定，应为有效。国发中心未依约还贷，属违约行为，应承担违约责任。为此，判决：

(一) 建行城建支行与国发中心签订的人民币资金借款合同和建行城建支行与坤厚公司签订的抵押协议均有效。

(二) 国发中心于判决生效后十日内偿还建行城建支行贷款人民币八百万元整并支付利息。

(三) 建行城建支行对坤厚公司提供的抵押物享有优先受偿权。

判决后，坤厚公司不服，提出上诉，认为预售商品房所占用的土地使用权面积不应包括在抵押的土地使用权面积之内。二审法院经审理后认为，商品房预售合同在房地产管理部门和土地管理部门登记备案应视为一种物权预告登记行为，具有对抗其后产生的一切权利的效果；由于坤厚公司没有向法院提交设定抵押之前在房地产管理部门和土地管理部门登记备案的商品房预售合同，无法确定设定抵押之前已经进行物权预告登记的业主人数，故上诉人关于"在抵押设定以前已经预购了房屋的业主对该抵押的土地使用权应该享有独立的请求权"的说法因无证据支持，不予认定。建行城建支行与坤厚公司设定的抵押关系符合法律规定，应认定为有效。抵押的土地使用权面积应当以土地他项权利证明书载明的9167.56平方米即恒昌花园5号楼的土地使用权面积为准。为此，裁决驳回上诉，维持原审判决。

分析：1. 本案中，二审法院即认为商品房预售合同在房地产管理部门和土地管理部门登记备案是一种物权登记预告行为，具有对抗其后产生的一切权利的效果。但当时立法并未明确商品房预售合同的登记备案具有预告登记的性质，理论界观点也不统一。新出台的《物权法》明确规定了预告登记制度。

2. 抵押登记与抵押合同冲突时，以抵押登记为准。抵押登记是抵押权的成立要件，登记的效力不仅仅限于成立抵押权，还在于使抵押权当然具有对抗效力，称为物权公示的对抗力。物权公示的对抗力，是指经过表彰的权利对抗第三人的效力，在第三人的权利与登记权利人的权利发生冲突时，登记权利人的权利受法律保护。物权的权利人以一定方式向社会表彰其权利时，物权便获得社会的承认，从而对所有的人产生一定的效力。当权利人的权利因其他人主张权利而受到侵害时，法律将保护经过公示的权利人的利益。同时，抵押一经登记，还取得公信力。公信力是指一旦当事人变更物权时，依据法律的规定进行了公示，则即使依公示方法表现出来的物权不存在或存在瑕疵，但对于信赖该物权的存在并已从事了物权交易的，法律仍然承认其产生与真实的物权存在相同的法律结果，以保护交易安全。

五、已售公房和经济适用房的转让

1. 已售公房和经济适用房转让应当具备的条件

已售公房和经济适用房是以划拨方式取得土地使用权的房地产。考虑到目前以划拨方式取得的土地使用权进入房地产市场的现实，同时考虑到土地的利用效能，相关法律、行政法规和规章规定，符合下列条件的，经市、县人民政府土地管理部门和房产管理部门批准，其划拨土地使用权和地上建筑物、其他附着物可以转让、出租和抵押。

① 土地使用者必须是企业、公司、其他经济组织和个人。非营利性单位，如机关、

事业单位不得享有此项权利。

② 领有国有土地使用证。

③ 具有地上建筑物、其他附着物合法的产权证明。未建有地上建筑物的划拨土地使用权不得转让、出租、抵押。

④ 依照有关土地使用权出让的规定签订土地使用权出让合同，向当地市、县人民政府补交土地使用权出让金或者以转让、出租、抵押所得收益抵交土地使用权出让金。

2. 已售公房和经济适用房转让的要求

① 以划拨方式取得土地使用权的房地产转让在实际运作中存在两种情况：

a. 办理土地使用权出让手续，并缴纳土地使用权出让金。

b. 不办理土地使用权出让手续，将转让房地产所获收益中的土地收益上缴国家或者作其他处理。

②“不办理土地使用权出让手续”包括以下几种情形：

a. 经城市规划行政主管部门批准，转让的土地使用于下列项目的：国家机关用地和军事用地；城市基础设施用地和公益事业用地；国家重点扶持的能源、交通、水利等项目用地；法律、行政法规规定的其他用地。

b. 私有住宅转让后仍用于居住的。

c. 按照国务院住房制度改革有关规定出售公有住宅的。

d. 同一宗土地上部分房屋转让，而土地使用权不可分割转让的。

e. 转让的房地产暂时难以确定土地使用权出让用途、年限和其他条件的。

f. 根据城市规划土地使用权不宜出让的。

g. 县级以上人民政府规定暂时无法或不需要采取土地使用权出让的其他情形。

六、物业转让所有权及风险责任的转移

1. 所有权的转移

《物权法》第九条规定：“不动产物权的设立、变更、转让和消灭，经依法登记，发生效力；未经登记，不发生效力；但法律另有规定的除外。”《城市房地产管理法》第六十条、第六十一条规定，房地产权利的变动应当登记。“应当”二字，说明房地产物权变动以登记为生效要件。

物业属不动产，依据上述有关不动产的法律规定，不动产的所有权自办理过户登记时起转移。因此，所有权转移时间既不是商品房交付的时间，也不允许当事人约定其他的时间。不动产所有权的转移充分体现了物权变动的公示原则，即以登记为不动产所有权变动的生效要件。

2. 风险责任的转移

所谓风险责任，是指因不可抗力或意外事故而非因合同当事人的原因导致标的物毁损灭失时，由谁来承担该损失的问题。一般而言，标的物毁损灭失的风险是由物的所有权人承担，并随着标的物所有权的转移而转移。我国《合同法》第一百四十二条规定：“标的物毁损灭失的风险，在标的物交付之前由出卖人承担，交付之后由买受人承担，但法律另有规定或者当事人另有约定的除外。”该条规定的风险转移时间与所有权转移时间是一致的，均以交付为界线。但是，由于不动产物权的转移时间和标的物的交付

时间存在差异，在买受人已接收标的物但尚未办理登记手续之前这段时间内标的物意外灭失的风险，应由标的物的所有权人承担还是买受人承担？开发商销售商品房的风险转移适用《合同法》第一百四十二条的规定，即自不动产交付后，应由买受人承担毁损灭失的风险。

第三节　房屋租赁

一、房屋租赁的条件

根据《城市房屋租赁管理办法》的规定，公民、法人或其他组织对享有所有权的房屋和国家授权管理和经营的房屋可以依法出租，但有下列情形之一的房屋不得出租：

① 未依法取得房屋所有权证的；

② 司法机关和行政机关依法裁定、决定查封或者以其他形式限制房地产权利的；

③ 共有房屋未取得共有人同意的；

④ 权属有争议的；

⑤ 属于违法建筑的；

⑥ 不符合安全标准的；

⑦ 已抵押，未经抵押权人同意的；

⑧ 不符合公安、环保、卫生等主管部门有关规定的；

⑨ 有关法律、法规规定禁止出租的情形。

二、房屋租赁合同

房屋租赁合同，是出租人和承租人双方约定，在一定期限内，出租人将特定房屋移转给承租人使用、收益，承租人给付租金并于期限届满时返还租赁房屋的合同。

房屋租赁合同是一种双务、有偿、诺成合同。为保证租赁双方合法权益的实现，便于解决纠纷，房屋租赁合同应当采用书面形式。

1. 房屋租赁合同的主要条款

房屋租赁合同应当具备以下条款：

① 当事人的姓名或者名称及住所；

② 房屋的坐落、面积、装修及设施状况；

③ 租赁用途；

④ 租赁期限；

⑤ 租金及支付方式；

⑥ 房屋的修缮责任；

⑦ 转租的约定；

⑧ 变更和解除合同的条件；

⑨ 违约责任；

⑩ 当事人约定的其他条款。

2. 房屋租赁合同的变更、解除和终止

房屋租赁合同一经订立，即具有法律约束力，双方当事人应当严格遵守。但经双方当事人协商一致，或因符合法律的规定，当事人可以变更或者解除租赁合同。

房屋租赁合同一般因合同期限届满而终止。承租人有下列情形之一的，出租人可收回租赁房屋而使租赁合同终止：

① 将承租的房屋擅自转租的；

② 将承租的房屋擅自转让、转借他人或擅自调换使用的；

③ 将承租的房屋擅自拆改结构或改变用途的；

④ 拖欠租金累计 6 个月以上的；

⑤ 公有住宅用房无正当理由闲置 6 个月以上的；

⑥ 利用承租房屋进行违法活动的；

⑦ 故意损坏承租房屋的；

⑧ 法律、法规规定的其他可以收回的。

三、房屋租赁的几个具体法律问题

1. 租赁期间的修缮责任及风险负担

（1）租赁房屋的修缮责任　在租赁期间，出租人有继续保持租赁房屋使用、收益状态的义务（当事人另有约定的除外）。承租人在租赁房屋需要维修时，可以要求出租人在合理期限内维修，出租人未履行维修义务的，承租人可以自行维修，维修费用由出租人承担。因维修影响承租人使用的，承租人可以要求减少租金或延长租期。

（2）对租赁房屋的改善或者增设设施　经出租人同意，承租人可以对租赁房屋进行改善或增设设施。在租赁合同期满后，对租赁房屋改善或者增设设施所增价值的归属，当事人有约定的，依照约定，没有约定的，承租人可依据不当得利主张返还请求权。承租人擅自对租赁房屋进行改善或增设设施的，一般观点认为，此行为构成侵权，出租人可要求承租人恢复原状或赔偿损失。

（3）租赁房屋的瑕疵担保　租赁房屋危及承租人的安全或者健康的，即使承租人订立合同时明知，承租人仍享有随时解除合同的权利。

（4）租赁房屋的风险负担　对于租赁房屋的风险负担，有约定的依照约定，没有约定的，依照所有权人负担风险的原则，由出租人承担。

2. 房屋转租

房屋转租，是指承租人将其承租房屋的部分或全部再出租的行为。

① 经出租人同意，承租人享有转租权。转租期间，承租人与出租人的租赁合同继续有效，出租人与第三人之间不发生直接的合同关系，第三人不履行对租赁房屋的妥善保管义务，由承租人向出租人承担违约责任或由第三人向出租人承担侵权责任。

② 承租人未经出租人同意转租的，出租人可以解除租赁合同。应予以注意的是，出租人所解除的合同是租赁合同，而非转租合同。出租人解除租赁合同以后，依据物权请求权中返还原物请求权，可向转承租人主张返还租赁房屋。转承租人因此所受的损失，可向承租人主张违约责任。

【案例 4-6】 冯某与张某口头约定将一处门面房租给张某，租期 2 年，租金每月 1000 元。合同履行一年后，张某向冯某提出能否将门面房转租给翁某，冯某表示同意。张某遂与翁某达成租期 1 年，月租金 1200 元的口头协议。翁某接手后，擅自拆除了门面房隔墙。

分析：《城市房地产管理法》第五十三条规定，房屋租赁，出租人与承租人应当签订书面租赁合同，约定租赁期限、租赁用途、租赁价格、修缮责任等条款，以及双方的其他权利和义务，并向房产管理部门登记备案。法律规定房屋租赁合同应当采用书面形式，但现实中，口头房屋租赁合同大量存在，此类合同是否具备法律效力呢？答案是肯定的。《合同法》第二百一十五条规定，租赁期限6个月以上的，应当采用书面形式。当事人未采用书面形式的，视为不定期租赁。据此，本案中冯某与张某间的租赁合同、张某与翁某间的租赁合同均为不定期租赁。

依《合同法》第二百二十四条规定，承租人经出租人同意，可以将租赁物转租给第三人。承租人转租的，承租人与出租人之间的租赁合同继续有效，第三人对租赁物造成损失的，承租人应当赔偿损失。承租人未经出租人同意转租的，出租人可以解除合同。据此，转租后实际上形成了两个租赁合同：一个是出租人与承租人之间的租赁合同，另一个是承租人与第三人之间的租赁合同，两个合同互不隶属，并按照合同的相对性原理各自独立履行。本案中，张某将房屋转租后，冯某仅有权按原约定的每月1000元向张某收取租金；对于翁某擅自拆除门面房隔墙的行为，出租人冯某无权要求翁某承担违约责任，有权要求张某承担违约责任或要求翁某承担侵权责任，如恢复原状或者赔偿损失。

3. 承租人的优先购买权

《合同法》第二百三十条规定，出租人出卖租赁房屋的，应当在出卖之前的合理期限（3个月）内通知承租人，承租人享有以同等条件优先购买的权利。关于承租人的优先购买权注意以下几点：

① 承租人的优先购买权是在同等条件下享有的，该同等条件除考虑价格因素以外，还应考虑出租人整体出售，而承租人部分承租的因素，以及出租人对所卖房屋约定用途的因素。

② 在房屋租赁过程中，出租人通知承租人出卖房屋，承租人在出租人所给予的合理期限内未予答复的，视为其放弃优先购买权。

③ 承租人的优先购买权的保护，在出租人未通知承租人的情况下，出租人已将房屋过户给第三人时，仍应当保护承租人的优先购买权，即撤销买受人的过户登记，主张买卖合同无效。

④ 承租人在转租的情况下是否享有优先购买权，以及转承租人是否享有优先购买权，我国法律暂无规定。有学者认为：承租人优先购买权的原理是为了实现居者有其屋的理想，在转租的情况下，表明承租人不需要该屋，因此承租人不享有优先购买权。至于转承租人是否享有优先购买权，因为转承租人是与承租人签订租赁合同，与出租人之间不存在合同关系，依据合同关系的相对性，转承租人不能依据租赁合同享有优先购买权。

⑤ 当承租人与共有人同时主张优先购买权时，由于共有人依物权性质的共有权享有优先权，比承租人依债权性质的使用权享有的优先权更优先。

4. 买卖不破租赁

《合同法》第二百二十九条规定："租赁物在租赁期间发生所有权变动的，不影响租赁合同的效力。"据此，先租后卖的，租赁合同对受让人继续有效，承租人不需要与新的买受人签订新的租赁合同，至于所剩租期的租金，承租人应向新的买受人支付。新的买受人应受原租赁合同的约束，不得提高租金以变相不受原租赁合同的影响，买受人也不得以自己需要住房为由要求承租人腾房。如果出租人向买受人隐瞒了该房屋租赁的事实，买受人可以欺诈为由主张撤销买卖合同，并有权要求赔偿损失。

"买卖不破租赁"原则不仅适用于买卖致使租赁物所有权发生转移的情形，而且也适用于赠与、继承、互易、出资等致使租赁物所有权发生变动的情形。

【案例 4-7】 赵甲、赵乙二人为兄妹。二人父母生前拥有私有楼房一幢，该楼房于 1997 年出租给张某夫妇居住，租期 5 年，每年租金 2 万元。1999 年 1 月，赵甲、赵乙的父亲因病去世，当时留下遗嘱，房屋由赵甲、赵乙的母亲继承。谁料 1999 年 2 月母亲也一病不起，于 1999 年 4 月去世，生前没有留下遗嘱，于是楼房由赵甲赵乙两人依法继承。1999 年 6 月，由于赵甲申请留美成功，要赴美学习，故赵甲与赵乙未来得及办理房屋的分割事宜。赵甲在临走前，双方约定房屋暂由赵乙居住，待赵甲回来后再办理房屋的分割事宜。2000 年 6 月赵乙在未告知赵甲的情况下将整栋房屋作价给周某，价款人民币 30 万元，并未告知周某财产属于两人共有，但告知了周某目前房屋正在出租，答应赵乙出面与张某夫妇解除租赁合同。于是二人签订了合同并到房管部门办理了房屋过户手续。同年 11 月，赵乙告知张某夫妇其已将房屋卖与周某的事实，并要求张某夫妇搬出。张某夫妇不允，向法院起诉要求确认房屋买卖合同无效，并要求购买该房屋。后赵甲回国得知赵乙卖房一事，也向法院起诉要求分割房屋，确认该房屋买卖合同无效并要求购买赵乙的份额。

分析： 赵甲、赵乙的父母去世后，在分割楼房前，赵甲、赵乙对该楼房是共同共有关系。赵乙、周某之间的房屋买卖合同无效。赵乙的行为侵犯了赵甲的财产所有权和张某夫妇基于租赁合同享有的优先权。即便房屋买卖合同有效，周某也无权要求张某夫妇搬出房屋。因为张某夫妇享有合法的租赁权，且在租赁合同有效期间，根据"买卖不破租赁"的法律规定，无权要求张某夫妇搬出。张某夫妇可以主张在租赁期间合法的租赁权；在房屋所有权人出卖房屋前获得通知的权利；在同等价格条件下优先购买的权利。在赵乙与周某磋商期间，如果张某夫妇和赵甲得知后都要求购买，同等条件下，赵甲有权优先于张某夫妇购买赵乙所分得的部分。通常认为，共有人的优先购买权是基于物权的优先购买权，优先于承租人基于债权的优先购买权。

第四节　房地产抵押

一、房地产抵押的范围

房地产抵押的范围包括抵押物的范围和抵押权所担保的债权的范围两方面内容。

(一) 抵押物的范围

1. 房地产抵押权所及房地产的范围

依《物权法》、《担保法》等法律的规定，债务人或者第三人有权处分的下列房地产可以抵押：

① 建筑物和其他地上附着物；

② 建设用地使用权；

③ 正在建造的建筑物。

以建筑物抵押的，该建筑物占用范围内的建设用地使用权一并抵押。以建设用地使用权抵押的，该土地上的建筑物一并抵押。抵押人未依照上述规定一并抵押的，未抵押的财产视为一并抵押。

乡镇、村企业的建设用地使用权不得单独抵押。以乡镇、村企业的厂房等建筑物抵押的，其占用范围内的建设用地使用权一并抵押。

以出让方式取得的建设用地使用权，可以设定抵押权。以划拨方式取得的建设用地使用权不得单独设定抵押权。以划拨土地上的房屋抵押的，房屋占用范围内的划拨土地使用权一并抵押，依法拍卖该房地产后，应当从拍卖所得的价款中缴纳相当于应缴纳的土地使用权出让金的款额后，抵押权人方可优先受偿。

2. 关于抵押权设定后新增的建筑物

抵押权设定后新增的建筑物不属于抵押物，房地产抵押权的效力不及于该新增的建筑物。《城市房地产管理法》第五十一条规定："房地产抵押合同签订后，土地上新增的房屋不属于抵押财产。需要拍卖该抵押的房地产时，可以依法将土地上新增的房屋与抵押财产一同拍卖，但对拍卖新增房屋所得，抵押权人无权优先受偿。"《物权法》第二百条规定："建设用地使用权抵押后，该土地上新增的建筑物不属于抵押财产。该建设用地使用权实现抵押权时，应当将该土地上新增的建筑物与建设用地使用权一并处分，但新增建筑物所得的价款，抵押权人无权优先受偿。"我国立法之所以规定房地产抵押权的效力不及于抵押权设定后新增的建筑物，其原因大致有如下几点：一是房地产抵押权设定时，新增建筑物尚不存在，当事人是以当时已存在的房地产作为抵押标的签订抵押合同的，新增建筑物不属于抵押物的范围是符合当事人当时的意思表示的；二是将抵押权设定后新增的建筑物列入抵押物的范围扩大了抵押财产的价值，增加了抵押人的负担；三是将抵押权设定后新增的建筑物列入抵押物的范围，抵押权人对其拍卖所得价款也享有优先受偿权的话，有可能损害其他债权人的利益，对其他债权人不公平。

3. 法律禁止作为抵押物的房地产

依照《城市房地产抵押管理办法》，下列房地产不得设定抵押。

（1）权属有争议的房地产　房地产权属有争议，表明该房地产的权利主体不确定。房地产在权利主体不确定的情况下设定抵押，难免会造成对其他权利人的损害。因此，对权属有争议的房地产抵押必须加以限制。

（2）用于教育、医疗、市政等公共福利事业的房地产　公共福利事业关系到公共利益，对用于公共福利事业的房地产设定抵押，实现抵押权时，该房地产难免会转移到其他单位或个人手中，这样对公共利益会造成不利影响。因此，用于教育、医疗、市政等公共福利事业的房地产不得设定抵押。

（3）列入文物保护的建筑物和有重要纪念意义的其他建筑物　列入文物保护的建筑物和有重要纪念意义的其他建筑物具有重要的文化价值和历史价值，为防止其遭受损坏或灭失，法律规定其在一般情况下是禁止流通或限制流通的。如果法律允许将其设定抵押，那么在抵押权实现时，其难免会转移到其他单位或个人手中，难免会遭受到损坏和灭失。因此，列入文物保护的建筑物和有重要纪念意义的其他建筑物不得设定抵押。

（4）已依法公告列入拆迁范围的房地产　已依法公告列入拆迁范围的房地产，表明其存在的时间已经很短或有限，以其设定抵押，实现抵押权时，该房地产可能已经拆除，抵押物已不复存在，抵押权难以实现，这势必会损害抵押权人的利益。因此，列入拆迁范围的房地产不宜设定抵押。

（5）被依法查封、扣押、监管或者以其他形式限制的房地产　抵押权实现时，拍卖的房地产必须是可以自由流通的房地产。被依法查封、扣押、监管或者以其他形式限制的房地产，在限制期内是限制流通和交易的，如果将其设定抵押，势必会影响抵押权的实现，损害抵押权人的利益。因此，被依法查封、扣押、监管或者以其他形式限制的房地产不得设定抵押。

(6) 依法不得抵押的其他房地产　上述列举的五种情形并不能囊括现实生活中所有不得设定抵押权的房地产。另外，随着社会经济的发展，现实生活中还会出现一些现在难以预料的新情况，故作此灵活性规定。

《城市房地产抵押管理办法》适用范围是城市房地产，依《物权法》、《担保法》等相关法律的规定，对农村房地产抵押限制得更加严格，其中，农民的宅基地连同宅基地上的私有房屋是不得设定抵押的。

(二) 房地产抵押权所担保的债权的范围

依《担保法》第四十六条规定："抵押担保的范围包括主债权、利息、违约金、损害赔偿金和实现抵押权的费用。抵押合同有约定的，按照约定。"据此，抵押权所担保的债权范围原则上依当事人的约定，如果当事人未约定，则包括主债权、利息、违约金、损害赔偿金和实现抵押权的费用这五项。

二、房地产抵押的程序

物业抵押的程序主要有签约和登记两个阶段。

1. 签约

物业抵押，首先应由抵押人持房地产产权证书或商品房预售合同与抵押权人签订书面的房地产抵押合同。

2. 登记

物业抵押，应当办理抵押登记。登记的程序如下。

① 抵押人和抵押权人自抵押合同签订之日起 30 日内，共同到物业所在地的不动产登记机构，填交房地产他项权利登记申请书，并提交房地产抵押合同副本，交验房地产抵押合同正本、登记申请者的身份证明、土地使用权来源证明、地上建筑物及其附着物的权属证明和登记机关认为有必要提供的其他文件。

② 受理。不动产登记机构根据申请验阅文件，在收件簿上载明名称、页数、件数，并给申请者开具收据。

③ 审查、发证。不动产登记机构对申请文件全面审核，填写审核表。对符合抵押条件的，应当在受理登记之日起 7 日内予以登记，发放《房地产他项权证》。对不予登记的，应当书面通知申请人。

物业抵押，采登记生效主义，即抵押权自登记时设立。

三、房地产抵押合同

1. 物业抵押合同的概念

房地产抵押合同是抵押人与抵押权人签订的，约定以不转移占有的方式将特定的房地产作为债权担保的协议。抵押权人是主债合同的债权人，抵押人可以是主债合同的债务人，也可以是第三人。物业抵押合同应当采用书面形式。

2. 物业抵押合同的内容

物业抵押合同应包括下列主要条款。

① 当事人的基本情况，包括抵押人和抵押权人的名称（或姓名）、住所、国籍、法定代表人等。

② 主债的基本情况，即主债的种类、数额等。

③ 抵押物的基本情况，指抵押房地产的估价、处所、名称、状况、建筑面积、用地面积、用地性质等。

④ 抵押物的权证保管，抵押物的占用管理人、占用管理方式、占用管理责任，以及意外毁损、灭失的风险责任。

⑤ 抵押物投保的险种、险别、赔偿方式和受益人。

⑥ 抵押期限、抵押率。

⑦ 抵押物处分方式、清偿顺序。

⑧ 违约责任及争议解决方式。

⑨ 合同签订的时间、地点及其他事项。

3. 物业抵押合同的登记

物业属不动产，不动产抵押必须登记，不登记不产生抵押的法律效力，即不动产抵押采登记成立主义。这里需要注意区分的是抵押合同的成立和抵押权的成立：

① 房地产抵押合同是房地产抵押权设立的原因行为。

② 抵押合同的成立、生效依据合同法关于合同成立、生效的相关规定；一般情况下，自抵押合同签订之日起即成立并生效。

③ 抵押权自抵押登记之日起设立。

④ 未办理抵押登记的，抵押权人不享有抵押权，即无权对抵押合同约定的抵押标的物的变价优先受偿。但是，其可以依据有效的抵押合同请求抵押人继续履行登记义务或承担违约责任。以尚未办理权属证书的房产抵押的，在第一审法庭辩论终结前能够提供权利证书或者补办登记手续的，可以认定抵押合同有效。当事人未办理抵押物登记手续的，不得对抗第三人。抵押人承担违约责任的范围依其过错而定，但不得超过抵押合同约定的抵押标的物的变价。

【案例 4-8】 2006 年 1 月 16 日，吴某向王某借款 10 万元，借款期限自 2006 年 1 月 16 日起至 4 月 16 日止，月利率 3%。吴某在借款单的借款人位置上签了名。江某在借款单上表示愿将其位于该市某小区的 12-131 号房屋作为借款抵押物，并将该房屋的产权证交王某收执，还在借款单上的担保人位置上签写了自己的姓名。2006 年 4 月 6 日，江某去世。借款期满后，王某多次催讨，吴某仍无法还款。王某遂向当地人民法院对吴某及江某的法定继承人提起诉讼。

原告诉称：被告吴某向他借款 10 万元，江某提供其位于该市某小区的 12-131 号房屋作为该笔借款的抵押物。期满后，经多次催要，被告吴某仍没还款；江某又已去世，故起诉要求吴某还款 10 万元并支付利息，并由江某的法定继承人承担连带责任或拍卖抵押物以清偿债务。

被告江某法定继承人答辩称：抵押担保合同未履行登记手续，是无效的，故要求法院驳回对其提出的诉讼请求。

法院判决：

1. 被告吴某偿还原告 10 万元，并按月利率 3% 支付 2006 年 1 月 16 日起至还款之日止的利息。

2. 若被告吴某到期不能清偿，不能清偿部分的一半，由被告江某的法定继承人在江某的遗产（该市某小区的12-131号房屋）的一半价值范围内予以清偿。

分析：本案中，江某在借款单上表示愿将其位于该市某小区的12-131号房屋作为借款抵押物，并将该房屋的产权证交王某收执，表明江某与王某之间的抵押合同已成立并生效。因未依法办理抵押登记，故抵押权不成立。法律规定：抵押人和抵押权人自抵押合同签订之日起30日内，共同到物业所在地的不动产登记机构办理抵押登记。据此，对于抵押权不成立，江某与王某均有过错，应在其过错范围内承担违约责任。

四、房地产抵押当事人的权利和义务

1. 抵押人的权利和义务

抵押人的权利：

① 对抵押物享有占有权、使用权及抵押物孳息的收取权，如收取法定孳息租金；

② 对抵押物的用益物权的设定权，如抵押人有权将抵押房地产出租；

③ 对抵押房地产再设定抵押的权利，房地产抵押后，该物业的价值大于所担保的债权的余额部分，抵押人可再次抵押；

④ 对抵押物享有的处分权。

抵押期间，抵押人经抵押权人同意转让抵押房地产的，应当将转让所得的价款向抵押权人提前清偿债务或者提存。转让的价款超过债权数额的部分归抵押人所有，不足部分由债务人清偿。抵押人未经抵押权人同意，不得转让抵押房地产，但受让人代为清偿债务消灭抵押权的除外。

抵押人的主要义务：是妥善保管好抵押物，如果抵押人的行为造成抵押物的价值减少，抵押人有义务提供与减少价值相当的担保。

2. 抵押权人的权利和义务

抵押权人的权利：

① 支配抵押物并排除他人侵害的权利。在抵押期间，抵押房地产受到第三人或抵押人侵害的，抵押权人有权要求停止侵害、恢复原状、赔偿损失。因抵押人的行为致使抵押房地产的价值减少的，抵押权人有权要求抵押人恢复原状或者提供新的担保。抵押权人的上述要求遭到抵押人的拒绝时，抵押权人可请求债务人履行债务，也可以请求提前行使抵押权。

② 孳息收取权。抵押权人原则上无孳息收取权。但履行期限届满债务人不履行债务，致使抵押房地产被人民法院依法扣押的，自扣押之日起，抵押权人有权收取抵押房地产的孳息（如租金）。

③ 优先受偿权。对抵押物拍卖、变卖所得价款优先受偿的权利。

抵押权人的义务主要是实现抵押权时，严格依据法定或约定的方式及程序进行。

五、房地产抵押权的实现

《担保法》第五十三条规定："债务履行期届满抵押权人未受清偿的，可以与抵押人协议以抵押物折价或者以拍卖、变卖该抵押物所得价款受偿；协议不成的，抵押权人可以向人民法院提起诉讼。"据此，抵押权实现的条件包括：债务人债务已到期、债务人未履行债务和存在合法有效的抵押权。抵押权实现的方式包括：折价、拍卖或变卖。

关于物业抵押权实现需要注意的是：

（1）折价不同于法律禁止的流质条款　折价是指债务人履行期届满未履行债务时，经抵押当事人协议或者经人民法院审理后作出判决，按照抵押物自身的品质、状况并参照当时的市场价格，将抵押物的所有权从抵押人转移给抵押权人，从而实现抵押权的情形。而所谓流质条款是指在订立抵押合同时，在合同中约定抵押物的所有权在债务未受清偿时直接转移给抵押权人所有的条款。法律禁止在订立抵押合同时约定流质条款，其目的主要是为了防止抵押权人利用其优势地位损害抵押人的利益。法律允许在债务履行届满时抵押人与抵押权人协议以抵押物折价以抵偿债务，因为：①此时抵押权人的优势地位已经丧失；②有利于抵押权的顺利实现。

（2）保障抵押人及其所扶养家属的基本生活条件　《最高人民法院关于人民法院民事执行中查封、扣押、冻结财产的规定》第六条规定："对被执行人及其所扶养家属生活必需的居住房屋，人民法院可以查封，但不得拍卖、变卖或者抵债。"第七条规定："对于超过被执行人及其所扶养家属生活所必需的房屋和生活用品，人民法院根据申请执行人的申请，在保障被执行人及其所扶养家属最低生活标准所必需的居住房屋和普通生活必需品后，可予以执行。"据此可知，通过诉讼实现房地产抵押权时，必须保障抵押人及其所扶养家属最低生活标准所必需的居住房屋。

六、房地产抵押与物业转让、物业租赁的关系

1. 物业抵押与物业转让的关系

《物权法》第一百九十一条规定："抵押期间，抵押人经抵押权人同意转让抵押财产的，应当将转让所得的价款向抵押权人提前清偿债务或者提存。转让的价款超过债权数额的部分归抵押人所有，不足部分由债务人清偿。抵押期间，抵押人未经抵押权人同意，不得转让抵押财产，但受让人代为清偿债务消灭抵押权的除外。"

《担保法解释》第六十七条规定："抵押权存续期间，抵押人转让抵押物未通知抵押权人或者未告知受让人的，如果抵押物已经登记的，抵押权人仍可以行使抵押权；取得抵押物所有权的受让人，可以代替债务人清偿其全部债务，使抵押权消灭。受让人清偿债务后可以向抵押人追偿。如果抵押物未经登记的，抵押权不得对抗受让人，因此给抵押权人造成损失的，由抵押人承担赔偿责任。"

由上述两个法条可以知道：

① 房地产设定抵押后，抵押人仍有权转让该房地产。因为，抵押人并不丧失该房地产的所有权。

② 抵押权人是否同意并不能影响房地产转让行为的效力。

③ 经登记的抵押权具有追及力。抵押房地产为经登记的抵押物，其所有权无论转移至何人手中，抵押权人均可对之行使抵押权。当然，受让人也可代为清偿债务使抵押权归于消灭。

2. 物业抵押与物业租赁的关系

（1）先抵后租　抵押人将抵押房地产出租的，抵押权实现后，租赁合同对受让人不具有约束力。抵押人出租时未书面告知承租人抵押事实的，承租人可要求抵押人对其损失承

担赔偿责任。抵押人在出租时告知承租人物业抵押事实的，抵押权实现造成承租人损失的由承租人自己承担。

(2) 先租后抵　抵押人将出租的物业抵押的，抵押权实现后，租赁合同在承租期内对抵押物的受让人继续有效。即在租赁合同成立后设定抵押的情形下，承租人仍受"买卖不破租赁"规则的保护。

七、商品房按揭

1. 按揭的含义和特征

按揭是我国香港对 mortgage 一词的广东话音译。mortgage 在我国又译为抵押，这反映了按揭与抵押的密切关系，实际上抵押与按揭的意义极为相近。按揭作为一种广为流行的融资购楼方式，其原来的含义是指：购房人将房地产的所有权益让渡给银行，以此获得银行贷款，若购房人不能按期还清贷款，则房产的权益即归银行，在购房人还清贷款之后，银行再把该权益归还贷款人的一种法律行为。按揭本质上是一种融资方式。

我国是 20 世纪 90 年代之后引进按揭贷款制度的。从实践操作来看，内地按揭含义与我国香港地区有很大区别。依国内房地产界和金融界的通俗观点，国内按揭主要具有如下几个特点：

① 按揭主要发生在购房过程中，其目的就是购买房地产。当然，目前在汽车市场等其他领域也正在探索采用这种按揭方式。

② 它是购房人通过向银行贷款购买房地产，并将其所购买的房地产的权益作为还款的担保。

③ 按揭过程中主要有四方当事人，即购房贷款人、银行、房地产开发商和住房贷款担保公司，这其中就存在几个相应的法律关系。

④ 在设定按揭权时，其标的物还不存在或不完全存在，这也是按揭与抵押的重要区别。在按揭贷款购房过程中，作为按揭标的的房地产一般还在建设之中，此时，购房人或开发商尚不能将房地产作为抵押物抵押。只有在该房地产开发完成，办理产权登记之后，购房人取得房屋产权，才能将该房地产作为抵押物抵押。

2. 按揭贷款购房的程序和法律关系

从目前的实际操作来看，按揭贷款购房的程序和步骤如下：

① 购房人与房地产开发商签订《商品房买卖合同》或《商品房预售合同》。

② 购房人向开发商交付一定比例的首付款（目前的比例一般为房地产总价款的 30%）。

③ 购房人向银行申请贷款。在申请贷款时，住房贷款担保公司承诺为购房人购房贷款提供连带责任保证担保。购房人必须承诺将其所购买的房产抵押给住房贷款担保公司，并委托其办理抵押登记。

④ 贷款银行对购房人的申请材料进行审查，并和购房人签订贷款合同，和住房贷款担保公司签订连带责任保证担保合同。

⑤ 银行付款。银行付款时，并不是将贷款付给贷款人，而是直接将该笔款项划入开发商的账户上。此时，即视为购房人已经向开发商付清了全部价款。

⑥ 住房贷款担保公司办理抵押登记，取得房屋的抵押权。

从以上的程序我们可以看出，在按揭贷款过程中，主要存在四方基本的当事人，即购房人、房地产开发商、银行和住房贷款担保公司。这四方当事人之间构成了不同的法律关系，在购房人与房地产开发商之间是商品房买卖合同关系，购房贷款人与银行之间是借贷合同关系，银行与住房贷款担保公司之间是保证担保合同关系，购房人与住房贷款担保公司之间是抵押担保合同关系。

第五节　物业中介服务

一、物业中介服务的概念

物业中介服务，即房地产中介服务，是指在物业投资、开发、管理、交易等环节中，为当事人提供的各种媒介活动的总称。其主要包括房地产咨询、房地产价格评估、房地产经纪等活动。物业中介服务，其范围比较广泛，房地产咨询、房地产价格评估、房地产经纪只是目前的三种主要形式。根据相关法律、法规，物业中介服务还包括物业管理招标代理、物业服务企业的资产和财务鉴定、物业服务企业的质量（环境）体系认证审核、置业担保等。另外，随着社会经济的不断发展，今后，还会出现新的物业中介服务形式。

二、房地产中介服务机构管理

从事房地产中介服务，应当设立相应的中介服务机构。房地产中介服务机构应是具有独立法人资格的经济组织。

1. 房地产中介服务机构的种类

房地产中介服务机构主要包括房地产咨询机构、房地产价格评估机构和房地产经纪机构。

(1) 房地产咨询机构　是指为房地产活动当事人提供法律法规、政策、信息、技术等方面服务的组织。

(2) 房地产价格评估机构　是指提供对房地产进行测算，评定其经济价值和价格的服务组织。

(3) 房地产经纪机构　是指从事为委托人提供房地产信息和居间代理业务经营活动的组织。

2. 房地产中介服务机构的设立条件

设立房地产中介服务机构应具备的条件包括以下几项。

(1) 有自己的名称、组织机构　房地产中介服务机构，作为具有营业资格的经济组织，要以自己的名称和组织机构开展业务活动。

(2) 有固定的服务场所　房地产中介服务机构必须享有对服务场所的所有权或使用权。在申请设立服务机构时，应提供固定服务场所所有权或使用权的合法证明文件。

(3) 有规定数量的财产和经费　目前，我国对房地产中介服务机构的财产和经费的具体数额尚未作出专门规定，实践中应当按照国家有关设立公司、企业条件的规定执行。

(4) 有足够的专业人员　从事房地产咨询业务的，具有房地产及相关专业中等以上学历、初级以上专业技术职称的人员须占总人数的50%以上；从事房地产评估业务的，须有规定数量的房地产估价师；从事房地产经纪业务的，须有规定数量的房地产经纪人。

3. 房地产中介服务机构的设立程序

（1）资质审查　设立房地产中介服务机构的资金和人员条件，应由当地县级以上房地产管理部门进行审查，经审查合格后，再行办理工商注册登记。

（2）注册登记　设立房地产中介服务机构，应当向当地工商行政管理部门申请设立登记。

（3）登记备案　房地产中介服务机构在领取营业执照后的一个月内，应当到登记机关所在地县级以上人民政府房地产管理部门备案。

（4）年检制度　房地产管理部门应当每年对房地产中介服务机构专业人员的条件进行一次检查，并于每年年初公布检查合格的房地产中介服务机构名单。检查不合格的，不得从事房地产中介业务。

4. 房地产中介服务机构的义务

房地产中介服务机构必须履行以下义务：

① 遵守有关的法律、法规和政策；

② 遵守自愿、公平、诚实信用的原则；

③ 按照核准的业务范围从事经营活动；

④ 按规定标准收取费用；

⑤ 依法交纳税费；

⑥ 接受行业主管部门及其他有关部门的指导、监督和检查。

三、房地产中介服务人员资格管理

房地产中介服务人员主要包括房地产咨询业务人员、房地产价格评估人员和房地产经纪人。国家对房地产中介人员采取统一考试、执业资格认证和注册登记的管理办法。

1. 对从事房地产咨询业务人员的管理

从事房地产咨询业务的人员，必须是具有房地产及相关专业中等以上学历，有与房地产咨询业务相关的初级以上专业技术职称并取得考试合格证书的专业技术人员。

2. 对从事房地产价格评估人员的管理

国家实行房地产价格评估人员资格认证制度。房地产价格评估人员分为房地产估价师和房地产估价员。房地产估价师必须是经国家统一考试、执业资格认证，取得《房地产估价师执业资格证书》，并经注册登记取得《房地产估价师注册证》的人员。未取得《房地产估价师注册证》的人员，不得以房地产估价师的名义从事房地产估价业务。

房地产估价员必须经过考试并取得《房地产估价员岗位合格证》。未取得《房地产估价员岗位合格证》的人员，不得从事房地产估价业务。

3. 对从事房地产经纪人员的管理

房地产经纪人员必须经过考试、注册并取得房地产经纪人资格或房地产经纪人协理。未取得资格的人员，不得从事房地产经纪业务。

四、房地产中介业务管理

房地产中介服务人员承办业务，由其所在中介机构统一受理并与委托人签订书面中介服务合同。经委托人同意，房地产中介服务机构可以将受托的房地产中介业务转让给具有相应资格的其他中介服务机构代理，但不得增加佣金。

房地产中介服务合同应当包括下列主要内容：

① 当事人姓名或者名称、住所；

② 中介服务项目的名称、内容、要求和标准；

③ 合同履行期限；

④ 收费金额和支付方式、时间；

⑤ 违约责任和纠纷解决方式；

⑥ 当事人约定的其他内容。

房地产中介服务费用由房地产中介服务机构统一收取，房地产中介服务机构收取费用应当开具发票，依法纳税。

房地产中介服务机构开展业务应当建立业务记录，设立业务台账。业务记录和业务台账应当载明业务活动中的收入、支出等费用，以及省、自治区建设行政主管部门和直辖市房地产管理部门要求的其他内容。

房地产中介服务人员执行业务，可以根据需要查阅委托人的有关资料和文件，查看现场。委托人应当协助。

房地产中介服务人员在房地产中介活动中不得有下列行为：

① 索取、收受委托合同以外的酬金或其他财物，或者利用工作之便，牟取其他不正当的利益；

② 允许他人以自己的名义从事房地产中介业务；

③ 同时在两个或两个以上中介服务机构执行业务；

④ 与一方当事人串通损害另一方当事人利益；

⑤ 法律、法规禁止的其他行为。

房地产中介服务人员与委托人有利害关系的，应当回避，委托人有权要求其回避。

因房地产中介服务人员的过失，给当事人造成经济损失的，由所在中介服务机构承担赔偿责任。所在中介服务机构承担赔偿责任之后，可以对有关人员实行追偿。

思 考 题

1. 物业转让、租赁、抵押应注意什么法律问题？

2. 以出让方式取得土地使用权的房地产转让应当具备哪些条件？

3. 房地产中介服务应注意哪些法律事项？

4. 案例分析

(一) 个体户赵某决定开办一个电器店，但资金不足，于是于2000年11月12日以自己房屋4间中的向东的2间做抵押，向城市信用合作社贷款10万元，并办理了抵押登记手续。之后赵某把房屋中向西的2间出租给了张某。在经营电器店的过程中，赵某又向市工商银行贷款6万元并以上面的4间房屋作抵押，签订了抵押合同并办理了登记手续。赵某又用同一办法在市农业银行贷款4万元，也办理了登记手续。2001年11月，赵某归还了城市信用社5万元、工商银行3万元和农业银行4万元。2001年12月，赵某将4间房屋中的向东的2间卖给了黄某并办理了过户，并未告知城市信用社和工商银行，而黄某在购买时已经知道房屋被设立抵押权。黄某购得房屋后，在所购买的2间房屋旁建了个储藏室。2002年2月，赵某生意亏损，电器店关门，此时仍欠工商银行3万元、城市信用社5万元贷款。贷款到期，赵某无力偿还。问：

(1) 赵某与承租人张某的租赁合同在所有 4 间房屋都抵押后是否继续有效？为什么？

(2) 黄某能否取得其所购买的房屋的所有权？

(3) 城市信用社和工商银行如何实现自己的抵押权？

(4) 前述抵押权人可否就储藏室享有抵押权？为什么？

(二) 万文房地产开发公司与长城机电公司签订房地产合作开发协议，由长城公司出资金，利用万文公司已依法缴纳全部土地出让金并领取土地使用权证的一宗土地使用权，合作开发一项低密度住宅项目。请回答下列问题：

(1) 该项目以谁的名义申报开发建设的各项审批手续，并对外预售商品房？

(2) 该开发公司具备哪些条件，才能预售商品房？

(3) 设该项目已具备法定可预售条件，且已与 128 位预购人签订了商品房预售合同，问应将该合同向有关部门登记备案的法定义务人是谁？

(三) 张某开办了一家电器销售店。1999 年 10 月，张某想去广州购买一批优质的电器投入市场，但由于积压太多，一时难以筹到足够的进货资金。1999 年 10 月下旬，张某向其邻居刘某借款 50 万元。因数额较大，刘某犹豫不决，于是张某提出以其新建的临街二层小楼作为抵押。双方签订了借款抵押合同，办理了相应的抵押物登记手续。双方在合同中约定：借款期限为 2 年，月息为 2%。如果 2 年期满不能清偿借款，刘某可以把作为抵押物的楼房卖掉，以所得的价款优先受偿。张某购买电器后，恰逢当年电器热销，张某大赚了一笔。第二年春天，张某在原来的二层楼上又加盖了一间阁楼用于存放杂物，并将楼房一层的一部分出租给田某开办服装店，租期 3 年，每月租金 3000 元。2000 年，张某生意不好，一直亏损。2001 年 10 月，借款期满，张某无力偿还借款。刘某多次催要没有结果，于是向所在区的人民法院起诉，申请依照借款抵押合同拍卖张某的楼房，并代张某收取田某交纳的租金直到借款还清。但是张某就新建阁楼是否应作为抵押物和刘某的代收租金的要求提出了异议。问：

(1) 张某和刘某签订的房屋抵押合同是否必须进行抵押登记？

(2) 张某以其房屋抵押时，该房屋占用范围内的土地使用权是否要一并设定抵押？

(3) 新建阁楼是否属于抵押财产？

(4) 刘某是否有权代收租金？

(5) 如果抵押的房屋要进行拍卖，则田某与张某之间的租赁合同是否继续有效？田某是否享有拍卖房屋的优先购买权？为什么？

(四) 甲企业为兴建一批厂房，向银行贷款 5000 万元，以原有厂房进行抵押，并办理了抵押登记，但原有厂房所涉及的建设用地使用权未同时进行抵押。现甲企业无力偿还银行债务，甲企业同时对乙企业负有债务 1000 万元，现银行欲对设定抵押权的厂房和该厂房所涉及的土地行使抵押权，以实现自己的债权，乙企业也向甲企业主张自己的债权。因设定抵押权的厂房拍卖所得价款 3000 万元，其所涉及的土地使用权拍卖所得价款 2000 万元。为此，银行和乙企业在偿还债务问题上发生纠纷。问：拍卖所得的价款应如何偿还债务？为什么？

第五章 业主大会

业主是物业管理法律关系的主体。业主权利的行使往往需要依赖由全体业主共同组织成为团体才能完成。因此，团体具有巨大的价值。业主大会及其委员会的组织管理是物业管理中极为重要的内容。但是，由于我国物业管理还处在发展时期，业主大会制度还有待进一步完善，制度的贯彻还有待进一步深入。

第一节 业　主

一、业主的概念和分类

（一）业主的概念

房屋的所有权、建筑物区分所有权人为业主。

房屋的所有权、建筑物区分所有权人主要通过依法登记取得所有权、建筑物区分所有权。此外，因人民法院、仲裁委员会的法律文书或者人民政府的征收决定等，导致物权设立、变更、转让或者消灭的，自法律文书或者人民政府的征收决定等生效时发生取得所有权、建筑物区分所有权的法律效力；因继承或者受遗赠取得物权的，自继承或者受遗赠开始时发生取得所有权、建筑物区分所有权的法律效力；因合法建造、拆除房屋等事实行为设立或者消灭物权的，自事实行为成就时发生取得所有权、建筑物区分所有权的法律效力。

基于房屋买卖等民事法律行为，已经合法占有建筑物专有部分，但尚未依法办理所有权登记的人，可以认定为业主。

业主为无民事行为能力人或者限制民事行为能力人的，由其法定监护人行使投票权。

（二）业主的分类

按业主是自然人、法人还是非法人组织，可分为自然人业主、法人业主和非法人业主。如某有限责任公司，支付房款并到房产部门登记后，就成为法人业主。

按业主是单独拥有物业还是与他人共同拥有物业，可以从形式上分为独立产权的业主和共有产权的业主。凡是房屋产权证上只写明一个所有权人享有房屋产权的，这个所有权人就是独立产权的业主。凡是房屋产权证书上写明房屋产权是共有的，房屋产权证标明的所有权人就是共有产权的业主。

按物业的所有权主体性质不同，可以将业主划分为公房业主和私房业主。公房业主指国家及其授权经营管理公房的部门或单位。私房业主是指享有物业所有权的“私人”，包括自然人、非国家机关性质的法人和其他组织。

二、业主的权利

业主的权利和义务是限于业主身份而具有的权利和义务。因此，其与房地产开发商之间的权利不属于业主的权利，而是购房人的权利。

（一）所有权或建筑物区分所有权

城市生活中，一般多个业主共同生活在一个小区中，他们对物业享有业主的建筑物区分所有权。《物权法》第七十条规定："业主对建筑物内的住宅、经营性用房等专有部分享有所有权，对专有部分以外的共有部分享有共有和共同管理的权利。"除此之外，还有少数房屋是相互独立的，这些房屋的业主对其物业享有所有权。作为所有权人或业主的建筑物区分所有权人应有的权利在第二章已有详细论述。

（二）法律、法规规定业主享有的所有权或建筑物区分所有权之外的主要实体权利

（1）接受物业服务企业或者其他管理人提供的服务 依合同法规定，向业主提供服务是物业服务合同明确约定的物业服务企业的义务。在前期物业管理阶段，业主接受物业服务企业提供的服务所依据的是建设单位与物业服务企业签订的《前期物业服务合同》；业主可以共同选聘物业服务企业后，业主依据《物业服务合同》接受物业服务企业提供的服务。由其他管理人提供服务的，依相关合同业主同样有权接受服务。《物业管理条例》第六条也明确规定业主有权按照物业服务合同的约定接受物业服务企业提供的服务。

（2）监督物业服务企业或者其他管理人履行合同 《物权法》第八十二条规定："物业服务企业或者其他管理人根据业主的委托管理建筑区划内的建筑物及其附属设施，并接受业主的监督"。《物业管理条例》第六条也明确规定业主有权监督物业服务企业履行物业服务合同。

（3）更换建设单位聘请的物业服务企业或者其他管理人 为了保障业主选聘物业服务企业或者其他管理人的权利，更换建设单位聘请的物业服务企业或者其他管理人，不受建设单位与物业服务企业或者其他管理人所签订合同期限的影响。《物权法》第八十一条规定："对建设单位聘请的物业服务企业或者其他管理人，业主有权依法更换"。《物业管理条例》第二十六条规定："前期物业服务合同可以约定期限；但是，期限未满、业主委员会与物业服务企业签订的物业服务合同生效的，前期物业服务合同终止"。

（4）享有物业共用部位、共用设施设备专项维修资金（以下简称专项维修资金）的所有权，并有权监督它的管理和使用 《物业管理条例》第五十四条规定，专项维修资金属业主所有。同时，在《物业管理条例》第六条中规定，业主享有监督物业共用部位、共用设施设备专项维修资金的管理和使用的权利。

（三）诉讼权利

对任何人侵害业主合法权益的行为，业主都有权依法提起诉讼。《物权法》第八十三条规定的："业主对侵害自己合法权益的行为，可以依法向人民法院提起诉讼。"《物权法》第七十八条规定："业主大会或者业主委员会作出的决定侵害业主合法权益的，受侵害的业主可以请求人民法院予以撤销。"

对侵害单个业主权益的行为，业主本人可以提起诉讼；对侵害部分业主或全体业主具体业主权益的行为，具体提起诉讼的办法，应当遵守诉讼法、法律解释、地方法规及规范性文件规定。例如《最高人民法院关于审理物业服务纠纷案件具体应用法律若干问题的解释》规定：

① 物业服务企业将物业服务区域内的全部物业服务业务一并委托他人而签订的委托合同，物业服务合同中免除物业服务企业责任、加重业主委员会或者业主责任、排除业主委员会或者业主主要权利的条款，业主委员会或者业主请求确认合同或者合同相关条款无效的，人民法院应予支持。

② 物业服务企业不履行或者不完全履行物业服务合同约定的或者法律、法规规定以及相关行业规范确定的维修、养护、管理和维护义务，业主请求物业服务企业承担继续履

行、采取补救措施或者赔偿损失等违约责任的，人民法院应予支持。

可见，对这些侵害部分业主或全体业主具体业主权益的行为，业主和业主委员会都有权提起诉讼。

北京市高级人民法院在2004年《北京市高级人民法院关于审理物业管理纠纷案件的意见（试行）》中的规定如下。

① 业主委员会于下列情形下可作为原告参加诉讼，以其主要负责人（主任或副主任）作为代表人：

a. 物业服务企业违反合同约定损害业主公共权益的；

b. 业主大会决定提前解除物业服务合同，物业服务企业拒绝退出的；

c. 物业服务合同终止时，物业服务企业拒绝将物业管理用房和《物业管理条例》第二十九条第一款规定的资料移交给业主委员会的；

d. 其他损害全体业主公共权益的情形。

业主委员会的成立应当符合法定程序。没有成立业主委员会的，由全体业主行使提起诉讼的权利。

② 业主委员会作为原告提起诉讼，业主要求作为共同原告参加诉讼的，不予准许。业主委员会起诉且法院已经受理后，业主又以相同的事实和理由起诉的，不予受理。

③ 物业服务企业侵害的权益仅涉及单个业主或部分业主的，应当由单个业主或部分业主作为原告提起诉讼。

（四）法律、法规规定的其他权利

【案例5-1】 2003年，北京市海淀区某小区物业服务公司向业主筹集资金，铺设小区有线电视信号传输线路。工程完工后，部分业主强烈要求对该项目资金收取和使用情况公布，但物业服务公司未依要求公开。2004年7月，朱某等50余名该小区业主，联名向北京市海淀区人民法院起诉，要求了解该项目资金收取和使用情况，并要求物业服务公司返还剩余资金及利息。他们认为，物业服务公司的行为侵犯了自己作为业主的知情权与监督权，业主有权利向物业服务公司主张履行相应的明示义务。

海淀区人民法院受理案件后认为，朱某等人与物业公司形成纠纷，不属于民事诉讼的受案范围，要解决这类纠纷，应当向有关行政部门反映。裁定不予受理。

朱某等不服海淀区人民法院裁定，向北京市第二中级人民法院（以下简称二中院）提起上诉。二中院经审理后认为，朱某等人所诉该物业服务公司在有关资金的收取及使用问题上，不履行告知义务的内容属于全体业主的公共权益，提起诉讼的主体应当是业主大会的执行机构业主委员会，没有成立业主委员会的，则由全体业主行使提起诉讼。因此朱某等人作为单一业主提起诉讼，缺乏法律依据，不适格。据此，二中院驳回上诉，维持原裁定。

分析： 朱某等人与物业公司形成的纠纷是公民与法人之间因财产关系引发的纠纷，应当属于民事诉讼的收案范围。但是，物业服务公司在有关资金的收取及使用涉及的是全体业主的利益。在业主大会成立之前，业主一方是全体业主；在业主大会成立之后，业主一方是由全体业主组成的一个组织共同体。朱某等人不能代表全体业主，又不是组织共同体代表，因此由朱某等提起诉讼解决全体业主与物业服务企业间的纠纷是不恰当的。朱某等人只能对与他们部分业主相关的利益纠纷提起诉讼，但朱某等部分利益与全体业主的利益在整个纠纷中又是难以区分的。因此，法院最后只能驳回上诉，维持不予受理裁定。

三、业主的义务

（1）作为建筑物区分所有权人的义务　作为建筑物区分所有权的共有权人应承担的义务在第二章已有详细论述。

（2）法律、法规规定业主应尽的作为业主的建筑物区分所有权人的义务之外的实际义务

① 按照国家有关规定交纳专项维修资金。《物业管理条例》第七条明确规定，业主负有按照国家有关规定交纳专项维修资金的义务。

② 交纳物业服务费用。《物业管理条例》第四十二条明确规定，业主应当根据物业服务合同的约定交纳物业服务费用。物业管理费用中的一部分费用，如保安费，不是以共有权人的身份来承担的义务，而是在物业服务合同中通过约定的形式以合同债务人身份承担的，依据合同法，是业主应尽的义务。

（3）诉讼当事人的义务　依据法规规定，业主既可能成为原告，也可能成为被告。业主作为诉讼当事人的资格在条件成立时即具有这一义务。

（4）法律、法规规定的其他义务。

第二节　业主大会

一、业主大会的概念

业主大会是由依法划定的业主集体自治管理辖区内全体业主组成，以会议制形式，依法行使物业管理民主自治权利和自治规约订立权的群众性社会自治机构，又是业主团体自治管理体系中的表达集体共管意思的权力机关。《物业管理条例》第二条规定："业主大会应当代表和维护物业管理区域内全体业主在物业管理活动中的合法权益。"

只有一个业主的，或者业主人数较少且经全体业主一致同意，决定不成立业主大会的，由业主共同履行业主大会、业主委员会职责。

物业管理区域内业主人数较多的，可以幢、单元、楼层等为单位，推选一名业主代表参加业主大会会议，这种情况下称为业主代表大会。

二、业主大会的成立

1. 业主大会成立的指导部门

《物权法》第七十五条规定："地方人民政府有关部门应当对设立业主大会和选举业主委员会给予指导和协助。"《物业管理条例》明确了指导部门的范围，规定："同一个物业管理区域内的业主，应当在物业所在地的区、县人民政府房地产行政主管部门或者街道办事处、乡镇人民政府的指导下成立业主大会，并选举产生业主委员会。"一些地方性法规对此进行了更加具体的规定。如《北京市物业管理办法》规定，街道办事处、乡镇人民政府负责对辖区内业主大会、业主委员会的成立及活动进行协助、指导和监督，协调处理纠纷。

2. 物业管理区域

物业管理区域是一个由原设计构成的自然街坊或封闭小区。自然街坊是城市建设中自然形成的相对独立的居住区。近年来，房地产开发中形成的居住小区，一般由4～5个住宅群（组群）组成，用地一般为15～20公顷，建筑面积15万～20万平方米。按照政府有关建设小区规划的规定，小区应配套居委会、学校、幼儿园、托儿所、文化活动中心、综合服务商店、自行车棚等公共设施项目。小区的水、电、气管线等公共设施在开发上时一起建成，一起交付，再让居民入住。这种小区大都实行封闭式管理，被称为封闭小区。将一个封闭小区划分为一个物业管理区域，有利于房屋及相关设施的管理。《物业管理条例》第九条规定："一个物业管理区域成立一个业主大会。物业管理区域的划分应当考虑物业的共用设施设备、建筑物规模、社区建设等因素。具体办法由省、自治区、直辖市制定。"一些地方性法规对此有具体的规定。《北京市物业管理办法》第五条规定：" 建设单位应当在销售房屋前，结合物业的共用设施设备、建筑物规模、社区建设等因素划分物业管理区域，并在房屋买卖合同中明示。物业主要配套设施设备和相关场地共用的，应当划分为一个物业管理区域；住宅区和非住宅区原则上应当划分为不同的物业管理区域。"《北京市物业管理办法》第六条规定："业主共同决定对物业管理区域进行分立或者合并的，应当向物业所在地街道办事处、乡镇人民政府提出申请，由街道办事处、乡镇人民政府会同区县房屋行政主管部门等相关部门进行审查，确需调整的，予以确认并公告。"《北京市住宅区业主大会和业主委员会指导规则（试行）》规定，物业区域的划分，应当综合考虑建筑规模、停车位、绿化、物业服务用房及相关设施设备共用等因素，便于业主共同决策和社区管理；销售房屋之前，开发建设单位应当通过招投标或协议方式选聘前期物业服务机构，并同时向物业所在地街道办事处、乡镇政府提出划分物业区域申请，并提交相关材料；街道办事处、乡镇政府会同区县规划、建设房管、国土、民政等部门对前述资料进行审核，划分物业区域，出具意见书；开发建设单位在办理前期物业服务招投标备案手续时，应提交物业区域划分意见书。这样可以较好地避免业主大会因物业管理区域不确定而无法建立的情况。上海市房屋土地管理局印发的《关于上海市居住物业管理条例有关条文的应用解释》第六条规定，物业管理区域一般不超过10万平方米。

划分为一个物业管理区域的分期开发的建设项目，先期开发部分符合条件的，可以成立业主大会，选举产生业主委员会。首次业主大会会议应当根据分期开发的物业面积和进度等因素，在业主大会议事规则中明确增补业主委员会委员的办法。

【案例5-2】 自1998年起，金雁房产有限责任公司以"中央花园"项目名称，在成都市武侯区晋阳街道办事处辖区内的草金公路以北、清水河以南，开发建设了"中央花园清水河片区"商品房楼群，现共有楼房207幢5726套（户）。按开发先后顺序和规格，该片区可分为一期、二期、三期，精装版一区、二区，沿河别墅、临河别墅等楼群。其中一期楼群属沙堰社区居委会管辖，其他楼群属金雁社区居委会管辖。不同楼群之间，由围墙、道路等分割为相对独立的院落；院落之间，有一些市政公共通道。该小区由于建设年代较早，公共配套设施有其自身特点。其中，部分供电设备为小区自管，不属市政公共供电配套设施；该小区内其他一些共用设施、设备及物业管理用房，尚未作出权属界定。1999年6月，"中央花园清水河片区"成立了第一届业主委员会。2002年7月，该业主委员会任期届满，未换届选举。2003年10月28日，武侯区房管局与晋阳街道办事处共同向武侯区政府办公室提交了《关于划分中央花园清水河小区物业管理区域的情况报告》，内容是中央花园清水河小区物业管理区域的现状和存在的问题，拟将该小区划分为A、B、C、

D、E共5个物业管理区域的设想，对划分物业管理区域的利弊权衡。同年11月14日，武侯区房管局将划分物业管理区域的方案在相关区域公示，征求业主意见。同年11月24日，武侯区房管局向“中央花园清水河片区”的业主发出通知，并将该小区划分为A、B、C、D、E共5个物业管理区域，各区域的业主根据《物业管理条例》、建设部《业主大会规程》和《成都市物业管理业主大会规则（试行）》的有关规定，在晋阳街道办事处、武侯区房管局和各自所属社区居委会的指导下，规范成立相应物业管理区域的业主大会，并选举产生业主委员会。

通知张贴后，黄某等25名“中央花园清水河片区”的业主认为武侯区房管局的这一行政行为违法，遂于同年12月29日向成都市武侯区人民政府申请行政复议。成都市武侯区人民政府于2004年2月25日作出成武府复决字（2004）第1号《行政复议决定书》，维持了武侯区房管局将“中央花园清水河片区”划分为5个物业管理区域的决定。该复议决定书于同月27日送达黄某等25人，并在“中央花园清水河片区”内张贴。黄某等25人不服武侯区房管局将“中央花园清水河片区”划分为5个物业管理区域的行政行为，向四川省成都市武侯区人民法院提起行政诉讼。最终人民法院依照《行政诉讼法》撤销了武侯区房管局于2003年11月24日对“中央花园清水河片区”业主发出的通知；责令被上诉人武侯区房管局依照法定程序重新划分“中央花园清水河片区”的物业管理区域。

分析：《物业管理条例》第九条第二款规定，“物业管理区域的划分应当考虑物业的共用设施设备、建筑物规模、社区建设等因素。具体办法由省、自治区、直辖市制定。”武侯区房管局考虑到“中央花园清水河片区”的建筑规模较大，分属两个社区等实际情况，为便于管理，对该片区进行物业管理区域的划分，该行为并无不当。但是根据《物业管理条例》第九条第二款的规定，武侯区房管局在划分物业管理区域时，应当考虑物业的共用设施设备、建筑物规模、社区建设等因素。在本案中，武侯区房管局没有以证据证明，其在对“中央花园清水河片区”进行物业管理区域的划分时，考虑了除物业管理用房以外的其他共用设施设备等因素。物业管理区域内共用设施的调整和分割，属于重大事项，应由业主大会讨论决定。由于区域的划分不可避免地涉及共用设施的调整和分割，因此物业管理区域的划分必须通过业主大会的讨论才能决定。在划分物业管理区域时如不考虑共用设施设备的权属、使用与维护等因素，就可能会对物业业主的合法权益造成损害。故武侯区房管局作出的划分“中央花园清水河片区”物业管理区域的通知，不符合《物业管理条例》第九条第二款的规定。因此，武侯区房管局有划分物业管理区域的职权，是正确的；但行政机关武侯区房管局在划分物业管理区域时，未考虑物业区域的配套设施，是错误的。

3. 业主大会成立的条件

依据《物权法》第七十六条规定，制定和修改业主大会议事规则、制定和修改建筑物及其附属设施的管理规约以及选举业主委员会或者更换业主委员会成员应当经专有部分占建筑物总面积过半数的业主且占总人数过半数的业主同意。因此，物业管理区域内，已交付的专有部分面积超过建筑物总面积50%时，就具备了投票表决成立业主大会、选举业主委员会的条件。

物业管理区域内，已交付的专有部分面积超过建筑物总面积50%时，建设单位应当按照物业所在地的区、县房地产行政主管部门或者街道办事处、乡镇人民政府的要求，及时报送下列筹备首次业主大会会议所需的物业管理区域证明、房屋及建筑物面积清册、业主名册、建筑规划总平面图、交付使用共用设施设备的证明、物业服务用房配置证明等文件资料。《北京市住宅区业主大会和业主委员会指导规则（试行）》规定，开发建设单位应当自物业区域内物业交付首户业主之日起 30 日内向物业所在地的街道办事处、乡镇政府报送房屋分户及建筑面积清册，以及筹备首次业主大会会议所需的其他材料。

已交付使用的专有部分面积超过建筑物总面积 50%，建设单位未按要求报送筹备首次业主大会会议相关文件资料的，物业所在地的区、县房地产行政主管部门或者街道办事处、乡镇人民政府有权责令建设单位限期改正。

4. 业主大会成立的程序

（1）筹备 符合成立业主大会条件的，区、县房地产行政主管部门或者街道办事处、乡镇人民政府应当在收到业主提出筹备业主大会书面申请后 60 日内，负责组织、指导成立首次业主大会会议筹备组。一些地方规定在更早的时期就要筹备召开业主大会。如《北京市住宅区业主大会和业主委员会指导规则（试行）》规定，首次业主大会会议自物业区域内物业交付首户业主之日起即可筹备，具备法定表决条件的，应及时召开，开发建设单位应及时书面告知物业所在地的街道办事处、乡镇政府，业主也可以提出书面申请。

首次业主大会会议筹备组由业主代表、建设单位代表、街道办事处、乡镇人民政府代表和居民委员会代表组成。筹备组成员人数应为单数，其中业主代表人数不低于筹备组总人数的一半，筹备组组长由街道办事处、乡镇人民政府代表担任。《北京市物业管理办法》规定，街道办事处、乡镇人民政府应当自接到申请之日起 60 日内，指定代表担任筹备组组长，组织成立首次业主大会会议筹备组，筹备组负责召集首次业主大会会议。筹备组中非建设单位的业主代表人数不低于筹备组中具有表决权成员人数的三分之二。《北京市住宅区业主大会和业主委员会指导规则（试行）》规定在物业所在地街道办事处、乡镇政府的指导下，社区居委会负责首次业主大会会议的筹备工作。社区居委会人员担任筹备组召集人（未成立社区居委会的，由街道办事处、乡镇政府指派工作人员担任），负责组织业主代表、开发建设单位、社区居委会、派出所等单位代表组建首次业主大会会议筹备组（以下简称筹备组）。

筹备组中业主代表的产生，由街道办事处、乡镇人民政府或者居民委员会组织业主推荐。筹备组应当将成员名单以书面形式在物业管理区域内公告。业主对筹备组成员有异议的，由街道办事处、乡镇人民政府协调解决。

关于业主提出筹备业主大会书面申请的方式、筹备组中业主代表的推荐方法以及筹备组的工作原则，一些地方法规有进一步的规定。如《北京市物业管理办法》规定："物业管理区域内已交付业主的专有部分达到建筑物总面积 50%以上的，建设单位应当向物业所在地街道办事处、乡镇人民政府报送筹备首次业主大会会议所需资料，并推荐业主代表作为临时召集人，召集占总人数 5%以上或者专有部分占建筑物总面积 5%以上的业主向物业所在地街道办事处、乡镇人民政府提出书面申请成立业主大会；占总人数 5%以上或者专有部分占建筑物总面积 5%以上的业主也可以自行向物业所在地街道办事处、乡镇人民政府提出书面申请成立业主大会。"《北京市住宅区业主大会和业主委员会指导规则（试行）》规定："筹备组中业主代表的产生，由社区居委会或街道办事处、乡镇政府组织业主推荐，业主也可以自荐或联名推荐。业主代表应当具有业主身份，热心公益事业，责任心强，履行业主义务等。"《北京市住宅区业主大会和业主委员会指导规则（试行）》规定，筹备组应当遵守少数服从多数的工作原则；除召集人外，筹备组成员人数应为单数，每人享有一票表决权。

建设单位和物业服务企业应当配合协助筹备组开展工作。《北京市物业管理办法》规定，建设单位应当自首次业主大会会议筹备组成立之日起 7 日内向筹备组提供业主名册、业主专有部分面积、建筑物总面积等资料，并承担筹备及召开首次业主大会会议所需费用。

筹备组应当做好以下筹备工作：

① 确认并公示业主身份、业主人数以及所拥有的专有部分面积。业主的投票权数由专有部分面积和业主人数确定。《物权法》规定，业主对共同事务的表决应考虑物业管理区域内专有部分占建筑物总面积和占总人数比例两方面的因素。

② 确定首次业主大会会议召开的时间、地点、形式和内容。

③ 草拟管理规约、业主大会议事规则。

④ 依法确定首次业主大会会议表决规则。

⑤ 制定业主委员会委员候选人产生办法，确定业主委员会委员候选人名单。

业主委员会委员候选人由业主推荐或者自荐。筹备组应当核查参选人的资格，根据物业规模、物权份额、委员的代表性和广泛性等因素，确定业主委员会委员候选人名单。

⑥ 制定业主委员会选举办法。

⑦ 完成召开首次业主大会会议的其他准备工作。

筹备组应做好会务准备工作，在业主中推选表决票、选票的发放人、计票人和监票人各若干人。筹备组还应做好召开首次业主大会会议的宣传、公告等其他工作，筹备工作内容应当在首次业主大会会议召开 15 日前以书面形式在物业管理区域内公告。业主对公告内容有异议的，筹备组应当记录并作出答复。

（2）组织业主召开首次业主大会会议　筹备组应当自组成之日起 90 日内完成筹备工作，组织召开首次业主大会会议。业主大会自首次业主大会会议表决通过管理规约、业主大会议事规则，并选举产生业主委员会之日起成立。

【案例 5-3】 2004 年 3 月，李先生以其 15 岁儿子的名义在北京顺义某小区购买了一套三居室楼房，当年便入住了该小区。入住之后发现，开发商选定的物业服务公司服务水平极低。小区内经常发生业主丢失财物务的事件，而物业服务公司只管追住业主收取标准颇高的物业管理费，却对业主对物业管理服务的不满置之不理。李先生对此意见很大，多次向物业服务公司、房地产开发商和物业行政管理部门反映问题。2006 年，在众多业主的推动下，小区筹备成立业主委员会，李先生由于积极参与推动提高物业管理服务质量，在业主当中有一定威望，本人也有愿望参与业主委员会，为业主谋取利益。但是，当业主的投票权清册张贴在小区内后，李先生却发现，清册上面没有自己的名字，而且也没有他儿子的名字。李先生为此向筹备组提出意见，要求代替儿子行使作为业主的权利。

分析：未成年的业主是指那些在购房合同或产权证书上登记过的未成年人，包括未满十八周岁但年满十六周岁、十周岁以上以及十周岁以下的未成年人。根据《民法通则》的规定，十周岁以上的未成年人是限制民事行为能力人，可以进行与他的年龄、智力相适应的民事活动，其他民事活动由他的法定代理人代理，或者征得他的法定代理人的同意；不满十周岁的未成年人是无民事行为能力人，由他的法定代理人代理民事活动；十六周岁以上不满十八周岁的公民，以自己的劳动收入为主要生活来源的，视为完全民事行为能力人。

对于业主大会中民事权利的行使来讲，未成年人特别是未满十六周岁的未成年人属于限制民事行为能力人或无民事行为能力的人，一般是不具备判断能力的。因此，未满18周岁的未成年业主应该由其监护人（主要是父母）作为法定代理人参加业主大会，并参加投票表决。

【案例5-4】 深圳市南山区南山街道田园大厦小区业主在对原业委会进行改选的过程中，辖区社区居委会向全体业主发布公告称：参选业委会的业主必须履行业主义务，按时缴纳物业管理费。业主李某因与物业公司就空调噪声问题产生纠纷，欠缴了管理费，被告知"无资格参选"，也不被物业公司认同参选资格。李某咨询政府相关部门，政府相关部门工作人员也口头答复："不缴管理费，不具备做业主委员或筹备委员的条件。"李某不服，于2004年12月26日向南山区人民法院提起诉讼。法院经调查后于2005年2月26日作出一审判决：相关部门工作人员对业主李某不缴管理费不具备参选资格的口头答复，没有法律依据，其行政行为违法。

分析：业主通过选举成为业主委员会委员是业主依据《物权法》享有的民事权利。业委会委员是业主选举产生的，行政部门虽然对于业委会的筹建以及换届等具有指导和监督的权利，但无权否定业主选举的结果。能够担任业委会委员或筹委会委员的民事权利与拖欠物业管理费属于两个无关的法律关系，物业公司以及主管部门不能以此为由剥夺业主的选举权和被选举权。业主拖欠物业管理费，物业公司可以起诉业主，进行另案处理。如果以此为由，剥夺欠费业主的选举权和被选举权，显然是对全体业主意愿的变相否定和抹杀。拖欠物业费的业主依旧享有包括被选举权在内的各项权利，也可以当选业委会委员。

但是，法律也规定了业主遵守物业法规的义务，业委会委员带头"欠费"毕竟不是只有害于物业服务公司的事情，大多数情况下对其他业主也不利。《业主大会和业主委员会指导规则》第二十条规定："业主拒付物业服务费，不缴存专项维修资金以及实施其他损害业主共同权益行为的，业主大会可以在管理规约和业主大会议事规则中对其共同管理权的行使予以限制。"如果业主大会已经在管理规约和业主大会议事规则中对此有明确约定，业主大会、业主委员会或其他业主才有权利对其共同管理权的行使予以限制。

如果业委会委员无正当理由不缴物业费行为，那其他业主当然也可以不缴，业主享受了服务却不缴费，物业公司无法维持自然也就不得不减少服务了，这种对抗的结果只能是互相损害、两败俱伤。因此，虽然主管部门应当尽量减少对民意的干涉，但业主在行使权利的时候也应当慎重。因为，没有缴物业费的业委会委员在代表业主和物业公司谈判或是管理小区相关事务的时候难免会为了自己的私利采取一些利益妥协或是利益交换。所以，为了更好地维护权利，业主在行使自己选举权的时候，需要慎重投下自己的那一票。

三、业主大会会议制度

（一）业主大会的定期会议临时会议

1. 业主大会定期会议

业主大会定期会议应当按照业主大会议事规则的规定由业主委员会组织召开。业主委员会应当在业主大会会议召开15日前将会议通知及有关材料以书面形式在物业管理区域内公告。住宅小区的业主大会会议，应当同时告知相关的居民委员会。业主因故不能参加业主大会会议的，可以书面委托代理人参加。

2. 业主大会临时会议

有下列情况之一的，业主委员会应当及时组织召开业主大会临时会议：

① 20%以上业主提议的；

② 发生重大事故或者紧急事件需要及时处理的；

③ 业主大会议事规则或者管理规约规定的其他情况。

业主委员会未按业主大会议事规则的规定组织召开业主大会定期会议，或者发生应当召开业主大会临时会议的情况，业主委员会不履行组织召开会议职责的，物业所在地的区、县房地产行政主管部门或者街道办事处、乡镇人民政府可以责令业主委员会限期召开；逾期仍不召开的，可以由物业所在地的居民委员会在街道办事处、乡镇人民政府的指导和监督下组织召开。

（二）业主大会会议形式

业主大会会议可以采用集体讨论的形式，也可以采用书面征求意见的形式；但应当有物业管理区域内专有部分占建筑物总面积且占总人数过半数的业主或代表相当比例的面积及人数的业主代表参加。业主可以委托代理人参加业主大会会议。

（三）投票权

业主大会会议上业主的投票权应在业主大会议事规则中具体约定，但不得与法律、法规相关规定相违背。业主的投票权数由专有部分面积和业主人数确定。业主大会确定业主投票权数，可以按照下列方法认定专有部分面积和建筑物总面积：

① 专有部分面积按照不动产登记簿记载的面积计算；尚未进行登记的，暂按测绘机构的实测面积计算；尚未进行实测的，暂按房屋买卖合同记载的面积计算；

② 建筑物总面积，按照前项的统计总和计算。

业主大会确定业主投票权数，可以按照下列方法认定业主人数和总人数：

① 业主人数，按照专有部分的数量计算，一个专有部分按一人计算。但建设单位尚未出售和虽已出售但尚未交付的部分，以及同一买受人拥有一个以上专有部分的，按一人计算；

② 总人数，按照前项的统计总和计算。

未参与表决的业主，其投票权数是否可以计入已表决的多数票，由管理规约或者业主大会议事规则规定。一个专有部分有两个以上所有权人的，应当推选一人行使表决权，但共有人所代表的业主人数为一人。业主为无民事行为能力人或者限制民事行为能力人的，由其法定监护人行使投票权。

（四）会议表决条件

业主大会表决筹集和使用建筑物及其附属设施的维修资金和改建、重建建筑物及其附属设施，改变共有部分的用途，利用共有部分从事经营性活动，处分共有部分，以及业主大会依法决定或者管理规约依法确定应由三分之二以上业主共同决定的事项，应当经专有部分占建筑物总面积三分之二以上的业主且占总人数三分之二以上的业主同意。决定以下事项，应当经专有部分占建筑物总面积过半数的业主且占总人数过半数的业主同意。

① 制定和修改业主大会议事规则；

② 制定和修改建筑物及其附属设施的管理规约；

③ 选举业主委员会或者更换业主委员会成员；

④ 选聘和解聘物业服务企业或者其他管理人；

⑤ 有关共有和共同管理权利的其他重大事项，如制定物业服务内容、标准以及物业

服务收费方案等。

（五）会议召开程序事项

① 召开业主大会会议，应当于会议召开15日以前通知全体业主。住宅小区的业主大会会议，应当同时告知相关的居民委员会。

② 召开业主大会会议，业主委员会应当做好业主大会会议记录。

采用集体讨论方式，按照以下程序进行：

a. 业主委员会主任委员就业主大会会议召开目的、会议召集情况及业主到会情况等进行说明；

b. 业主委员会主任委员就本次会议需要决议事项进行必须说明；

c. 参加会议业主就需要决议事项逐一进行投票表决；会议召集人计收有效票；

d. 业主大会会议召集人公布投票结果，并依据有关规定对投票结果的合法性、有效性作出必须说明，确定并宣布决议事项是否通过或有效；

e. 业主大会会议召集人就决议事项的执行和处理作出说明。

采用书面征求意见方式，按照以下程序进行：

a. 业主大会会议召集人就决议事项向本区域全体业主送达书面征求意见函，并书面告知业主反馈意见投放的截止时间和地点；

b. 在书面征求意见函规定的截止时间，业主大会会议召集人收集指定投放地点的业主反馈意见；

c. 业主大会会议召集人计收有效反馈意见；

d. 业主大会会议召集人公布书面征求意见收集的结果，说明其合法性、有效性，明确决议的事项是否通过或有效；

e. 业主大会会议召集人就决议事项的执行和处理作出说明。

③ 住宅小区的业主大会、业主委员会作出的决定，应当告知相关的居民委员会，并认真听取居民委员会的建议。

④ 业主大会的决定应当以书面形式在物业管理区域内及时公告。

召开业主大会会议，物业所在地的区、县房地产行政主管部门和街道办事处、乡镇人民政府应当给予指导和协助。物业所在地的区、县房地产行政主管部门和街道办事处、乡镇人民政府应当积极开展物业管理政策法规的宣传和教育活动，及时处理业主、业主委员会在物业管理活动中的投诉。业主大会作出的决定，应当告知相关的居民委员会，并认真听取居民委员会的建议。业主大会应当依法履行职责，不得作出与物业管理无关的决定，不得从事与物业管理无关的活动。业主大会作出的决定违反法律法规的，物业所在地的区、县房地产行政主管部门和街道办事处、乡镇人民政府应当责令限期改正或者撤销其决定，并通告全体业主。

【案例5-5】 南京市某住宅小区，由住宅与非住宅两类物业组成。2002年12月，该小区准备成立业主大会及业主委员会。在区房管局的指导下，成立了由当地社区、派出所、建设单位、物业公司、业主等代表组成的筹委会。2004年8月，该小区又出现以自愿报名的形式，成立的一个由住宅部分业主代表组成的筹备组。2004年9月，该筹备组组织选举产生了业主委员会，并通过大会议事规则、管理规约。2004年10月，该业主委员会向区房管局申请备案，并提交物业基本情况、筹备工作报告、公告、会议纪要、大会会议记录、业主委员会委员、业主大会议事规则、管理规约（管理规约）等备案材料。该小区持不同意见的87位业主得知情况后，随即署名向区房管局反映该小区有两个筹备组，以及业主委员会选举中部分业主操纵的违规问题。区房管局对87位的业主签名投诉，要求业主代表一个月时间内，提供87位业主产权证、售房合同等相关证明材料。但业主代表只提供了其中4位业主的证明材料。为此，区房管局对87位投诉未做出明确的答复，于2004年11月，对业主委员会予以备案，并出具了刻章证明。2004年11月，该小区87名业主，以区房管局行政不作为，未能履行监管职能，导致小区业主委员会在未获得超过法定票数的情况下备案成立，业主委员会影响自己权益，诉请法院判令区房管局撤销非法业主委员会，并重新进行选举，向区人民法院提起行政诉讼。法院驳回了其诉讼请求。

分析：《物业管理条例》第十六条第一款规定："业主委员会应当自选举产生之日起30内，向所在地的区、县人民政府房地产行政主管部门备案。"业主委员会是基于业主团体的自治意思自行设立的，行政主管部门的备案行为并不影响业主委员会的成立，对业主委员会的法律地位和权利义务不产生任何影响。作为行政机关，没有法律授权的，不能对民事行为进行干预，对业主成立业主委员会的行为只能进行指导，只对业主委员会成立过程的材料进行形式审查，对其真实性无进一步实质审查的义务。业主委员会的备案是告知性备案，不应属于人民法院行政诉讼的受案范围。如部分业主认为自己的选举权和被选举权受到侵害，可以依照规定召开业主大会临时会议，进行改选或修改，维护自己的合法权益。而且业主委员会是业主自律的一种形式，政府不宜干预过多，介入太深。政府的作用主要应该体现在指导、帮助、协调、监督业主委员会的成立及运作上，以保证业主委员会真正代表全体业主的利益。

四、业主大会工作经费

业主大会、业主委员会的工作经费由全体业主承担。工作经费可以由业主分摊，也可以从物业共有部分经营所得收益中列支。工作经费的收支情况，应当定期在物业管理区域内公告，接受业主监督。工作经费筹集、管理和使用的具体办法由业主大会决定。

五、业主代表大会

如业主人数较多，业主可以幢、单元、楼层等为单位共同推选业主代表参加业主大会会议，具体办法应当在业主大会议事规则中明确规定。推选业主代表参加业主大会会议的，业主代表应当于参加会议前3日，就业主大会会议表决的事项书面征求其所代表业主们的意见，但业主代表不能代替业主本人作出决定。表决书应当经业主本人签字后，由业主代表送达业主大会会议投票表决。

业主可以书面委托的形式，约定由其推选的业主代表在一定期限内代其行使共同管理权，具体委托内容、期限、权限和程序由业主大会议事规则规定。

第三节　业主委员会

一、业主委员会的概念

业主委员会是业主大会的执行机构。业主委员会由业主大会或业主代表大会会议选举产生，由 5～11 人单数组成，经物业所在地的区、县人民政府房地产行政主管部门和街道办事处、乡镇人民政府备案，具有合法的地位。业主委员会有一定的组织性和稳定性，并且长期固定存在。

业主委员会有相应的职责，有一定的权利和义务，在某些情况下具有诉讼主体地位。因此，业主委员会的法律性质一般应认定为具有一定诉讼地位的机构。

业主委员会应当依法履行职责，不得作出与物业管理无关的决定，不得从事与物业管理无关的活动。

二、业主委员会的成立、换届与解散

（一）业主委员会委员资格

业主委员会委员应当符合下列条件：

① 本物业管理区域内具有完全民事行为能力的业主；

② 遵守国家有关法律、法规；

③ 遵守业主大会议事规则、管理规约，模范履行业主义务；

④ 热心公益事业，责任心强，公正廉洁，具有社会公信力；

⑤ 具有一定组织能力；

⑥ 具备必要的工作时间。

有下列情况之一的，业主委员会委员资格自行终止：

① 因物业转让、灭失等原因不再是业主的；

② 丧失民事行为能力的；

③ 依法被限制人身自由的；

④ 法律、法规以及管理规约规定的其他情形。

业主委员会委员有下列情况之一的，由业主委员会三分之一以上委员或者持有 20% 以上投票权数的业主提议，业主大会或者业主委员会根据业主大会的授权，可以决定是否终止其委员资格：

① 以书面方式提出辞职请求的；

② 不履行委员职责的；

③ 利用委员资格谋取私利的；

④ 拒不履行业主义务的；

⑤ 侵害他人合法权益的；

⑥ 因其他原因不宜担任业主委员会委员的。

业主委员会委员资格终止的，应当自终止之日起 3 日内将其保管的档案资料、印章及其他属于全体业主所有的财物移交业主委员会。业主委员会委员资格终止，拒不移交所保管的档案资料、印章及其他属于全体业主所有的财物的，其他业主委员会委员可以请求物业所在地的公安机关协助移交。

（二）业主委员会的成立

业主委员会应当自选举之日起 7 日内召开首次会议，推选业主委员会主任和副主任。业主委员会主任、副主任在业主委员会委员中推选产生。业主委员会应当自选举产生之日起 30 日内，持下列文件向物业所在地的区、县房地产行政主管部门和街道办事处、乡镇人民政府办理备案手续：

① 业主大会成立和业主委员会选举的情况；

② 管理规约；

③ 业主大会议事规则；

④ 业主大会决定的其他重大事项。

业主委员会办理备案手续后，可持备案证明向公安机关申请刻制业主大会印章和业主委员会印章。业主委员会任期内，备案内容发生变更的，业主委员会应当自变更之日起30日内将变更内容书面报告备案部门。

（三）业主委员会的换届

业主委员会委员实行任期制，每届任期不超过5年，可连选连任，业主委员会委员具有同等表决权。业主委员会任期内，委员出现空缺时，应当及时补足。业主委员会委员候补办法由业主大会决定或者在业主大会议事规则中规定。业主委员会委员人数不足总数的二分之一时，应当召开业主大会临时会议，重新选举业主委员会。业主委员会任期届满前3个月，应当组织召开业主大会会议，进行换届选举，并报告物业所在地的区、县房地产行政主管部门和街道办事处、乡镇人民政府。业主委员会应当自任期届满之日起10日内，将其保管的档案资料、印章及其他属于业主大会所有的财物移交新一届业主委员会。

业主委员会在规定时间内不组织换届选举的，物业所在地的区、县房地产行政主管部门或者街道办事处、乡镇人民政府应当责令其限期组织换届选举；逾期仍不组织的，可以由物业所在地的居民委员会在街道办事处、乡镇人民政府的指导和监督下，组织换届选举工作。因客观原因未能选举产生业主委员会或者业主委员会委员人数不足总数的二分之一的，新一届业主委员会产生之前，可以由物业所在地的居民委员会，在街道办事处、乡镇人民政府的指导和监督下，代行业主委员会的职责。

原业主委员会应当在其任期届满之日起10日内，将其保管的档案资料、印章及其他属于业主大会所有的财物移交新一届业主委员会，并做好交接手续。业主委员会任期届满后，拒不移交所保管的档案资料、印章及其他属于全体业主所有的财物的，新一届业主委员会可以请求物业所在地的公安机关协助移交。

（四）业主委员会的解散

因物业管理区域发生变更等原因导致业主大会解散的，在解散前，业主大会、业主委员会应当在区、县人民政府房地产行政主管部门和街道办事处（乡镇人民政府）的指导监督下，做好业主共同财产清算工作。

【案例5-6】 2001年6月15日，北京市海淀区居住小区管理办公室批准某小区组建业主委员会，明确第一届业主委员会任期一年；期满后应召开产权人（代表）大会，选举产生第二届业主委员会。2002年6月14日，该小区业主委员会向房管局寄送了《××小区第二届业主委员会报告》及《业主委员会章程》（经修改的部分条文）。在报告中，该小区业主委员会称，2002年5月8日至6月12日，该小区第一届业主委员会在小区内张贴了改选公告，成立了改选小组，并以公告形式在小区内公布业主委员会章程修改意见稿，征集业主参选第二届业主委员会的报名，公布报名参选第二届业主委员会的业主名单，公布第二届业主委员会委员及候补委员名单；因持反对意见的业主不足50%，通过了修改业主委员会章程，共选出胡某等9人为第二届业主委员会委员，另有2人为候补委员；后因一委员退出，第二届业主委员会第一次全体会议增补一名候补委员为委员。同年6月，海淀区房管局收到了一封署名为“××小区广大业主”内容为反对现业主委员会进行的公告选举，要求按法规规定召开业主大会选举新一届业主委员会的举报信。海淀区房管局收到该小区业主委员会寄送的报告后，指派工作人员与该小区业主委员会负责人进行了谈话，指出该小区业主委员会报送的材料不符合要求，但未要求该小区业主委员会予以补正，也未明示不予备案。2003年8月，海淀区房管局工作人员在接受法院调查时称：××小区业主委员会于2002年6月到期后未予备案。小区业主委员会认为，海淀区房管局的行为损害了该小区业主委员会的合法权益，应当纠正。小区管委会于2003年9月8日向北京市海淀区人民法院提起行政诉讼，请求确认海淀区房管局不履行备案职责的行为违法。北京市海淀区人民法院于2003年11月20日作出判决，确认被告海淀区房管局对原告××小区业主委员会提出的换届选举登记备案申请不履行备案职责的行为违法。

分析：《中华人民共和国行政诉讼法》第二条规定：“公民、法人或者其他组织认为行政机关和行政机关工作人员的具体行政行为侵犯其合法权益，有权依照本法向人民法院提起诉讼。”根据本案发生时实施的建设部《城市新建住宅小区管理办法》、北京市人民政府《北京市居住小区物业管理办法》，以及原北京市房屋土地管理局《关于开展居住小区物业管理委员会试点工作的通知》、《关于全面开展组建物业管理委员会工作的通知》，北京市国土资源和房屋管理局《关于物业管理委员会委员补选、改选、换届选举及变更事项的通知》，北京市人民政府办公厅《关于转发规范和加强本市居住区物业管理的若干意见》的规定，居住小区业主委员会是由居住小区内全体业主通过业主大会选举产生，代表本物业区域内全体业主的合法权益，负责对区域内物业实施管理的组织。业主委员会的成立及换届选举，均须报当地区县国土房管机关登记备案。业主委员会的主要职责包括选聘或解聘物业服务企业、与物业服务企业签订物业服务合同以及审议物业服务企业提出的物业管理服务收费标准、年度计划、财务预算和决算，监督物业服务企业的管理服务活动等，业主委员会的办公场所由物业服务企业提供，日常办公经费也暂由物业服务企业从其收入中支付。据此，可以认为，业主委员会的产生与改选均须经行政主管机关登记备案，有自己的组织章程和组织机构，有独立使用的办公场所，办公经费亦有相应保障，因而具有一定的民事行为能力，虽然不具备法人的资格，但如果业主委员会认为房管局处理其申请换届登记予以备案的具体行政行为，侵犯了该委员会的合法权益，有权依照《行政诉讼法》的规定向人民法院提起诉讼。

房管行政机关负责指导业主委员会的组建和日常工作的监督，有权要求业主委员会纠正其作出的违反法规、规章及政策的决定。××小区业主委员会在组建时已经在行政管理机关办理了登记手续，任期届满后进行了换届选举。海淀区房管局如认为该小区业主委员会采取的换届选举方式不符合法规、规章的规定，可以要求其予以纠正；在收到该小区业主委员会寄送的换届选举登记备案的书面申请后，如认为其提交的备案材料不符合规定，应当要求其补正；如不予备案，亦应书面通知并说明理由。海淀区房管局在长达一年的时间内，不依照职权对该小区业主委员会提出的换届选举登记备案申请给予任何书面答复，亦未依照规定尽其指导、监督的职责，构成违法。

2003年9月1日起施行的《物业管理条例》第十六条规定：“业主委员会应当自选举产生之日起30日内，向物业所在地的区、县人民政府房地产行政主管部门备案”，明确了业主委员会采用备案的方式成立，巩固了业主委员会的备案制度。

三、业主委员会会议制度

业主委员会应当按照业主大会议事规则的规定及业主大会的决定召开会议。经三分之一以上业主委员会委员的提议，应当在7日内召开业主委员会会议。业主委员会会议由主任召集和主持，主任因故不能履行职责，可以委托副主任召集。业主委员会会议应有过半数的委员出席，作出的决定必须经全体委员半数以上同意。业主委员会委员不能委托代理人参加会议。召开业主委员会会议，应当告知相关的居民委员会，并听取居民委员会的建议。

按照业主大会议事规则的规定或者三分之一以上委员提议，应当召开业主委员会会议的，业主委员会主任、副主任无正当理由不召集业主委员会会议的，物业所在地的区、县房地产行政主管部门或者街道办事处、乡镇人民政府可以指定业主委员会其他委员召集业主委员会会议。

业主委员会应当于会议召开7日前，在物业管理区域内公告业主委员会会议的内容和议程，听取业主的意见和建议。业主委员会会议应当制作书面记录并存档，业主委员会会议作出的决定，应当有参会委员的签字确认，并自作出决定之日起3日内在物业管理区域内公告。

【案例5-7】 2001年2月25日，阳明新城业主代表大会选举胡某、丁某等九人为阳明新城业主委员会委员，并通过了业主委员会章程，后又由业主委员会选举丁某为主任。2001年4月16日，杨浦区房屋土地管理局颁发了沪杨房第619号业主委员会证书，登记的组织负责人为丁某。2001年12月22日，阳明新城业主委员会召开业主委员会会议，经自然人业主胡某、沈某、虞某，法人业主上海某房地产有限公司的代表桑某、姜某、冯某以及自然人业主朱某、陈某各自的委托代理人表决，罢免了业主委员会主任丁某的职务，保留其委员职务，并选举胡某为新业主委员会主任。丁某中途离会，未参加表决，并于2002年1月20日自行召集业主代表大会，决定不执行2001年12月22日的业主委员会决议。2002年1月18日，阳明新城业主委员会致函杨浦区房屋土地管理局申请变更主任登记。杨浦区房屋土地管理局审核了第三人提供的2001年4月16日的沪杨房第619号业主委员会证书、变更登记申请函及2001年12月22日的业主委员会决议后，于2002年2月4日颁发了新的阳明新城业主委员会证书（编号仍为沪杨房第619号），负责人由丁某变更为胡某。丁某认为业主委员会无权作出罢免主任的决定，且之后由丁某召集的业主代表大会已否决了业主委员会2001年12月22日的决议，杨浦区房屋土地管理局据此作出的变更该业主委员会主任的具体行政行为缺乏合法依据，故要求法院撤销杨浦区房屋土地管理局于2002年2月4日颁发的沪杨房第619号业主委员会证书。法院依照《中华人民共和国行政诉讼法》第五十四条第（一）项，参照上海市房屋土地资源管理局《加强业主委员会管理若干规定》第二条第（二）项的规定，判决维持被告上海市杨浦区房屋土地管理局于2002年2月4日作出的颁发上海市杨浦区江浦83街坊阳明新城业主委员会证书（编号为沪杨房第619号）的具体行政行为。

分析：杨浦区房屋土地管理局根据第三人提交的申请等材料作出颁证行为，对第三人的申请只作程序上的审查，不作实体审查，无权干预业主委员会的自治行为。杨浦区房屋土地管理局作为房屋行政管理职能部门，具有颁发业主委员会证书的主体资格。有关规范性文件未规定业主委员会主任的罢免程序，而《阳明新城业主委员会章程》规定主任、副主任在全体委员会中选举产生；委员（包括主任、副主任）经业主代表大会决定可予罢免。该规定是对业主代表大会罢免主任的授权而非对业主委员会罢免主任资格的排除。而章程对于业主委员会主任资格的罢免程序也未作规定，因此由主任的选举单位即业主委员会行使罢免权并无不当。2001年12月22日，业主委员会会议进行表决时，丁某未在场，但九名委员中另有六名作出罢免决议并选举胡某为主任，故最终该多数人的决议有效。丁某自行召集业主代表大会与章程规定的程序不符，故该次业主代表大会作出的决定无效。被告根据原业主委员会证书、业主委员会的申请及决议，进行变更登记，颁发新的业主委员会证书，证据确凿，适用法律、法规正确，符合法定程序，应予维持。

四、业主委员会的职责

1. 业主委员会履行的职责

① 执行业主大会的决定和决议。

② 召集业主大会会议，报告物业管理的实施情况。

③ 代表业主与业主大会选聘的物业服务企业签订物业服务合同。

④ 及时了解业主、物业使用人的意见和建议，监督和协助物业服务企业履行物业服务合同；业主委员会应当督促违反物业服务合同约定，逾期不交纳物业服务费用的业主，限期交纳物业服务费用。

⑤ 监督管理规约的实施。

⑥ 督促业主交纳物业服务费及其他相关费用。

⑦ 组织和监督专项维修资金的筹集和使用。

⑧ 调解业主之间因物业使用、维护和管理产生的纠纷。

⑨ 业主大会赋予的其他职责，主要包括：

a. 配合公安机关，与居民委员会相互协作，共同做好维护物业管理区域内的社会治安等相关工作。

b. 积极配合居民委员会依法履行自治管理职责，支持居民委员会开展工作，并接受其指导和监督。

c. 业主委员会，对任意弃置垃圾、排放污染物或者噪声、违反规定饲养动物、违章搭建、侵占通道、拒付物业费等损害他人合法权益的行为，也有权依照法律、法规以及管理规约，要求行为人停止侵害、消除危险、排除妨害、赔偿损失。

d. 对业主大会和业主委员会工作经费的使用情况定期以书面形式在物业管理区域内公告，接受业主的质询。

e. 业主大会和业主委员会的印章依照有关法律法规和业主大会议事规则的规定刻制、使用、管理。违反印章使用规定，造成经济损失或者不良影响的，由责任人承担相应的责任。

f. 依据业主大会议事规则规定，筹集、管理、使用业主大会和业主委员会开展工作的经费。

2. 业主委员会应当向业主公布的情况和资料

① 管理规约、业主大会议事规则。

② 业主大会和业主委员会的决定。

③ 物业服务合同。

④ 专项维修资金的筹集、使用情况。

⑤ 物业共有部分的使用和收益情况。

⑥ 占用业主共有的道路或者其他场地用于停放汽车车位的处分情况。

⑦ 业主大会和业主委员会工作经费的收支情况。

⑧ 其他应当向业主公开的情况和资料。

（三）印章保管与使用

业主委员会应当建立印章管理规定，并指定专人保管印章。

使用业主大会印章，应当根据业主大会议事规则的规定或者业主大会会议的决定；使用业主委员会印章，应当根据业主委员会会议的决定。

违反业主大会议事规则或者未经业主大会会议和业主委员会会议的决定，擅自使用业主大会印章、业主委员会印章的，物业所在地的街道办事处、乡镇人民政府应当责令限期改正，并通告全体业主；造成经济损失或者不良影响的，应当依法追究责任人的法律责任。

【案例 5-8】 2003 年入住某小区的业主们发现，开发商售房时承诺的绿地面积、地下车库和垃圾间等配套设施都没能兑现，而且业主们的新房还普遍存在着墙体薄、隔音差等问题。业主们遂委托该小区业主委员会起诉，要求开发商履行 32%绿化率、向辖区学校交纳教育基金以解决业主子女就近上学问题等 11 项承诺。2004 年 10 月，法院最终认定该小区业主委员会的起诉针对的是开发商广告欺诈和合同违约，此案与物业管理无关，故以该小区业主委员会不具备诉讼主体资格，无权代表业主提起商品房预售合同诉讼为由，终审裁定驳回业主委员会的起诉。

分析：《物业管理条例》第十九条规定："业主大会、业主委员会应当依法履行职责，不得作出与物业管理无关的决定，不得从事与物业管理无关的活动"。业主委员会只有在物业服务企业违反合同约定损害业主公共权益、业主大会决定提前解除物业服务合同时物业服务企业拒绝退出、物业服务合同终止时物业服务企业拒绝将物业管理用房和资料移交给业主委员会及其他损害全体业主公共权益的情形下，才能代表业主成为原告。

【案例 5-9】 2004 年 3 月，某小区 4 位业主因拖欠物业费、供暖费而被物业公司诉至法庭。其中一名被告认为，物业为她核算的年物业费应缴 6000 余元，仅电梯费就高达 4800 余元，但依据发改委京价（房）字（1997）第 196 号文件，业委会为她计算出的电梯费却只有 900 余元，因此物业费不合理。业主方的代理律师根据《管理物管条例》第六十七条"违反物业服务合同约定，业主逾期不交纳物业服务费用的，业主委员会应当督促其限期交纳；逾期仍不交纳的，物业服务企业可以向人民法院起诉"认为，"不经过业委会督促，物业无权起诉业主。"案件在开庭 40 多分钟后被宣布休庭。

分析：这一案例的焦点在于，"未经业委会督促限期交纳，物业不能起诉业主"的抗辩理由是否成立。《物业管理条例》第三十五条规定："业主委员会应当与业主大会选聘的物业服务企业订立书面的物业服务合同"，但是，物业服务合同中明确规定了业主交费的义务。业主委员会虽然是合同的签约主体，但由于是代表了全体业主的意志，而且在业主大会选聘物业服务企业过程中进行了表决，管理规约中也明确约定了业主交费的义务。因此，业主是交费的义务主体。同时，把"业委会督促业主交纳欠交的物业费"作为业主委员会的义务，并非把"业委会督促业主交纳欠交的物业费"作为物业公司起诉业主的前置程序。业委会只起督促、协调作用，不能为业主欠费负责。物业服务公司也可以直接起诉业主，而不须经业委会同意。

【案例 5-10】 某公寓按照北京市规划局规划为住宅楼。建筑设计为地上 20 层、地下 2 层，楼高 59 米。该公寓物业服务公司在开发建设过程中，为赚取更大的盈利，未经市规划局批准，违法加高一层，将原设备层改建在 21 层，公寓地下一层，原设计为自行车车库，但现在该公寓将其中一部分改为职工宿舍，另一部分对外出租经营。该公寓 21 层以及地下一层功能上是为整栋建筑服务的公共建筑、共用设施场地，在该物业服务公司售房时，已经作为公摊面积。2003 年 6 月 25 日，公寓召开了业主大会，大会以更换物业服务公司为主要议项，并让全体业主就是否同意更换现有的物业服务公司进行了投票。在投票之后形成的业主大会的决议中有如下内容：(1) 终止公寓业主与物业服务公司的物业管理服务关系；(2) 与物业服务公司交涉有关归还公寓开发建设及物业管理的全部资料；(3) 接管公寓公共建筑和共用设施的场地，恢复该部位的使用功能；(4) 选择新的物业服务企业，并签订物业服务合同。上述业主大会决议由业主委员会落实执行。但根据业主委员会提交的投票情况记录，投票表决赞成更换物业服务公司的业主不到全体业主的一半。诉请司法后，北京市第一中级人民法院裁定驳回该小区业主委员会要求物业服务公司交接管理权的诉讼请求。

分析： 业主委员会是业主大会的执行机构，履行召开业主大会会议，报告物业管理的实施情况；代表业主与业主大会选聘的物业服务企业签订物业服务合同；及时了解业主、物业使用人的意见和建议，监督和协助物业服务企业履行物业服务合同；监督管理规约的实施及业主大会赋予的其他职责。小区业委会称小区业主大会形成了"接管公寓公共建筑和共用设施的场地，恢复该部位使用功能"的决议，并依据上述决议提起诉讼。但小区业委会提交的证据只能证明小区的业主对是否更换物业公司进行了投票表决，无法证明其诉请内容及形成了有效决议。故对于小区业委会的起诉，法院没有支持。

五、业主委员会工作档案

业主委员会应当建立工作档案，工作档案包括以下主要内容：

① 业主大会、业主委员会的会议记录；
② 业主大会、业主委员会的决定；
③ 业主大会议事规则、管理规约和物业服务合同；
④ 业主委员会选举及备案资料；
⑤ 专项维修资金筹集及使用账目；
⑥ 业主及业主代表的名册；
⑦ 业主的意见和建议。

第四节 业主大会议事规则和管理规约

一、业主大会议事规则

业主大会议事规则是由业主大会筹备组织拟定或业主委员会修订，业主大会表决通过的，规定确定物业区域内业主大会的议事方式、表决程序、业主投票权确定办法、业主委员会的组成和委员任期等业主大会和业主委员会组织事项的基本法律文件。

1. 业主大会议事规则的制定依据

制定业主大会议事规则的法律依据是《物业管理条例》、《业主大会和业主委员会指导规则》及其他相关规定。《物业管理条例》第六条规定，业主在物业管理活动中，享有提出制定和修改业主大会议事规则的建议权利。

2. 业主大会议事规则规定事项

业主大会议事规则应当对下列主要事项作出规定：

① 业主大会名称及相应的物业管理区域。

② 业主委员会的职责。

③ 业主委员会议事规则。

④ 业主大会会议召开的形式、时间和议事方式。

⑤ 业主投票权数的确定方法：业主大会应当在业主大会议事规则中约定车位、摊位等特定空间是否计入用于确定业主投票权数的专有部分面积。一些地方性法规，如《北京市物业管理办法》对此已经有明确规定，则需依照相关规定。

⑥ 业主代表的产生方式。

⑦ 业主大会会议的表决程序。

⑧ 业主委员会委员的资格、人数和任期等。

⑨ 业主委员会换届程序、补选办法等。

⑩ 业主大会、业主委员会工作经费的筹集、使用和管理。

⑪ 业主大会、业主委员会印章的使用和管理。

业主委员会应当至少每年一次将经费的使用情况在本区域显著位置公告，接受业主的质询。

二、管理规约

（一）管理规约的概念

管理规约是由业主大会筹备组织拟定或业主委员会修订，业主大会表决通过的，有关物业区域内共同事务管理的自治规则。管理规约订立的法律主体是业主全体；管理规约的法律性质是自治规则，其效力相当于全体业主相互承诺的契约，对全体业主具有约束力。

在前期物业管理阶段，业主大会成立前，管理规约是由开发商委托物业服务企业代为制定的，称为业主临时管理规约。

（二）管理规约的制定依据

制定管理规约的法律依据是《物权法》、《物业管理条例》及相关规定。《物权法》第七十六条规定，业主共同决定制定和修改建筑物及其附属设施的管理规约。《物业管理条例》第六条规定，业主在物业管理活动中，享有提出制定和修改管理规约的建议权利。

（三）管理规约的规定事项

管理规约应当对下列主要事项作出规定。

（1）物业的使用、维护、管理

① 按规划设计用途使用物业，合理使用共用部位共用设施设备，自觉维护物业整洁、美观，遵守政府对市容环境要求的相关规定；不擅自变更房屋结构、外观和用途，占用共用部位和共用设施设备，利用共用部位搭建建筑物、构筑物等。例如：空调外挂设备应按

指定位置安装，阳台外和窗外不吊挂和晾晒物品，不擅自张贴或安装可通过外观看到的任何标识牌、广告牌或标语等。

② 爱护公共环境，不侵占公共绿地和损坏物业区域内绿地、园林、小品和其他共用设施设备；不随意堆放、倾倒或抛弃垃圾、杂物；不在公共部位乱涂乱画和随便张贴。垃圾应按指定时间和地点堆放，避免遗撒。

③ 自觉维护物业区域内的公共生活秩序，不在公共部位或违反规定在房屋内堆放易燃、易爆、剧毒、放射性物品和其他有毒害物质；不得发出影响其他业主正常生活的噪声；并不得利用物业从事危害公共利益的活动以及进行法律法规及政府规定禁止的其他行为。

④ 业主饲养宠物，应遵守有关法律法规的规定，及时清理宠物粪便，乘坐电梯的，应当避开乘梯的高峰时间。

⑤ 机动车在住宅区内行驶时速应低于 5 公里；车辆出入应按要求出示证件。机动车应在专门的车位停放，禁止在消防通道、井盖、人行便道和绿地等场所停放；车位只可用作停放车辆用途；不得自行在车位上安装任何设施；夜间停放期间，防盗报警器应使用静音，发生噪声应迅速解除；规定本物业区域的共用车位使用分配方式，例如：留出适当数量的访客车位后，按顺序登记分配/轮换分配/以抽签的方式分配。

⑥ 业主应及时对屋内影响相邻业主权益的损坏部位和设施进行维修；业主发现房屋内属公共维修责任的共用部位和设施损坏时，应及时通知物业服务企业，并采取合理措施防止损失扩大。

⑦ 对异产毗连的物业维修，各相邻业主应积极支持、配合，不得人为阻挠维修。因阻挠维修，造成物业及他人人身伤害和财产损失的，阻挠人应承担赔偿责任。业主应配合物业服务企业和相邻业主必要时进行入户维修，如因该等维修而损坏业主利益，应予以修复或适当赔偿损失。

⑧ 如因人为原因造成共用部位共用设施设备损坏，造成损坏的责任人应负责修复或赔偿损失。

⑨ 业主需要进行室内装饰装修的，应与物业服务企业签订装饰装修管理服务协议，并遵守有关规定和制度。

⑩ 装饰装修房屋，应在规定时间施工，不得擅自拆改承重墙、各种管线和破坏防水层等，不得影响共用部位、共用设施设备的正常使用和维修养护以及相邻产权人的合法权益，因装饰装修导致共用部位、共用设施设备以及其他业主利益受损，应当承担修复及赔偿责任。

⑪ 业主在转让或出租其拥有的物业时，应当要求新业主和承租人承诺遵守管理规约，并于买卖合同或租赁合同签署之日起一个月内，将房屋转让或出租情况告知物业服务企业。业主转让物业，应与物业服务企业结清物业服务费用；出租物业，约定由承租人交纳物业服务费用的，从其约定，业主负连带交纳责任。

(2) 专项维修资金的筹集、管理和使用　房屋共用部位共用设施设备专项维修资金业主应按有关规定交纳和使用专项维修资金，维修资金不敷使用时，应按有关规定续筹。

(3) 物业共用部分的经营与收益分配

(4) 业主共同利益的维护

① 业主应按规定或约定向物业服务企业交纳物业服务费，业主因故不能按期交纳物

业服务费用的，应委托他人按期代交或及时补交；并按时交纳水、电、燃气等能源费用和供暖等费用。

② 业主如委托物业服务企业对其自用部位和自用设备进行维修、养护和进行其他特约性服务，应支付相关费用。

（5）业主共同管理权的行使

（6）业主应尽的义务

（7）违反管理规约应当承担的责任

① 业主应自觉遵守管理规约的各项规定，违反管理规约造成其他业主、使用人人身伤害或财产损失的应负赔偿责任。

② 对业主违反管理规约的行为，相关业主、物业服务企业可督促其改正；协商调解不成的，可提起诉讼；违反相关法规政策的，报告有关部门。

思 考 题

1. 业主的权利与义务有哪些？
2. 业主大会成立主要包括哪些步骤？
3. 业主大会会议制度有哪些内容？
4. 业主大会、业主委员会各具有哪些职责？
5. 业主大会议事规则应规定哪些内容？
6. 管理规约主要约定哪些权利与义务？

第六章 物业服务企业

物业服务企业是物业服务市场的主体。物业服务市场的良性循环，很大程度上决定于物业服务企业的运作质量和管理水平。全面、高效的物业服务企业管理制度，不仅可以保障物业服务企业的个体利益，还能促进物业服务行业健康发展，有利于为社会提供优质的物业服务。

第一节 物业服务企业的设立

物业服务企业，是指依法设立，具有独立法人资格，从事物业管理服务活动的企业。物业管理最早起源于19世纪60年代的英国，成熟于19世纪末至20世纪初的美国。我国第一家物业服务企业于1981年3月诞生在改革开放的前沿深圳。随着我国经济体制由计划经济向市场经济转变，房屋成为大多数家庭最主要的财产，人们对房屋财产的使用、维护、保值提出了更高的要求，原来的公房管理体制不能适应住房制度改革的需要。同时，物业项目建设规模大，房屋及设施设备的维护管理要求专业性程度高，公共性的物业管理服务不可能由单个业主或少数业主来完成，需要通过全体业主委托专业化的物业服务企业来提供这种服务。于是，全国各地物业服务企业如雨后春笋般大量涌现，物业管理已逐步从房地产业细分出来，形成一个独立的行业。物业管理行业迅速兴起，在物业的增值保值、改善和提高居民居住环境、解决社会就业等方面，发挥了重要作用。

一、物业服务企业的法律地位

从法律的层面看，物业服务企业是依照法定条件和程序设立，以营利为目的并以自己的名义独立从事营业性活动，并依法律的规定或物业服务合同的约定，接受全体业主或者业主委员会的委托，对特定物业管理区域内的物业进行专业化管理和服务的民事主体。物业服务企业的法律地位可概括为以下几个方面。

① 物业服务企业是具有独立法律地位的民事主体。物业管理人依法可以自己的名义参与物业管理活动，享有权利和承担义务。

② 物业服务企业是物业服务合同的当事人。物业服务企业是物业服务合同的缔约人与履约人，负有按照法律和物业服务合同的规定谨慎地、善意地、勤勉地管理物业，为业主提高优质的、满意的物业管理服务等特定义务。

③ 物业服务企业是以物业管理业务为主业的营利性组织。物业服务企业与从事物业管理活动的非营利组织不同，也不同于传统的单位物业管理部门和政府房地产物业监督管理机构，物业服务企业应当有自己的营利目标。

④ 物业服务企业是具有独立法人资格的企业组织。《物业管理条例》规定：“从事物业管理活动的企业应当具有独立的法人资格。”因此，从事物业管理业务的物业管理人必须是具有独立法人资格的企业组织。

二、物业服务企业的分类

从我国现行企业制度体系和不同的法律背景来看，作为具有独立法人资格的物业服务企业，依据不同的标准，可从不同的角度划分为不同的类型。

（1）根据物业服务企业的组织形式划分　可把物业服务企业划分为公司型物业服务企业与非公司型物业服务企业。

① 公司型物业服务企业。即按照《公司法》和公司章程所规定的条件和程序设立的物业服务企业。公司型物业服务企业一般是由多个投资主体发起设立，其内部组织形式为股东（大）会、董事会和监事会等多元权利组织体所构成的内部治理结构。就物业管理发展的趋势来看，新设立的物业服务企业大多属于公司型物业服务企业。

② 非公司型物业服务企业。即不是依《公司法》和公司章程所规定的条件和程序，而是根据企业特别法，如《全民所有制工业企业法》、《城镇集体所有制企业条例》和其他企业法律、行政法规设立的物业服务企业。非公司型物业服务企业的投资主体大多为政府机关、集体经济组织或劳动者，其内部组织形式为厂长经理负责制。一般而言，传统型的物业服务企业大多属于非公司型物业服务企业。

（2）根据物业服务企业业务范围划分　可把物业服务企业划分为专业型物业服务企业、管理型物业服务企业、顾问型物业服务企业和综合型物业服务企业。

① 专业型物业服务企业。此类物业服务企业一般是以其所拥有的特有技术、经验和设备向业主提供某一类专项物业服务，如保安公司、设备维修公司、保洁公司、园林绿化服务公司、家政服务公司等。

② 管理型物业服务企业。此类物业服务企业一般是以其所拥有的特有物业管理的规划、经验和方法向业主提供物业服务的总括性管理，企业的从业人员大多是对物业管理熟悉的管理人员和专业性技术骨干，企业一般不从事具体的物业管理服务活动，其具体的物业管理服务活动一般由该物业服务企业以委托合同的形式由保安公司、设备维修公司、保洁公司、园林绿化服务公司、家政服务公司等专业型物业服务企业来承担。

③ 顾问型物业服务企业。此类物业服务企业一般是以其所拥有的特有物业管理的规划、经验和方法向业主提供物业管理方面的咨询服务，企业不从事也不参与具体的物业管理服务活动。

④ 综合型物业服务企业。此类物业服务企业一般是以其所拥有的特有物业管理的技术、经验、设备和方法向业主提供各种类型的具体的物业管理与服务，企业的从业人员既包括对物业管理熟悉的管理人员和专业性技术骨干，也包括一般的管理与服务工作人员，其业务范围涉及到所有的物业管理与服务领域。

（3）根据物业服务企业的市场化程度划分　可把物业服务企业划分为行政福利型物业服务企业、行政性与专业化管理结合型物业服务企业和完全市场化与专业化的物业服务企业三种。

① 行政福利型物业服务企业。即由房地产所有或使用的单位（如政府机关或企业事业单位）设立的对其属下的房地产物业进行行政例行性管理的物业服务企业，如个别单位成立的物业服务公司或物业管理部门等。行政福利型物业服务企业所进行的物业管理一般为无偿服务或按成本收费，其所实施的物业管理或服务，或为本单位内部事务的一部分，或是本单位对职工的一种福利。

② 行政性与专业化管理结合型物业服务企业。即由房地产所有或使用的单位（如政府机关或企业事业单位）设立的利用其专业的管理方法和运用市场价格机制对其属下的房地产物业进行承包式管理的物业服务企业。行政性与专业化管理结合型物业服务企业所进

行的物业管理带有一定的内部性和行政色彩，但管理的方式具有专业性，且参照市场价格进行收费。

③ 完全市场化与专业化的物业服务企业。即由不属于房地产所有权人或使用人的投资者独立设立，接受房地产业主的委托，完全按照市场价格机制对房地产物业进行专业化管理的物业服务企业。在现代物业管理实践中，绝大多数物业服务企业为完全市场化与专业化的物业服务企业。

(4) 根据物业服务企业的组建方式划分 可把物业服务企业划分为房地产开发商投资设立型、行政机构转制型、单位内部组织型、政府投资设立型和民间投资设立型等多种形式。

① 房地产开发商投资设立型物业服务企业。即由房地产开发商以投资设立分企业、子企业，或通过营业变更登记等形式，所设立或组建的物业服务企业。此类物业服务企业一般对房地产开发商所开发的房地产物业项目比较了解，便于其就房地产物业管理中的有关事项与房地产开发商进行协调。但由于其与房地产开发商有某种事实上和法律上的利害关系，因而在后续的房地产物业管理过程中，又成为业主与物业服务企业、业主与房地产开发商矛盾难以化解的重要原因。为此，一些地区规定："房地产开发企业具有物业管理资质的，不得承接本企业及相关单位开发的新建住宅项目。"

② 行政机构转制型物业服务企业。即由原具有行政管理职能的城市或街道房地产管理部门所属的房管所转换机制而设立或组建的物业服务企业。此类物业服务企业有较为浓厚的行政色彩，其业务也往往限于传统的房地产管理事项。

③ 单位内部组织型物业服务企业。即由房地产所有或使用的单位（如政府机关或企业事业单位）设立的对其属下的房地产物业进行管理的物业服务企业或公司。此类物业服务企业一般为某一单位内部的一个相对独立的业务机构，一般不参与物业管理业务的市场竞争。

④ 政府投资设立型物业服务企业。即由政府直接投资设立的物业服务企业。此类物业服务企业所从事的物业管理对象大多为政务用的公共行政或办公类物业，具有一定的垄断色彩。

⑤ 民间投资设立型物业服务企业。即由一般民间投资主体（自然人或企业法人）根据企业法或公司法所规定的条件与程序设立的物业服务企业。此类物业服务企业为具有独立的市场主体地位并通过市场竞争以获取物业管理业务的法人型企业，是典型的新型物业服务企业。

(5) 根据物业服务企业与物业之间的产权关系划分 可把物业服务企业划分为自主经营型物业服务企业与委托服务型物业服务企业。

① 自主经营型物业服务企业。此类物业服务企业对其所管理的物业拥有所有权，它通过对物业出租和管理获取租金或佣金来回收投资，其所进行的物业管理兼具物业经营和物业服务的双重性质。一般而言，前面所述的房地产开发商后续投资设立的物业服务企业、房地产物业单位自主组织设立的物业服务企业大多属于自主经营型物业服务企业。

② 委托服务型物业服务企业。此类物业服务企业对其所管理的物业没有所有权，它接受业主或房地产开发商的委托，主要通过对物业的专业化管理与服务获取管理服务报酬，其所进行的物业管理与服务活动具有显著的市场化、专业化特征。

(6) 根据投资主体划分 可把物业服务企业划分为全民所有制物业服务企业、集体所有制物业服务企业、联营物业服务企业、私营物业服务企业和合资物业服务企业。

① 全民所有制物业服务企业。即国有物业服务企业。企业的资产属于全民所有即国家所有。国家根据所有权与经营权相分离的原则授予企业经营管理权。

② 集体所有制物业服务企业。企业的资产属于部分劳动者集体所有。企业的资产所有者授予企业经营管理权。

③ 联营物业服务企业。是指企业与企业之间、企业与事业单位之间联营，或相互之间组成新的经营实体，取得法人资格，各自享有相应的权利，各自承担相应的义务，共同实施物业管理的企业。

④ 私营物业服务企业。企业的资产属于投资者私人所有。

⑤ 合资物业服务企业。是指根据中国法律，由海外投资者同国内企业合资的物业服务企业，或由海外投资者同国内经营实体合作经营的物业服务企业。

三、物业服务企业的组建

(一) 组建物业服务企业的基本条件

一般而论，组建企业的基本条件包括企业名称、企业住所、投资主体、企业章程、注册资本和必要人员等几个方面。

1. 企业名称

根据《中华人民共和国企业法人登记管理条例》规定，企业法人只准使用一个名称。企业法人申请登记注册的名称由登记主管机关核定，经核准登记注册后在规定的范围内享有专用权。企业的名称一般由企业所在地、具体名称、经营类别、企业种类四部分组成。其具体名称可考虑原行业的特点、所管物业名称特点、地理位置、企业发起人名字等。根据国家工商行政管理局制定的《企业名称登记管理规定》的有关精神，企业名称中不得含有下列内容和文字：①有损于国家社会公共利益的；②可能对公众造成欺骗或误解的；③外国国家地区名称、国际组织名称；④党政名称、党政军机关名称、群众组织名称、社会团体名称及部队番号；⑤汉语拼音字母（外文名称中使用的除外）、数字；⑥其他法律、行政法规规定禁止的。

对于企业中使用中国、中华或者冠以国际字词的企业名称，只限于全国性的大公司、国务院或者授权机关批准的大型进出口企业和大型企业集团，以及国家工商行政管理局规定的其他企业。在企业名称中用“总”字的必须设三个以上分支机构。

2. 企业住所

《民法通则》规定，法人以其主要办事机构所在地为住所。物业服务公司设立条件中的住所用房可以是自有产权房或租赁用房。以租赁用房作为住所时，必须办理合法的租赁凭证，房屋租赁的期限一般必须 在1年以上。有了确定的住所，就可以确定所属工商行政管辖的行政机关。

3. 法定代表人

物业服务企业作为企业法人，经国家授权审批机关或主管部门审批、登记主管机关核准登记注册后，其代表企业法人行使职权的主要负责人是企业法人的法定代表人。法定代表人必须符合下列条件：①有完全民事行为能力；②有所在地正式户口或临时户口；③具有管理企业的能力和有关的专业知识；④具有从事企业的生产经营管理能力；⑤产生的程序符合国家法律和企业章程的规定；⑥符合其他有关规定的条件。

物业服务企业选好法定代表人对企业的经营管理有着至关重要的作用。法定代表人应在合法前提下，在企业章程规定的职责内行使职权履行义务，代表企业法人参加民事活动，对物业管理全面负责，并接受政府主管部门的监督。

4. 注册资本

注册资本是企业从事经营活动，享受和承担债权债务的物质基础。一般来说，注册资本的大小直接决定企业的债务能力和经营能力。世界各国对企业的最低的资本额都有具体严格的规定。我国《企业法人登记管理条例施行细则》对申请企业法人登记规定了各类公司的注册资金：生产性公司注册资金不得少于30万元人民币，咨询服务性公司的注册资金不得少于10万元人民币。股东或发起人可以用货币出资，也可以用实物、工业产权、非专利技术、土地使用权作为出资。股东或发起人用非货币出资时，要对非资货币作价评估，评估时要核实财产，不得高估或低估作价。对于土地使用权的评估作价，要按照有关房地产法规、行政规章的规定办理。

5. 企业章程

企业章程是明确企业宗旨、性质、资金状况、业务范围、经营规模、经营方向和组织形式、组织机构，以及利益分配原则、债权债务处理方式、内部管理制度等规范性的书面文件。其内容一般应包括：①企业宗旨；②名称和住所；③经济性质；④注册资金数额以及来源；⑤经营范围和经营方式；⑥公司组织机构及职权；⑦法定代表人产生程序及职权范围；⑧财务管理制度和利润分配方式；⑨其他劳动用工制度；⑩章程修改程序；⑪终止程序；⑫其他事项。

6. 企业人员

企业法人登记管理有关规章规定，申请成立全民、集体、联营、私营、三资等企业，必须有与生产经营规模和业务相适应的从业人员，其中专职人员不得少于8人。物业服务企业除应具有以上条件外，还应当满足资质等级要求。

（二）物业服务企业组建的法定程序

一般而言，企业的设立程序包括发起、申请审批、设立登记三个阶段。但由于物业服务企业的设立还存在资质等级认定的问题，故物业服务企业的设立程序也就包括发起、申请审批、设立登记和资质等级认定四个方面。

1. 物业服务企业的发起

物业服务企业的发起是对发起人以设立物业服务企业为目的而实施的一系列准备行为的统称。包括对将设立的物业服务企业的基本条件和市场前景进行可行性研究、发起人订立企业发起协议、订立企业的章程、确定企业的名称并申请名称预先登记、缴付出资并出具验资报告、确立或选举企业的组织机构及负责人等。

2. 物业服务企业的申请审批

我国针对不同的企业实行不同的企业设立原则。一般而言，如设立有限责任公司制的物业服务企业，一般不需要经行政审批程序，而若设立股份有限公司制的物业服务企业，则需要向特定行政机关申请审批，只有在取得该特定行政机关的许可的情况下，才能申请企业的开业登记。

3. 物业服务企业的设立登记

物业服务企业的设立登记是物业服务企业组建最后的也是最为重要的一个环节，其涉及的事项包括登记机关、登记管辖、登记期限、登记事项和登记效力等诸多方面。各级工商行政管理部门负责公司登记事项，包括名称、住所、法定代表人、注册资本、企业类型、经营范围、营业期限、有限责任公司股东或者股份有限公司发起人的姓名或者名称。企业经登记机关依法核准登记，领取《企业法人营业执照》，即取得企业法人资格，可以独立地、合法地开展营业。

4. 物业服务企业的资质等级认定

物业服务公司要为业主提供专业化、社会化、市场化的高层次服务，除了要符合《公司法》规定的资金、场地、人员素质等方面的条件外，还必须具备一定的市场准入条件。如北京市规定，新设立的物业服务企业应当具备以下条件：①注册资本人民币 50 万元以上；②物业管理专业人员以及工程、管理、经济等相关专业类的专职管理和技术人员不少于 10 人，其中具有中级以上职称的人员不少于 5 人，工程、财务等业务负责人具有相应专业中级以上职称；③物业管理专业人员按照国家有关规定取得职业资格证书；④建立并严格执行服务质量、服务收费等企业管理制度和标准。

下一节将对物业服务企业的资质等级认定进行详细的介绍。

【案例 6-1】 甲房地产开发公司与乙房地产开发公司拟共同出资成立一家物业服务公司。公司性质为有限责任公司，注册资本为 300 万元，甲公司出资 180 万元，占注册资本总额的 60%；乙公司出资 120 万元，占注册资本总额的 40%。双方签订了共同出资成立物业服务公司的合同。简述组建物业公司的程序。

分析：该物业公司的组建过程应按照如下步骤进行。

1. 召开股东会

甲房地产公司作为大股东召集召开了首次股东会，双方股东代表参加会议，股东会形成如下决议。

① 确定了公司名称。

② 通过了公司章程。

③ 公司设董事会。董事成员共 5 名，甲公司推荐了 3 名候选人，乙公司推荐了 2 名候选人。股东会同意由双方股东推荐的 5 人组成公司董事会，董事会设董事长 1 人、副董事长 1 人。董事长由甲公司在其推荐的董事成员中确定，副董事长由乙公司在其推荐的董事成员中确定。董事长为公司的法定代表人。

④ 公司不设监事会，设 2 名监事。双方股东各推荐 1 名监事。股东会同意由双方股东推荐的 2 人为公司监事。

2. 召开董事会

公司董事会接着召开董事会会议，形成如下决议。

① 决定了公司内部管理机构的设置。

② 决定了公司总经理人选。

③ 成立公司筹备组，并确定筹备组人选。

④ 确定了公司办公地点。

3. 公司名称的预先核准登记，验资

公司筹备组成立后，正式筹备公司的成立工作。

① 向工商局申请了公司名称的预先核准登记。

② 股东出资，并选择了一家具有验资资格的会计师事务所进行验资，出具验资报告。

4. 向工商局申请公司设立登记

向工商局正式申请物业服务公司设立登记，领取工商注册登记申请表。

5. 向房管局提出公司设立申请

将公司设立材料送区房管局初审，在得到区房管局初审同意后，向市房管局提出公司设立申请。

6. 办理公司注册登记，领取营业执照

凭市房管局出具的批复及其他相关资料到工商局办理公司注册登记，领取营业执照。

7. 申请物业管理资质等级核定

申请物业管理资质等级核定领取营业执照后，再向市房管局申请物业管理资质等级的核定，由市房管局核发临时资质证书。

至此，物业服务公司正式成立，不仅有正式营业执照，同时具有物业管理资质，开始正常运作，开展物业管理活动。

第二节　物业服务企业的资质管理

《物业管理条例》规定："国家对从事物业管理活动的企业实行资质管理制度。"建设部《物业服务企业资质管理办法》对资质管理制度进行了具体的规定。

一、对物业服务企业实行资质管理的必要性

《物业服务企业资质管理办法》第一条即明确指出："为了加强对物业管理活动的监督管理，规范物业管理市场秩序，提高物业管理服务水平，根据《物业管理条例》，制定本办法。"物业管理具有一定的特殊性，物业管理服务实质上是对业主共同事务进行管理的一种活动，带有公共产品的性质。在物业管理区域内，物业服务企业要根据全体业主的授权，约束个别业主的不当行为，如制止违章搭建及违章装修、制止扰乱公共秩序及危害环境卫生等，以维护全体业主的利益和社会公共利益。物业服务企业还有与业主长时间保持密切联系的特点，企业的素质及其管理水平的高低，直接影响到业主的生活环境和工作质量。物业管理具有一定的专业性，随着经济的发展和科技的进步，新技术、新产品在房地产开发建设中被广泛采用，物业的智能化程度越来越高，这也要求物业服务企业具有一定数量的高素质管理和技术人员，具有先进的工具及设备，建立科学、规范的工作程序，对价值量巨大的物业资产实施良好的管理与维护。在现阶段对物业管理行业实行市场准入制度，严格审查物业服务企业的资质，是加强行政监管、规范企业行为、有效解决群众投诉、改善物业管理市场环境的必要手段。物业服务企业必须接受并按照资质管理的规定从事物业管理服务。各级房地产行政管理部门是物业管理的行政主管部门，按照有关职责分工，审批各类物业服务企业资质，接受资质备案和核发资质等级证书，并进行对物业服务企业资质等级管理的日常工作。

二、物业服务企业的资质等级与条件

根据建设部《物业服务企业资质管理办法》的有关规定，物业服务企业资质等级分为一、二、三级，新设立的物业服务企业，其资质等级按照最低等级核定，并设一年暂定期。

（一）一级资质

① 注册资本人民币500万元以上。

② 物业管理专业人员以及工程、管理、经济等相关专业类的专职管理和技术人员不少于 30 人。其中，具有中级以上职称的人员不少于 20 人，工程、财务等业务负责人具有相应专业中级以上职称。

③ 物业管理专业人员按照国家有关规定取得职业资格证书。

④ 管理两种类型以上物业，并且管理各类物业的房屋建筑面积分别占下列相应计算基数的百分比之和不低于 100%：

a. 多层住宅 200 万平方米；

b. 高层住宅 100 万平方米；

c. 独立式住宅（别墅）15 万平方米；

d. 办公楼、工业厂房及其他物业 50 万平方米。

⑤ 建立并严格执行服务质量、服务收费等企业管理制度和标准，建立企业信用档案系统，有优良的经营管理业绩。

（二）二级资质

① 注册资本人民币 300 万元以上。

② 物业管理专业人员以及工程、管理、经济等相关专业类的专职管理和技术人员不少于 20 人。其中，具有中级以上职称的人员不少于 10 人，工程、财务等业务负责人具有相应专业中级以上职称。

③ 物业管理专业人员按照国家有关规定取得职业资格证书。

④ 管理两种类型以上物业，并且管理各类物业的房屋建筑面积分别占下列相应计算基数的百分比之和不低于 100%：

a. 多层住宅 100 万平方米；

b. 高层住宅 50 万平方米；

c. 独立式住宅（别墅）8 万平方米；

d. 办公楼、工业厂房及其他物业 20 万平方米。

⑤ 建立并严格执行服务质量、服务收费等企业管理制度和标准，建立企业信用档案系统，有良好的经营管理业绩。

（三）三级资质

① 注册资本人民币 50 万元以上。

② 物业管理专业人员以及工程、管理、经济等相关专业类的专职管理和技术人员不少于 10 人。其中，具有中级以上职称的人员不少于 5 人，工程、财务等业务负责人具有相应专业中级以上职称。

③ 物业管理专业人员按照国家有关规定取得职业资格证书。

④ 有委托的物业管理项目。

⑤ 建立并严格执行服务质量、服务收费等企业管理制度和标准，建立企业信用档案系统。

三、物业管理资质的申请和管理

（一）物业管理资质的申请

新设立的物业服务企业应当自领取营业执照之日起 30 日内，持下列文件向工商注册所在地直辖市、设区的市人民政府房地产主管部门申请资质认定：①营业执照；②企业章程；③验资证明；④企业法定代表人的身份证明；⑤物业管理专业人员的职业资格证书和劳动合同，管理和技术人员的职称证书和劳动合同。

新设立的物业服务企业，其资质等级按照最低等级核定，并设1年的暂定期。其他物业服务企业，在申请核定高一级资质等级时应当提交下列材料：①企业资质等级申报表；②营业执照；③企业资质证书正、副本；④物业管理专业人员的职业资格证书和劳动合同，管理和技术人员的职称证书和劳动合同，工程、财务负责人的职称证书和劳动合同；⑤物业服务合同复印件；⑥物业管理业绩材料。

（二）物业管理资质的管理

1. 资质管理机关

国务院建设行政主管部门负责一级物业服务企业资质证书的颁发和管理。省、自治区人民政府建设行政主管部门负责二级物业服务企业资质证书的颁发和管理，直辖市人民政府房地产主管部门负责二级和三级物业服务企业资质证书的颁发和管理，并接受国务院建设行政主管部门的指导和监督。设区的市人民政府房地产主管部门负责三级物业服务企业资质证书的颁发和管理，并接受省、自治区人民政府建设行政主管部门的指导和监督。一级资质审批前，应当由省、自治区人民政府建设行政主管部门或者直辖市人民政府房地产主管部门审查，审查期限为20个工作日。

2. 资质管理内容

物业服务企业不得超越资质等级承接物业管理业务：一级资质物业服务企业可承接各种物业管理项目；二级资质物业服务企业可以承接30万平方米以下的住宅项目和8万平方米以下的非住宅项目的物业管理业务；三级资质物业服务企业可以承接20万平方米以下住宅项目和5万平方米以下的非住宅项目的物业管理业务。

物业服务企业资质实行年检制度。各资质等级物业服务企业的年检由相应资质审批部门负责。符合原定资质等级条件的，物业服务企业的资质年检结论为合格。不符合原定资质等级条件的，物业服务企业的资质年检结论为不合格，原资质审批部门应当注销其资质证书，由相应资质审批部门重新核定其资质等级。资质审批部门应当将物业服务企业资质年检结果向社会公布。

企业发生分立、合并的，应当在向工商行政管理部门办理变更手续后30日内，到原资质审批部门申请办理资质证书注销手续，并重新核定资质等级。企业的名称、法定代表人等事项发生变更的，应当在办理变更手续后30日内，到原资质审批部门办理资质证书变更手续。企业破产、歇业或者因其他原因终止业务活动的，应当在办理营业执照注销手续后15日内，到原资质审批部门办理资质证书注销手续。

《物业服务企业资质管理办法》明确规定，物业服务企业申请核定资质等级，在申请之日前1年内有下列行为之一的，资质审批部门不予批准：

① 聘用未取得物业管理职业资格证书的人员从事物业管理活动的；

② 将一个物业管理区域内的全部物业管理业务一并委托给他人的；

③ 挪用专项维修资金的；

④ 擅自改变物业管理用房用途的；

⑤ 擅自改变物业管理区域内按照规划建设的公共建筑和共用设施用途的；

⑥擅自占用、挖掘物业管理区域内道路、场地，损害业主共同利益的；

⑦ 擅自利用物业共用部位、共用设施设备进行经营的；

⑧ 物业服务合同终止时，不按规定移交物业管理用房和有关资料的；

⑨ 与物业管理招标人或者其他物业管理投标人相互串通，以不正当手段谋取中标的；

⑩ 不履行物业服务合同，业主投诉较多，经查证属实的；

⑪ 超越资质等级承接物业管理业务的；

⑫ 出租、出借、转让资质证书的；

⑬ 发生重大责任事故的。

3. 对物业管理资质违法行为的处罚

《物业管理条例》规定："违反本条例的规定，未取得资质证书从事物业管理的，由县级以上地方人民政府房地产行政主管部门没收违法所得，并处5万元以上20万元以下的罚款；给业主造成损失的，依法承担赔偿责任。"《物业服务企业资质管理办法》规定："物业服务企业超越资质等级承接物业管理业务的，由县级以上地方人民政府房地产主管部门予以警告，责令限期改正，并处1万元以上3万元以下的罚款。物业服务企业无正当理由不参加资质年检的，由资质审批部门责令其限期改正，可处1万元以上3万元以下的罚款。"

【案例 6-2】 某小区业主委员会曾于2003年9月与某物业服务企业签订了《物业管理服务合同》，合同有效期为3年。但在其后的服务过程中，双方就小区物业管理具体事项时常发生争议，关系不太融洽。2004年3月，建设部125号令《物业服务企业资质管理办法》出台后，有业主扬言：待5月1日新办法生效后，即刻以物业服务企业不具备相应的物业管理资质为由解聘该物业公司。2004年5月，物业公司取得临时物业管理资质，2004年7月业主诉至法院。

分析： 上述案例中，《物业管理服务合同》是在2003年9月1日《物业管理条例》生效以后依法签署的，而建设部出台的《物业服务企业资质管理办法》是2004年5月1日才生效的部门规章。根据"法不溯及以往"等相关法律原则，该合同在合同有效期限内仍然是有效的。在此期间即使是业主大会也不能以物业服务企业不具备相应资质为由而单方面解除合同；物业公司又已经补办了物业管理资质，从保护合同稳定性的角度，不宜认定合同无效，且《物业管理条例》并没有直接强制性规定没有物业管理资质不得从事物业管理业务，该物业公司的行为宜由行政部门处罚为妥。

第三节　物业服务企业的权利和义务

一、物业服务企业的权利

权利，是指按照法律规定，享有权利人具有这样或不这样行为，或要求他人这样或不这样行为的能力和资格。权利来源于以下两种情况：一种是法律明确规定的权利；另一种是由当事方对他们之间的权利、义务进行约定，只要不违反法律强制性规定以及公序良俗，法律也认可和保护当事人的约定利益。《物业管理条例》对物业服务企业的权利只作了一般性规定，没有以法律条文的形式对物业服务企业的权利作出明确界定。业主委员会和物业服务企业作为平等的民事主体，二者是委托和被委托的关系，双方签订的物业管理服务合同明确了物业管理服务的事项、权限、标准费用、期限和违约责任等，一经签订即产生法律效力。合同中约定的物业服务企业的合法权益就是物业服务企业的权利。结合

《物业管理条例》的精神和物业服务合同的实践，物业服务企业的权利可以归纳为以下几种。

1. 公平投标权

《物业管理条例》规定，国家提倡业主通过公开、公平、公正的市场竞争机制选择物业服务企业，各物业服务企业具有同等的投标、竞标机会。

2. 专属物业管理权

《物业管理条例》规定，一个物业管理区域由一个物业服务企业实施物业管理，即被委托的物业服务企业有权对该特定物业管理区的物业实施专有管理和自主经营，其在该区内的专有管理与服务经营权不受侵犯，其自主的企业营业行为不受任何单位或个人的非法干预。

3. 收取物业管理费用权

即物业服务企业有权根据物业管理服务合同收取物业管理费用。《物业管理条例》规定："物业服务收费应当遵循合理、公开以及费用与服务水平相适应的原则，区别不同物业的性质和特点，由业主和物业服务企业按照国务院价格主管部门会同国务院建设行政主管部门制定的物业服务收费办法，在物业服务合同中约定。"

4. 受领物业资料权

物业服务企业有权从建设单位或业主委员会处受领其移交的物业资料。《物业管理条例》规定，在办理物业承接验收手续时，建设单位应当向物业服务企业移交下列资料：①竣工总平面图，单体建筑、结构、设备竣工图，配套设施、地下管网工程竣工图等竣工验收资料；②设施设备的安装、使用和维护保养等技术资料；③物业质量保修文件和物业使用说明文件；④物业管理所必需的其他资料。前期物业服务合同终止后，物业服务企业应当在前期物业服务合同终止时将这些资料移交给业主委员会。

5. 物业管理经营权

物业服务企业的经营权包括两个方面：首先，物业公司有权经营本小区的物业管理业务，可以将物业管理区域内的专项服务业务委托给专业性服务企业，聘专营公司或聘用专人承担清洁、保安、绿化等专项服务业务等，但不得将该区域内的全部物业管理一并委托给他人；其次，物业服务企业还可以在它所登记的经营范围内在小区进行多种经营，例如，经营会所或其他有偿服务项目。

6. 对损害他人物业或妨害物业管理的行为有进行劝阻、制止的权利

《物业管理条例》规定："对物业管理区域内违反有关治安、环保、物业装饰装修和使用等方面法律、法规规定的行为，物业服务企业应当制止，并及时向有关行政管理部门报告。"物业公司对小区的管理，其实就是对小区居民之间的利益冲突、小区居民与外界之间的利益冲突进行协调的过程。物业公司必须具有对无端损害业主或本公司利益的行为的劝阻以及制止权，且一旦在劝阻或制止过程中受到了损害也有向侵害方请求赔偿的权利。物业公司行使制止以及劝阻权的方式以及采取的手段一般应为告知、协商，而绝对不应包括为行政机关以及法院所专门行使的强制执行的权力。物业服务企业要与业主有书面约定，并在协议中双方约定违约的责任。这样物业服务公司才能有效进行制止违章行为，使得行使制止违章的行为有效，并具有追究对方违章的权限。

7. 要求业主委员会协助管理的权利

《物业管理条例》规定，业主委员会有"监督和协助物业服务企业履行物业服务合同"

的职责。在对小区的管理过程中，物业服务企业和业主委员会都是管理主体。出于对小区进行有序管理的目的，物业公司与业主委员会之间必须存在一种相助相依的关系。由于业主委员会拥有对物业公司的撤换权，而从权利来源上，物业公司的某些权利完全来自于业主的让渡，所以业主委员会往往相较于物业公司在理论上处于优势位置。因此，法律规定业主委员会对物业服务企业的管理予以协助是非常必要的。

物业服务企业享有自身合法权利时必须符合法律、法规的规定，否则，其管理行为产生的后果无效。由于物业服务企业和业主都是普通民事主体，物业管理是民事行为，其所确保的是普通民事主体的个人利益而非国家公共利益，因此物业服务企业的法定权利理应具有私法性质，而并不具备行政权力的单向性与强制性。

二、物业服务企业的义务

结合《物业管理条例》的有关规定和物业服务合同的实践，物业服务企业的主要义务有以下几项。

1. 全面履行物业服务合同，在物业管理区域内实施物业管理和服务

《物业管理条例》规定："物业服务企业应当按照物业服务合同的约定，提供相应的服务。物业服务企业未能履行物业服务合同的约定，导致业主人身、财产安全受到损害的，应当依法承担相应的法律责任。"物业服务企业的义务，首先是全面履行物业服务合同，按照国家和地方政府规定的技术标准和规范以及业主委员会审定的物业管理服务计划，实施管理服务。物业服务企业要经常对物业管理区域进行全面的巡视、检查，定期对住宅的共用部位、共用设备和公共设施进行养护，发现住宅的共用部位、共用设备或者公共设施损坏时，立即采取保护措施，并按照物业管理服务合同的约定进行维修。根据业主要求，对住宅的自用部位和自用设备进行维修和更新。物业服务企业提供的物业管理服务应当保持住宅和公共设施完好、环境整洁优美、公共秩序良好，保障物业使用的方便、安全。

物业管理服务合同一经签订，受国家法律保护，合同义务受国家法律监督。如果物业服务企业不全面履行合同，要承担相应的违约责任。

2. 接受业主委员会和业主、物业使用人的监督

物业服务企业要定期向业主委员会报告工作，定期公布物业服务费用和代管资金收支账目，接受质询和审计；根据业主委员会要求，列席业主大会或业主代表大会及业主委员会会议，解答业主和业主委员会提出的咨询，听取意见和建议，改进和完善管理服务。

3. 协助政府部门和做好物业管理区域内的安全防范工作

物业服务企业应当协助做好物业管理区域内的安全防范工作。发生安全事故时，物业服务企业在采取应急措施的同时，应当及时向有关行政管理部门报告，协助做好救助工作。物业服务企业雇请保安人员的，应当遵守国家有关规定。保安人员在维护物业管理区域内的公共秩序时，应当履行职责，不得侵害公民的合法权益。

4. 做好新旧物业服务企业的交接工作

物业服务合同终止时，业主大会选聘了新的物业服务企业的，物业服务企业之间应当做好交接工作，并将物业管理资料交还给业主委员会。

5. 接受有关行政管理部门的指导和监督

物业服务企业要自觉服从政府主管部门的指导和监督，要接受资质管理，依法登记成

立；与业主委员会订立管理服务合同不得损害国家利益、社会公共利益或第三者利益。物业管理服务合同应到房地产主管部门备案。物业服务公司的管理和经营行为，要服从行政部门的管理。

6. 维护物业管理区域公共秩序

物业服务企业应当协助做好物业管理区域内的安全防范工作，协助有关部门制止违法、违规行为，维护物业管理区域公共秩序，保障物业管理区域内业主的生命、财产安全。发生安全事故时，物业服务企业在采取应急措施的同时，应当及时向有关行政管理部门报告，协助做好救助工作。物业服务企业雇请保安人员的，应当遵守国家有关规定。保安人员在维护物业管理区域内的公共秩序时，应当履行职责，不得侵害公民的合法权益。

【案例 6-3】 张先生夫妇是居住在A花园的业主，A花园的物业管理由B物业公司负责。某日凌晨3点左右，张先生夫妇被室内的响动惊醒，起床并打开卧室的门，发现有一满嘴酒气的陌生人已走到客厅和卧室的过道处，当时便质问："为什么闯入住宅？"此人自称是物业公司聘用的保安员，并声称在检查时发现张家房门没关，认为室内无人，就进来检查情况。张先生讲熄灯前已经锁上门，而且质问来人："既是保安为什么不着装？"来人无言以对。于是，张先生找来物业值班经理，这位经理讲可能是误会。第二天，张先生就到物业服务公司投诉，但物业服务公司只是在口头上表示歉意，当张先生要求物业公司解释这保安入室的原因时，物业公司只说已经开除了这名保安，但拒绝给予明确答复。张先生则坚持要求物业服务公司方面就保安入室的解释、物业服务公司的调解结果和开除保安的原因等问题给予答复。当天下午，张先生就接到骚扰电话，此后多次在深夜接到骚扰电话。于是，张先生夫妇把物业公司告上法庭，要求赔偿精神损失。物业公司辩称：保安员是在深夜值班时发现张先生家的房门虚开，经按铃房内无反应的可疑情况下，始进入房内进行检查，完全是在履行职责，是对张先生夫妇的安全负责。根据物业公司了解的情况及相关物业管理制度，保安当时不可能掌握张先生家的钥匙，而张先生没有任何物品丢失、门锁及其他损坏后果，因此保安入室没有任何过错，不构成侵权。

分析：在该案中，张先生夫妇身为业主与物业公司之间形成了物业服务合同关系。B物业公司有义务保护张先生夫妇的安全，保安员在社区内作24小时巡逻，如遇紧急情况，应按登记的电话号码联系有关住户并立即通知公安、消防等部门，如无法联系有关住户时，即邀请公安人员或消防人员见证，由管理公司人员开启正门，进入单元审查事故情况，并做适当处理。如果发生盗窃、抢劫等刑事犯罪行为，保安人员应及时向公安机关报案。保安人员径直进入张先生家的行为不符合《物业管理条例》的规定，也超越了其应有的权限，侵犯了张先生夫妇"公民住宅不受侵犯"的权利。并且因为B物业公司的保安员在深夜入室，给熟睡中的张先生夫妇带来一定精神恐惧，所以应给予适当的精神抚慰。法院最终判决B物业公司除向张先生夫妇口头道歉外，还应一次性向张先生夫妇赔偿精神抚慰金各1500元。由此可见，保护业主的安全，维护业主的利益是物业服务公司的职责，但在履行职责时应注意采取适当合理的方式，如果措施不当侵害了业主的权利，应承担相应的法律责任。物业服务公司及其工作人员在进行物业管理操作过程中必须严格遵守法定或约定的权限和程序，分清与职能部门之间的权力界限。

【案例 6-4】 业主A已经在北京市海淀区B庄园4号楼一层自己的住宅里住了近4年，却从5月23日开始，被C物业公司雇佣的保安一直阻拦在楼外，他只有在记者的陪同下，拨打110请来警察进行协调以后，才得以进楼回家。对于不准业主进楼的理由，C公司的经理解释说：一是利益问题，C公司允许租住该楼的一家公司在楼顶设置广告牌，用这笔广告费进行楼内装修，但是A却要求由业主分享广告费，致使此事没有谈成；二是费用问题，A曾向C公司提出免交物业管理费的要求，遭到拒绝；三是资格问题，C公司在多次冲突中发现A没有“房屋产权证”，所以不允许他进楼。而业主A则解释说：第一，矛盾的起因是他作为掌管印章的“B庄园业主委员会”主要成员，发现C公司没有物业管理资质而拒绝盖章，不接受他们的管理；第二，今年的物业管理费，去年年底已交给前一家物业公司D公司，新来的C公司又来要，他3月24日只好又向C公司交了一份；第三，1999年买房交款后只有“购房合同”，而要拿到“房屋产权证”还需要一个过程，“购房合同”完全可以作为产权证明。报道中还介绍了一些相关的情况：B庄园是一个有10幢居民楼的小区，自1999年建成入住以来，曾先后有多家物业公司进入，目前是由5家物业公司分别管理。4号楼先是由D公司管理，今年2月后改由C公司管理。C公司的注册地在西城区，经理承认公司没有物业管理资质，但他解释为是“注册失误”所致，正准备到海淀区工商部门办理有关手续。

2002年3月进入小区的E公司，承担整个小区的供暖、绿化、热水供应等服务，所需费用（每年每楼约33万多元）由其他4家物业公司负责向业主收取。去年E公司曾多次催要，但D公司一直没交，今年又不知去向，E公司便转向现在管理4号楼的C公司催要，C公司认为去年的事与己无关，E公司表示将考虑停止4号楼的热水供应和冬季供暖。

分析：第一，根据《物业管理条例》的规定，“一个物业管理区域由一个物业服务企业实施物业管理。”一个只有10幢楼的居民小区只能是“一个物业管理区域”。所以，B庄园目前由5家物业公司分别管理的现状，不符合法规要求。

第二，根据《物业管理条例》：“利用物业共用部位、共用设施设备进行经营的，应当在征得相关业主、业主大会、物业服务企业的同意后，按照规定办理有关手续。业主所得收益应当主要用于补充专项维修资金，也可以按照业主大会的决定使用。”所以，在楼顶设置广告牌的广告费收入，不能由“C公司”单方决定，应当征得相关业主、业主大会的同意；而且是“一切收益归业主”，由业主决定如何使用。

第三，关于C公司的物业管理资质问题。《物业管理条例》规定：“国家对从事物业管理活动的企业实行资质管理制度，”“未取得资质证书从事物业管理的，由县级以上地方人民政府房地产行政主管部门没收违法所得，并处5万元以上20万元以下的罚款；给业主造成损失的，依法承担赔偿责任。”因为这里没有规定无资质企业非法管理物业是否应当先停止管理、退出小区，C公司可以在无资质的问题曝光并以后，再补办“资质”，就可以把非法变成合法，继续在小区进行“物业管理”，可能继续对业主A实行报复。因此，立法应明确，未取得资质证书从事物业管理的，一经发现，由县级以上地方人民政府房地产行政主管部门令其退出管理区域。

第四，关于保安阻拦业主A进楼的问题。保安受物业公司的指使，以“没有房屋产权证”为由阻止业主A进楼，这是毫无道理的刁难。因为无论是现款买房还是贷款买房，都要从交清房款以后再经过几个月的办理过程，才能拿到“房屋产权证”，况且“房屋产权证”不能当“出入证”使用。保安人员的行为违反了《物业管理条例》第四十七条规定的“保安人员在维护物业管理区域内的公共秩序时，应当履行职责，不得侵害公民的合法权益。”

第五，关于物业公司交接问题问题。据业主A介绍，去年已交过物业管理费，而今年不得不再交一份的业主很多，可见两个物业公司没有进行交接，起码没有进行费用的交接。

思 考 题

1. 根据物业服务企业业务范围的不同，物业服务企业可划分为哪些类型？
2. 简述物业服务企业三级资质的条件。
3. 论述物业服务企业的法律地位。
4. 论述物业服务企业的权利和义务。

第七章 物业服务合同

物业服务，是专业机构运用现代管理科学和先进的维修养护技术对物业进行综合管理，以确保物业功能的正常发挥；另外，还对物业区域的环保、卫生、消防、治安、绿化、车辆停放等实施统一管理，为住用人提供各类服务。物业服务的对象是业主，因此，物业管理法律关系当中，核心就是物业服务公司和业主之间的法律关系。在这一法律关系当中，业主作为物业的产权人，将物业的管理委托给物业服务公司，由物业服务公司向全体业主提供专业化的管理与服务。双方签订物业服务合同明确各自的权利和义务。

第一节 物业服务合同

一、物业服务合同概念

物业服务合同是物业服务企业接受业主或业主委员会的聘任和委托提供物业管理服务，由委托方与受托方订立的约定双方权利义务的书面协议。

物业服务合同的主体是特定的，一方是业主，业主大会选举产生的业主委员会代表全体业主，另一方是具有相应资质条件的物业服务企业；物业服务合同的客体是物业服务企业提供的综合性服务；物业服务合同的内容是业主与物业服务企业在物业管理活动中双方的权利义务。

二、物业服务合同的法律性质

合同一词在不同的法律部门均得到应用，如民法上的合同，行政法上的合同，劳动法上的合同。在《物业管理条例》出台前，一般将物业服务合同称之为“物业管理合同”和“物业管理服务合同”。在实践中，一些人望文生义，认为物业服务公司是管理者，业主是被管理者，双方地位是不平等的。为了防止这种误解，摆正业主与物业服务企业的地位，《物业管理条例》明确将业主与物业服务公司之间的合同定义为物业服务合同。物业管理属于服务性行业，物业服务企业提供的是一种服务，虽然这种服务带有“公共”性，但它与行政管理以及经济组织中上级对下级的管理是完全不同的概念。总之，物业服务合同是一种民事法律行为，物业服务合同的订立、效力、履行，物业服务合同的变更、解除、终止以及违约责任等，均可适用《合同法》的相关规定。

关于物业服务合同的法律性质，有人认为其为合同法上的委托合同。根据《合同法》第二十一章“委托合同”的规定，委托合同是委托人和受托人约定，由受托人处理委托人事务的合同。在委托合同中，受托人的义务主要有以下几项。

① 处理委托事务的义务。受托人应当在委托的权限范围内处理委托事务；应当按照委托人的指示处理委托事务，受托人擅自变更委托人指示，应对委托人因此造成的损失承担赔偿责任；受托人应当亲自处理委托事务，只有经委托人同意，受托人才可以转委托。

② 受托人应当按照委托人的要求，报告委托事务的处理情况和结果。

③ 受托人处理委托事务取得的财产，应当转交给委托人。

④ 受托人对委托人应当忠诚并勤勉、尽力地完成委托事务。

委托合同中，委托人的义务主要是：

① 偿付处理委托事务的费用和支付报酬。

② 对于受托人处理委托事务所生债务，委托人有清偿的义务。

③ 受托人处理委托事务时，因不可归责于自己的事由造成损害的，委托人应当向受托人或第三人赔偿损失。

委托合同，是委托人和受托人双方意思自治的产物。委托人和受托人依法享有任意解除委托合同的权利，《合同法》规定，委托人或者受托人可以随时解除委托合同，但因此给对方造成损失的，须承担赔偿责任。

从上可以看出，物业服务合同与合同法上的委托合同有类似之处。但物业服务合同又有其特殊性，例如，物业服务企业可以自行决定将物业管理区域内的专项服务业务委托给专业性服务企业，物业服务内容中可能包含承揽、保管等。物业服务合同的特殊性，决定了不能简单地对其适用合同法关于委托合同的规定。一般观点认为，物业服务合同属于合同法上无名合同的范畴，是一种独立的新型的合同类型。

三、物业服务合同的特征

物业服务合同的特征主要表现为：

① 在建筑物（小区）为多个产权人情况下，物业服务合同不是单个业主可以自愿选择签订与否的，而是根据有关法律规定，依业主大会的决定签订的。

② 物业服务合同的当事人是特定的，签订物业服务合同的物业服务企业不是可以任意选择的，其必须符合相应的资质条件。

③ 物业服务企业一旦与业主签订了物业服务合同，便依照合同和法律独立地开展服务工作。

④ 物业服务企业不需要亲自处理所有物业管理工作，可以直接将部分工作交给符合法律规定或合同约定的第三方来处理。

⑤ 物业服务企业独立对外承担法律责任。其管理物业取得的财产、遭受的损失以及其他后果并不像委托合同那样归于业主，而是要根据相关法律法规及物业服务合同来具体加以区分和界定。

⑥ 物业服务合同一旦签订，双方当事人不能像一般委托合同那样随意解除。

⑦ 物业服务合同是双务、有偿、要式合同。物业服务企业是依法成立的专门从事物业管理服务的企业法人，其提供服务是一种经营行为，都是有偿的。另外，鉴于物业服务合同涉及面广、标的内容复杂、期限较长等特征，为了减少和及时解决物业服务合同中的纠纷，依照规定，物业服务合同应当采用书面形式，并且在规定期限内报物业管理行政主管部门备案。

【案例 7-1】 2004 年 2 月，某住宅小区与北京某物业服务公司签订了物业服务合同。2004 年 10 月，林先生入住该住宅小区之后，一直没有缴纳过物业管理费。当物业服务公司催促他缴物业管理费时，林先生认为自己买房子自己住自己管，不需要物业服务公司的管理。林先生拒绝承认物业服务公司与业主委员会签订的物业服务合同，并声明他将不会跟物业服务公司建立任何物业合同关系。林先生认为有拒绝与物业服务公司建立合同关系的权利，因为合同是平等主体的自然人、法人或其他组织之间设立、变更、终止民事权利义务关系的协议，当事人依法享有订立合同或不订立合同的权利，任何单位和个人不得非法干预。经业主委员会多次调解也没有结果，最后，物业服务公司把林先生告上了法庭，请求法院判决林先生支付给物业公司其欠交的总额为3860元的管理费及利息，并且确认林先生与物业服务公司之间系物业服务合同关系。法院经审理判决：被告林先生支付给原告物业管理费及利息；双方合同自始有效。

分析：依据《物业管理条例》的规定，林先生无权拒绝物业服务公司对小区实施的统一物业管理。原告在被告入住之前就已被小区业主委员会聘请，被告入住小区时无权拒绝承认业主委员会与物业服务公司签订的物业服务合同，并且在被告林先生入住行为完成时也是与物业服务公司建立合同关系之时。

四、物业服务合同的订立、变更和解除

（一）物业服务合同的订立与生效

物业服务合同的订立程序，是指当事人为了订立物业服务合同而进行的反复协商，以求达成双方真实意思表示一致的过程，主要包括要约和承诺两个过程。

1. 要约

要约是希望和他人订立合同的意思表示，该意思表示应当符合下列规定：①内容具体确定；②表明经受要约人承诺，要约人即受该意思表示约束。发出要约的人为要约人，接受要约的人为受要约人。要约须要约人向相对人作出意思表示，要约没有相对人的一般视为要约邀请，如商业广告、拍卖公告、招标公告、寄送的价目表等。要约邀请是希望要约人向自己发出要约的意思表示，其对要约人不具有约束力。

2. 承诺

承诺是受要约人同意要约的意思表示。承诺的要件包括：

① 承诺由受要约人向要约人作出。承诺人的代理人作出承诺也发生效力。

② 承诺须与要约的内容相一致。如果受要约人在承诺中对要约的内容进行扩张、限制、或者变更，便不构成承诺，而是新要约。

③ 承诺须于承诺期内或合理期内作出，否则视为新要约。承诺到达要约人时生效。

物业服务合同目前有两种订立方式，一种是协商方式，另一种是招标方式。

物业服务合同自成立时生效。物业服务企业将物业服务区域内的全部物业服务业务一并委托他人而签订的委托合同，合同无效。物业服务合同中免除物业服务企业责任、加重业主委员会或者业主责任、排除业主委员会或者业主主要权利的条款，合同相关条款无效。

（二）物业服务合同的履行

物业服务合同的履行是指物业服务合同当事人按照合同的约定履行其义务。物业服务合同当事人应当按照约定全面履行自己的义务。物业服务合同当事人应当遵循诚实信用原则，根据合同的性质、目的和交易习惯履行通知、协助、保密等义务。物业服务合同当事人约定由债务人向第三人履行债务的，债务人未向第三人履行债务或者履行债务不符合约定，应当向债权人承担违约责任。物业服务合同当事人约定由第三人向债权人履行债务的，第三人不履行债务或者履行债务不符合约定，债务人应当向债权人承担违约责任。物业服务合同当事人互负债务，没有先后履行顺序的，应当同时履行。一方在对方履行之前

有权拒绝其履行要求。一方在对方履行债务不符合约定时，有权拒绝其相应的履行要求。物业服务合同当事人互负债务，有先后履行顺序，先履行一方未履行的，后履行一方有权拒绝其履行要求。先履行一方履行债务不符合约定的，后履行一方有权拒绝其相应的履行要求。应当先履行债务的物业服务合同当事人，有确切证据证明对方经营状况严重恶化、转移财产以逃避债务、抽逃资金以逃避债务、丧失商业信誉、有丧失或者可能丧失履行债务能力的其他情形，可以中止履行。当事人没有确切证据中止履行的，应当承担违约责任。

建设单位依法与物业服务企业签订的前期物业服务合同，以及业主委员会与业主大会依法选聘的物业服务企业签订的物业服务合同，对业主具有约束力。物业服务企业公开作出的服务承诺及制定的服务细则，应当认定为物业服务合同的组成部分。业主与物业的承租人、借用人或者其他物业使用人约定由物业使用人交纳物业费，物业服务企业可以要求业主承担连带责任。

（三）物业服务合同的变更

物业服务合同的变更，是指物业服务合同内容的变更。它不仅包括协议变更，而且包括法定变更。《合同法》第七十七条规定，当事人协商一致，可以变更合同。

法定变更的原因包括重大误解、显失公平、欺诈、胁迫、乘人之危以及不可抗力、情势变更等。合同符合上述情形时，当事人可以请求法院或仲裁机构来变更合同。合同变更只对未来发生效力。已经履行的合同义务或发生的违约责任、损害赔偿请求权，除当事人另有约定外，不因此失去效力。

（四）物业服务合同的解除

合同解除是指合同有效成立后，当具备法律规定的合同解除条件时，因当事人一方或双方意思表示而使合同关系归于消灭的行为。合同解除有协议解除和法定解除两种方式。

1. 协议解除

当事人协商一致，可以解除合同。当事人可以约定解除合同的条件，当解除合同的条件成立时，解除权人可以解除合同。

物业服务合同期满，业主大会按照物权法规定的程序作出解聘物业服务企业的决定后，业主委员会可以要求解除物业服务合同。物业服务企业向业主委员会提出物业费主张的，其应向拖欠物业费的业主另行主张权利。

2. 法定解除

在法定解除中，合同解除理由包括：

① 不可抗力致使合同目的不能实现的；

② 在履行期届满之前，当事人一方明确表示或者以自己的行为表明不履行主要债务的；

③ 当事人迟延履行主要债务，经催告后在合理期限内仍未履行；

④ 当事人一方迟延履行债务或者有其他违约行为致使合同目的不能实现的。

合同解除既向未来发生效力，又可能向过去发生效力。《合同法》第九十七条规定：“合同解除后，尚未履行的，终止履行；已经履行的，根据履行情况和合同性质，当事人可以要求恢复原状、采取其他补救措施，并有权要求赔偿损失。”物业服务合同的权利义务终止后，业主可以要求物业服务企业退还已经预收，但尚未提供物业服务期间的物业费。物业服务合同的权利义务终止后，业主委员会可以要求物业服务企业退出物业服务区域、移交物业服务用房和相关设施，以及物业服务所必需的相关资料和由其代管的专项维修资金。物业服务企业不得拒绝退出、移交，不得以存在事实上的物业服务关系为由，请求业主支付物业服务合同权利义务终止后的物业费。

五、物业服务合同的主要内容

物业服务合同是确立业主和物业服务企业在物业管理活动中的权利义务的法律依据。在物业管理活动中，物业服务合同的地位非常重要。合同是否依法订立、合同的内容是否详细、合同是否具有可操作性，对于维护各方在物业管理活动中的合法权益至关重要。目前，在物业管理活动中出现的许多纠纷，与合同的不规范具有很大关系。

物业服务合同一般应当载明下列主要事项：

① 业主或业主委员会和物业服务企业的名称、住所；

② 物业管理区域的范围和管理项目；

③ 物业管理事项及要求和标准；

④ 物业服务的费用；

⑤ 物业服务的期限；

⑥ 违约责任；

⑦ 合同变更、解除、终止的约定；

⑧ 争议解决方式；

⑨ 当事人双方约定的其他事项。

《物业管理条例》第三十五条规定："业主委员会应当与业主大会选聘的物业服务企业订立书面的物业服务合同。物业服务合同应当对物业管理事项、服务质量、服务费用、双方的权利义务、专项维修资金的管理与使用、物业管理用房、合同期限、违约责任等内容进行约定。"依据《合同法》、《物业管理条例》的相关规定，物业服务合同应当具备以下主要内容。

1. 物业管理事项

物业管理事项是指物业服务企业为业主提供的服务的具体内容，主要包括常规性的公共服务、针对性的专项服务和委托性的特约服务三个方面。其中常规性的公共服务包括以下一些事项。

（1）物业共用部位的维护与管理　主要包括楼盖、屋顶、外墙面、承重结构、楼梯间、走廊通道、门厅等的维护与管理。这是为了保持物业完好、确保物业使用功能而进行的管理与服务工作。

（2）物业共用设施设备、市政公用设施及附属建筑物、构筑物的维护与管理　主要包括共用的上下水管道、落水管、烟囱、共用照明、天线、中央空调、暖气干线、供暖锅炉房、高压水泵房、电梯、电视监控系统，有线对讲系统、电视接收系统，避雷、消防等设施设备及道路、化粪池、沟渠、池、井、自行车棚、停车场等市政公用设施和附属建筑物、构筑物的维护与管理。这是为保持物业及其附属的各类设施设备的完好及正常运行、使用而进行的管理与服务工作。物业服务企业应当按照物业服务合同的约定，定期对物业设施设备进行维护保养，保证设施设备的完好和正常运行。

（3）公共绿化、环境卫生的管理　这是为美化、净化小区环境而进行的管理与服务工作。主要包括对公共绿地、花木等的养护与管理，对路面、楼道、门厅、屋顶、天台等部位的定时清扫，内墙壁的除尘、公共门窗的擦洗、垃圾的运送、灭害洒药等服务。物业保洁服务应根据不同物业的具体情况，在物业服务合同中对保洁内容、要求及收费标准等予以明确。

(4) 物业管理区域内公共秩序、消防、交通等协助管理事项的服务　这是为维护物业管理区域内正常的工作、生活秩序而进行的协助性管理与服务工作。

(5) 物业装饰装修管理服务　包括房屋装修的安全、垃圾处理等各项管理工作。

(6) 专项维修资金的代管服务　这是指物业服务企业接受业主委员会或物业产权人委托，对代管的共用部位共用设施设备专项维修资金的管理工作。

(7) 物业档案资料的管理　这是指对物业产权人产籍档案资料、房屋及其附属的各类设施、设备的基本情况和实际变动情况的管理工作。物业档案资料的管理具体包括物业管理区域内各类物业、设施的验收、接管档案，物业分户产权清册，租赁清册，业主、使用人情况表，共用设备、公共设施的运行、保养、维修记录，财务等资料的保管。

【案例 7-2】 在某住宅小区，业主郭某骑一辆轻便的自行车，途经自己居住的小区大门口里的花园小道时，被路面上路桩钢管绊倒，头部受伤，经医院抢救无效死亡。死者家属要求负责管理该小区的物业服务公司赔偿未果，其家属遂将该物业公司告上法院。被告辩称：郭某的死与物业公司无关，因路面上的路桩是以前建筑施工单位留下的，物业公司不负责任。法院经调查证实，该桩原是按照物业管理规定，为防止大中型汽车进入小区产生噪声污染而设置的，当时高度1米多，有红白相间的醒目标志线。后由于各种原因，1米多的路桩只剩下了10多厘米的钢桩根，历时数月无人问津，最终酿成交通事故，钢桩根成了杀人凶手。法院判令被告物业服务公司对郭某的死承担全部赔偿责任。

分析：依照物业服务合同，物业服务公司对小区内公共设施、市政设施等有维护、管理的责任。本案中小区道路上的路桩变成10厘米多高的桩根时，被告物业服务公司应当及时采取有效措施，防止意外事故的发生。但该物业公司没有积极履行职责，造成了郭某夜间路经该处时自行车被绊倒，头部触地受伤而死亡。郭某的死与被告物业公司的不及时履行职责、消除隐患有直接的因果关系。因此，物业服务公司应当对郭某的死亡负全部责任。

2. 物业服务质量要求及标准

服务质量，是对物业服务企业提供的服务在质量上的具体要求。实践中，许多物业管理纠纷均因服务质量问题而产生，由于合同约定不明，业主往往以物业服务企业提供的服务质量没有达到标准而拒绝交纳物业服务费用，而物业服务企业却认为自己是按照标准、按照约定提供的服务，双方因此产生纠纷而对簿公堂。为了避免不必要的纷争，当事人应当在物业服务合同中就物业服务质量作全面、具体的约定。中国物业管理协会2004年制定的《普通住宅小区物业管理服务等级标准（试行）》将小区物业管理服务分为基本要求、房屋管理、共用设施设备维修养护、协助维护公共秩序、保洁服务、绿化养护六部分内容。现在，国家正在推行物业管理服务标准。上海市、北京市等地方也分别制定了不同的小区物业服务标准。当事人可以参照服务标准来约定服务质量，根据服务质量来约定相应的服务费用。

3. 物业服务费用

服务费用是业主为获取物业服务企业提供的服务而支付的对价。支付物业服务费用是业主的主要义务。为了合同的顺利履行，当事人需在合同中明确约定物业服务费用的收费项目、收费标准、收费办法等内容。

4. 物业服务期限

物业服务合同的期限条款应当尽量明确、具体。

5. 双方的权利义务

业主和物业服务企业应当将双方在物业管理活动中的权利和义务尽量约定得清楚明白。在物业服务合同中，双方当事人的权利义务界定得越清晰，合同的履行就越容易，产生纠纷的可能性就越小。

【案例 7-3】 1999 年，深圳某山庄一业主在回家时，被潜伏在自家楼下 104 室空房内的两名犯罪分子杀害，劫去人民币 11000 元。2000 年 7 月 14 日，深圳市中级人民法院以故意杀人罪和抢劫罪判处二犯死刑，2000 年 12 月 14 日广东省高级人民法院驳回二犯上诉，维持原判。2001 年 4 月，被害人家属向物业服务公司提出了 70 万元的索赔请求。4 月 16 日罗湖区人民法院立案受理。2001 年 5 月 15 日、5 月 31 日罗湖区人民法院经两次公开审理，经查，该山庄至少 4 天大门开着且无人把守。104 室虽已售出，但钥匙仍在物业公司，当管理员发现 104 室有异常时也未上前查看清楚，致使二罪犯在此房潜伏达 4 天之久。法院认为，物业服务公司存在违约事实，依据《合同法》第一百一十三条第一款规定，认定被告物业服务公司履行义务不符合约定，应当承担违约责任，向受害者家属赔偿人民币 10 万元。

被告物业服务公司不服，向深圳市中级人民法院提起上诉。二审法院经审理判决：撤销深圳罗湖区人民法院的判决，物业服务公司不承担赔偿责任。

分析：物业服务公司的基本义务是保障住宅区物业的合理使用、维护住宅区的公共秩序。若把上诉人保护、保管某山庄全体业主及非业主使用人的人身、财产保护保管义务视为附随义务，则违背了《深圳经济特区住宅区物业管理条例》的立法精神，违背了物业服务合同的性质、目的、交易习惯，该附随义务的责任远比物业服务合同中的主义务的责任还重大，违背了合同的诚信等价原则。物业服务公司依照法律、法规规定和《物业服务合同》的约定，不具有对山庄全体业主及非业主使用人的人身、财产保护保管的义务和能力，不具有公安、司法机关依职权打击犯罪的基本职能。对犯罪行为造成的危害结果，根据罪责自负的原则，应由犯罪分子承担刑事和民事的法律责任。物业服务公司工作人员的行为并不构成违约。

6. 专项维修资金的管理和使用

专项维修资金用于物业共用部位和共用设施设备的维修、养护、更新和改造。对于专项维修资金，国家明确规定实行“业主所有、专户存储、政府监督、规范使用”的原则。专项维修资金属于物业管理区域内的业主所有，但在实践上，专项维修资金大都是由物业服务企业代管。为了发挥维修资金的作用，需要当事人在国家规定的基础上，对专项维修资金的管理和使用规则、程序等做出具体约定。

7. 违约责任

当事人应约定物业服务合同当事人一方或者双方不履行合同或者履行合同不符合约定时的违约金、损害赔偿的范围和违约责任的免责事由。

六、前期物业服务合同

由于物业管理涉及物业管理区域内全体业主的共同利益，物业服务企业无法与单个业主逐一签订物业服务合同，而只能在业主入住达到一定比例、召开业主大会、选举业主委员会之后，才和业主委员会签订统一的物业服务合同。但一般情况下，在物业建成之后，业主大会成立之前，就需要物业管理活动。这种情况下，只能由建设单位选聘物业服务企业对物业实施管理服务，并由建设单位和物业服务企业签订物业服务合同，这时的物业服务合同称为前期物业服务合同。《物业管理条例》第二十一条规定，在业主、业主大会选聘物业服务企业之前，建设单位选聘物业服务企业的，应当签订书面的前期物业服务合同。前期物业服务合同，对业主具有约束力。

前期物业服务合同有以下特征。

(1) 前期物业服务合同具有过渡性　前期物业服务合同的期限，存在于业主、业主大会选聘物业服务企业之前的过渡阶段。一旦业主大会成立或者全体业主选聘了物业服务企业，业主与物业服务企业签订的合同发生效力，就意味着前期物业管理阶段结束，进入正常的物业管理阶段。《物业管理条例》第二十一条规定，前期物业服务合同可以约定期限；但是，期限未满、业主委员会与物业服务企业签订的物业服务合同生效的，前期物业服务合同终止。

(2) 前期物业服务合同由建设单位与物业服务企业签订　建设单位是物业的第一业主，这是建设单位享有选聘物业服务企业，签订前期物业服务合同的合理依据。前期物业服务合同由建设单位与物业服务企业签订，但前期物业服务的对象却是业主，这就存在一个物业买受人在购买物业时如何知道和决定是否接受前期物业服务合同的问题。如果业主对前期物业服务合同的内容没有足够的了解，建设单位和物业服务企业容易利用这种信息的不对称，在签订的前期物业服务合同中，侵害业主的合法权益。鉴于此，《物业管理条例》第二十五条规定："建设单位与物业买受人签订的买卖合同应当包含前期物业服务合同约定的内容"。

(3) 前期物业服务合同是要式合同　《物业管理条例》要求前期物业服务合同以书面的形式签订。这样便于明确合同主体的权利义务，防止建设单位与物业服务企业侵害业主权益，发生纠纷时也有据可查。

【案例 7-4】 某小区开发商在售房合同中承诺该小区物业管理费每月每平方米不超过 1.5 元。可是在业主办理入住手续时，物业服务公司要求业主交纳的物业管理费每月每平方米 2.5 元。全部业主认为这不合理，要求按原购房协议执行。物业服务公司认为购房合同是开发商的事，开发商承诺事项与物业服务公司无关。为此，业主与物业服务公司发生了纠纷。

分析： 业主与开发商的约定已发生法律效力，双方不得以任何借口不履行（不可抗力或政府行政命令除外）。开发商应在选聘物业服务企业签订前期物业服务合同时，就物业服务收费标准问题协调一致，协调不成的，开发商对业主负责，补偿物业收费差额部分，否则构成违约，承担违约责任。

业主还可以通过召开业主大会，成立业主委员会，重新选聘物业服务企业，签订正式的物业服务合同并在合同中就物业服务收费问题做出新的约定。

七、物业服务合同的转让

物业服务合同转让是物业服务合同主体一方将合同部分或全部转让给第三人的行为。《合同法》第七十九条规定，除非根据合同性质、按照当事人约定或者依照法律规定不得转让，债权人可以将合同的权利全部或者部分转让给第三人；当事人一方经对方同意，可以将自己在合同中的权利和义务一并转让给第三人。

新建住宅的物业转让时，转让前期物业服务合同的一方是开发商；原有住宅的物业转让时，转让物业服务合同的一方是原业主；物业服务企业一般不得转让合同。

债权人转让权利的，应当通知债务人。未经通知，该转让对债务人不发生效力。债务人将合同的义务全部或者部分转移给第三人的，应当经债权人同意。物业服务的合同的转让，根据合同内容和物业服务合同自身特点，物业服务企业对转让当然认可。

八、物业服务合同的违约责任

违约责任是指物业服务合同当事人一方或者双方不履行合同或者履行合同不符合约定时，依照法律的规定或者按照当事人的约定应当承担的法律责任。

违约责任的特点包括：

① 违约责任是不履行或不适当履行合同义务所引起的后果；

② 违约责任具有相对性，违反合同的当事人应当对自己的行为负责，因第三人原因造成违约的，债务人仍应当向债权人负责，而不是由第三人向债权人负责；

③ 违约责任可以由当事人在法律规定的范围内约定，但当事人约定的违约金过分高于或者低于所造成的实际损失的，当事人可以请求人民法院或者仲裁机构予以适当减少或者增加；

④ 违约责任是财产责任，在违约的情况下，不存在精神损害赔偿的问题。

当事人未约定违约金的情况下，适用违约损害赔偿救济。损害赔偿的范围包括实际损失和预期利益损失。这里所说的预期利益损失，是指合同订立时可以预见或者应当预见到的违反合同可能造成的损失。《合同法》第一百零七条规定：“当事人一方不履行合同义务或者履行合同义务不符合约定的，应当承担继续履行、采取补救措施或者赔偿损失等违约责任。”

关于违约金与赔偿金能否并用的问题，应视具体情况而定，如果约定的是总括性违约金，则不存在违约金与赔偿金并用的问题。因为如果违约金少于实际损失的，当事人可以请求增加，增加的部分亦为违约金；如果约定的是单项违约金，如迟延履行违约金，又同时存在服务质量不符合等情况，除可请求迟延履行的违约金外，还可请求赔偿金。

违约责任的免责事由包括：

① 不可抗力；

② 约定免责事由。

但《合同法》第五十二条规定下列免责条款无效：

① 造成对方人身伤害的；

② 因故意或重大过失造成对方财产损失的。

物业服务企业不履行或者不完全履行物业服务合同约定的，或者法律、法规规定以及相关行业规范确定的维修、养护、管理和维护义务，业主可要求物业服务企业承担继续履行约定或义务、采取补救措施或者赔偿损失等责任。业主违反物业服务合同或者法律、法规、管理规约，实施妨害物业服务与管理的行为，物业服务企业可要求业主承担恢复原状、停止侵害、排除妨害等相应民事责任。物业服务企业违反物业服务合同约定或者法律、法规、部门规章规定，擅自扩大收费范围、提高收费标准或者重复收费，业主可以违规收费为由提出抗辩。已经收费的，业主可要求物业服务企业退还其已收取的违规费用的。物业服务企业经书面催交，业主无正当理由拒绝交纳或者在催告的合理期限内仍未交纳物业费，物业服务企业起诉请求人民法院判决业主支付物业费。物业服务企业已经按照合同约定以及相关规定提供服务，业主不得以未享受或者无需接受相关物业服务抗辩。

【案例 7-5】 某小区业主张先生搬进其购买的装修好的新房不到一个月，发现其主卧室卫生间的地漏返水，三间卧室及走廊地面铺装的复合地板大部分被污水浸泡了，卧室门和门套的下沿也被浸泡，屋内臭味弥散。物业服务公司在疏通过程中发现，原来阻塞的部位是在该套房屋下部与楼下房屋相连的主下水管线处，阻塞物有水泥等装修垃圾和其他生活垃圾。吴先生认为由于物业服务公司未履行职责，造成了自己很大的损失，故要求物业服务公司赔偿，双方几经协商亦未能达成一致意见，于是吴先生将物业公司告上法院。

原告诉称：原告认为物业公司应对此次事件负责，并要求物业公司赔偿更换门、门套、地板及衣柜的损失和精神损失。

被告辩称：在原告进行装修前，物业公司与其签订了合同，禁止向下水道排污物，房屋被水浸泡后，也及时派人疏通管道、排放污水并进行了维修。而且浸水原因是由于水泥块及生活垃圾等造成下水道堵塞，因为原告和该层其他几户业主都在装修，所以无法查清堵塞物的来源，但据此要求物业公司承担责任是没有道理的，故要求法院驳回原告的诉讼请求。法院经审理后判决物业公司承担相应的违约责任。

分析： 原告的房子遭到污水浸泡，阻塞部位在其居住的楼层与下层的主下水管道之间，该部位属公共设施部分，维修管理责任在物业公司。同时，物业公司在装修完毕后，未能在合理的期限内考察装修的质量和隐患，出现纠纷在尚未明确责任的情况下，物业公司应当承担相应的违约责任。

第二节　物业管理招标投标管理

物业服务合同的订立方式目前有两种，一种是协商方式，一种是招标方式。国家对选聘物业服务企业倡导采用招标投标的方式，招标投标制度的推行，为物业服务企业创造了公平、公正、公开的市场竞争环境，增加了物业管理的透明度，有助于物业服务企业提高服务质量，有利于物业管理行业整体的健康发展。

一、物业管理招标投标活动应遵循的基本原则

《招标投标法》第五条、《前期物业管理招标投标管理暂行办法》第四条都规定了招标投标活动必须遵循的基本原则，即“公开、公平、公正和诚实信用”的原则。这是招标投标必须遵循的最基本的原则，违反了这一基本原则，招标投标活动就失去了其本来的意义。

(一) 公开原则

公开原则，就是要求招标投标活动具有较高的透明度，实行招标信息、招标程序、招标结果公开。

1. 信息公开

采用公开招标方式的，招标方应在公共媒介上发布招标公告，并同时在中国住宅与房

地产信息和中国物业管理协会网上发布免费招标公告；采取邀请招标方式的，招标方应当向三个以上具备相应资质条件的、资信良好的物业服务企业发出投标邀请书。

2. 开标公开

开标应当公开进行，开标的时间和地点应当与招标文件中预先确定的相一致。开标由招标人主持，邀请所有投标人参加。招标人在招标文件要求提交投标文件的截止时间前收到的所有投标文件，开标时都应当当众予以拆封、宣读，并作好记录，存档备查。

3. 评标公开

评标的标准和办法应当在提供给所有投标人的招标文件中载明，评标应严格按照招标文件确定的标准和办法进行，不得采用招标文件未列明的任何标准。招标人不得与投标人就投标价格、投标方案等实质性内容进行谈判。

4. 中标结果公开

确定中标人后，招标人应当向中标人发出中标通知书，同时将中标结果通知所有未中标的投标人，并应当返还其投标书。招标人还应当自确定中标人之日起 15 日内，向物业项目所在地的县级以上地方人民政府房地产行政主管部门备案。备案资料应当包括开标评标过程、确定中标人的方式及理由、评标委员会的评标报告、中标人的投标文件等资料。

（二）公平原则

公平原则要求给予所有投标人平等的机会，使其享有同等的权利，履行同等的义务，不得有意排斥、歧视任何一方。而投标人不得采用不正当竞争手段参加投标竞争。

对于招标方，应向所有潜在投标人提供相同的招标信息；招标人不得以不合理的条件限制或者排斥潜在投标人，不得对潜在投标人提出与招标物业管理项目实际要求不符的过高的资格等要求；不得向他人透露已获取招标文件的潜在投标人的名称、数量以及可能影响公平竞争的有关招标投标的其他情况；招标人不得限制投标人之间的竞争；所有投标人都有权参加开标会；所有在投标截止时间前收到的投标文件都应当在开标时当众拆封、宣读。

对于投标方，不得相互串通投标报价，不得排斥其他投标人的公平竞争，损害招标人或者其他投标人的合法权益。

（三）公正原则

公正原则就是要求在招标投标过程中，评标结果要公正。评标时对所有投标者一视同仁，严格按照事先公布的标准和规则统一对待各投标人。不得向任何投标人泄露标底或其他妨碍公平竞争的信息。任何单位和个人不得非法干预、影响物业管理招标投标活动。

（四）诚实信用原则

“诚实信用”是民事活动的基本原则之一。本章招标投标活动是以订立物业服务合同为目的的民事活动，当然也适用这一原则。本原则的含义是，在招标投标过程中，招标人或招标代理机构、投标人等均应以诚实、善意的态度参与招标投标活动，严格按照法律的规定行使自己的权利履行自己的义务，不得弄虚作假牟取不正当利益，不得损害对方、第三人的利益。对违反诚实信用原则，给他人造成损失的，要依法承担赔偿责任。

二、物业管理招标投标的适用范围和行政监管

1. 物业管理招标投标的适用范围

《物业管理条例》第二十四条规定：“国家提倡建设单位按照房地产开发与物业管理相

分离的原则，通过招投标的方式选聘具有相应资质的物业服务企业。住宅物业的建设单位，应当通过招投标的方式选聘具有相应资质的物业服务企业；投标人少于3个或者住宅规模较小的，经物业所在地的区、县人民政府房地产行政主管部门批准，可以采用协议方式选聘具有相应资质的物业服务企业。”之后，建设部又颁布了《前期物业管理招标投标管理暂行办法》，从这些规定中我们可以看出：

① 对住宅物业前期物业管理实施招投标，进行的是强制性规定。这是因为住宅物业管理项目与广大居民的公共利益密切相关，在选聘物业服务企业、签订履行物业服务合同的过程中容易发生纷争，客观上要求有更高的透明度。但对于规模较小的住宅物业，采用招标投标的程序相对复杂，费时较多，费用也较高，建设单位可以采用协议方式选聘物业服务企业；投标人少于3个的，由于缺乏足够的竞标，进行招投标的意义不大，也可以采用协议的方式选聘物业服务企业。如《北京市协议选聘物业服务企业行政许可程序》规定，投标人少于3个或者住宅规模较小（2万平方米以内）的物业项目，经区、县国土房管局（物业管理科/小区办）行政许可，可以采用协议的方式选聘物业服务企业。

② 对非住宅物业是否以招投标方式选聘物业服务企业，目前未作强制性规定。这是因为从我国物业管理总体实践来看，目前尚不宜“一刀切”地强制推行招投标制度。但上述规定确立了一种导向：国家提倡建设单位按照房地产开发与物业管理相分离的原则，通过招投标的方式选聘物业服务企业。

③ 对于业主和业主大会选聘物业服务企业的方式，法律也未作强制性规定。《前期物业管理招标投标管理暂行办法》第四十三条规定：“业主和业主大会通过招投标的方式选聘具有相应资质的物业服务企业的，参照本办法的执行。”

2. 物业管理招标投标的行政监管

国务院建设行政主管部门负责全国物业管理招标投标活动的监督管理。

省、自治区人民政府建设行政主管部门负责本行政区域内物业管理招标投标活动的监督管理。

直辖市、市、县人民政府房地产行政主管部门负责本行政区域内物业管理招标投标活动的监督管理。

三、招标

一次完整的招标投标活动，包括招标、投标、开标、评标和中标等许多环节。招标是整个招标投标过程的第一个环节。

1. 招标人

本章所称的招标人，是指依法进行前期物业管理招标的物业建设单位，以及通过招标投标方式选聘物业服务企业的业主和业主大会。

招标人可以委托招标代理机构办理招标事宜；有能力组织和实施招标活动的，也可以自行组织实施招标活动。物业管理招标代理机构应当在招标人委托的范围内办理招标事宜，并遵守有关对招标人的规定。

所谓“招标代理机构”，是指依法设立，从事招标代理业务并提供相关服务的社会中介组织。其主要业务包括：为招标人编制招标文件、审查投标人的资质、组织评标活动、协调招标人与中标人的关系、提供与招标活动有关的咨询、代书及其他服务性工作。招标代理机构可根据自己提供服务量的大小，向招标委托人收取一定的费用。

2. 招标方式

物业管理招标分为公开招标和邀请招标。

公开招标也称“无限竞争性招标”，其特点是招标人发布招标公告，其针对的对象是所有对招标项目感兴趣的物业服务企业。招标人采取公开招标方式的，应当在公共媒介上发布招标公告，并同时在中国住宅与房地产信息网和中国物业管理协会网上发布免费招标公告。招标公告应当载明招标人的名称和地址、招标项目的基本情况以及获取招标文件的办法等事项。这种公告方式，可以大大提高招标活动的透明度，对招标过程中的不正当交易行为起到较强的抑制作用。

邀请招标也称“有限竞争性招标”或“限制性招标”，是指招标方根据自己掌握的情况，预先确定一定数量的符合招标项目基本要求的潜在投标人，并向其发出投标邀请书，由被邀请的潜在投标人参加投标竞争，招标人从中择优确定中标人的一种招标方式。招标人采取邀请招标方式的，应当向 3 个以上物业服务企业发出投标邀请书。

3. 对潜在投标人或者投标人的资质审查

招标人可以根据招标项目本身的特点和需要，要求潜在投标人或者投标人提供满足其资格要求的文件，对潜在投标人或者投标人进行资格审查。

资格审查分为资格预审和资格后审。资格预审是指在投标前对潜在投标人进行的资格审查。资格预审不合格的潜在投标人不得参加投标。资格后审是指在开标后对投标人进行的资格审查。进行资格预审的，一般不再进行资格后审。资格后审不合格的投标人的投标应作废标处理。

资格审查主要审查潜在投标人或者投标人是否符合下列条件：

① 具有独立订立合同的权利；

② 具有履行合同的能力，包括专业技术资质和能力等；

③ 没有处于被责令停业，投标资格被取消，财产被接管、冻结、破产状态；

④ 在最近 3 年内没有骗取中标和严重违约等问题；

⑤ 法律、行政法规规定的其他资格条件。

《前期物业管理招标投标管理暂行办法》第十二条规定，公开招标的招标人可以根据招标文件的规定，对投标申请人进行资格预审。实行投标资格预审的物业管理项目，招标人应当在招标公告或者投标邀请书中载明资格预审的条件和获取资格预审文件的办法；第十三条规定，经资格预审后，公开招标的招标人应当向资格预审合格的投标申请人发出资格预审合格通知书，告知获取招标文件的时间、地点和方法，并同时向资格不合格的投标申请人告知资格预审结果。在资格预审合格的投标申请人过多时，可以由招标人从中选择不少于 5 家资格预审合格的投标申请人。

4. 招标文件的编制

招标人应当根据物业管理项目的特点和需要，在发布招标公告或发出投标邀请书前完成招标文件的编制并确定标底。招标人设有标底的，标底一经审定，应封标至开标，在此之前要绝对保密。

招标文件应包括以下内容：

① 招标人及招标项目简介，包括招标人名称、地址、联系方式、项目基本情况、物业管理用房的配备情况等；

② 物业管理服务内容及要求，包括服务内容、服务标准等；

③ 对投标人及投标书的要求，包括投标人的资格、投标书的格式、主要内容等；

④ 评标标准和评标方法；

⑤ 招标活动方案，包括招标组织机构、开标时间及地点等；

⑥ 物业服务合同的签订说明；

⑦ 其他事项的说明及法律法规规定的其他内容。

招标人对已发出的招标文件进行必要的澄清或者修改的，应当在招标文件要求提交投标文件截止时间至少15日前，以书面形式通知所有的招标文件收受人。该澄清或者修改的内容为招标文件的组成部分。

招标人根据物业管理项目的具体情况，可以组织潜在的投标申请人踏勘物业项目现场，并提供隐蔽工程图纸等详细资料。对投标申请人提出的疑问应当予以澄清，并以书面形式发送给所有的招标文件收受人。

5. 前期物业管理招标投标工作实施时限

通过招标投标方式选择物业服务企业的，招标人应当按照以下规定时限完成物业管理招标投标工作：

① 新建现售商品房项目应当在现售前30日完成；

② 预售商品房项目应当在取得《商品房预售许可证》之前完成；

③ 非出售的新建物业项目应当在交付使用前90日完成。

四、投标

在招标人以招标公告或者投标邀请书的方式发出招标邀请后，具备相应资质的物业服务企业即可在招标文件指定的提交投标文件的截止时间之前，向招标人提交投标文件，参加投标竞争。

1. 投标人

《前期物业管理招标投标管理暂行办法》第二十条规定："本办法所称投标人是指响应前期物业管理招标、参与投标竞争的物业服务企业。投标人应当具有相应的物业服务企业资质和招标文件要求的其他条件。"

所有对招标公告或投标邀请书感兴趣的并有可能参加投标的人，称为潜在投标人。所谓响应招标，是指潜在投标人获得了招标的信息或者投标邀请书以后购买招标文件，接受资格审查，并编制投标文件，按照招标人的要求参加投标。参加投标竞争是指按照招标文件的要求在规定的时间内提交投标文件的活动。

2. 投标文件的编制

《前期物业管理招标投标管理暂行办法》第二十二条规定："投标人应当按照招标文件的内容和要求编制投标文件，投标文件应当对招标文件提出的实质性要求和条件做出响应。"投标文件应当包括以下内容：

① 投标函；

② 投标报价；

③ 物业管理方案；

④ 招标文件要求提供的其他材料。

投标人应认真研究、正确理解招标文件的全部内容，并按照招标文件的要求编制投标文件，这样方有中标的可能。这里"实质性要求和条件"，是指招标文件中有关招标项目的技术要求、投标报价要求和评标标准、合同的主要条款等，投标人必须严格按照招标文件的要求，一一作答，不得对招标文件进行修改，不得遗漏或回避招标文件中的问题，不能提出任何附带条件，否则将有可能失去中标机会。投标人对招标文件有疑问需要澄清的，应当以书面形式向招标人提出。

投标人在招标文件要求提交投标文件的截止时间前，可以补充、修改或者撤回已提交的投标文件，并书面通知招标人。补充、修改的内容为投标文件的组成部分。在招标文件要求提交投标文件的截止时间后送达的补充或者修改的内容无效。

3. 投标文件的送达

通常，送达包括直接送达、邮寄送达和委托送达三种方式。直接送达安全性最高。

在招标文件中一般都载有递交投标文件的时间和地点。投标人不能将投标文件送交招标文件规定地点以外的其他地点，如果因此而延误了投标时间，将被视为无效标而被拒收。如果以邮寄方式送达，投标人必须留出邮寄的时间，保证投标文件能够在截止日之前送达招标人指定的地点，即邮寄送达时间以送至招标文件所要求地点的时间为准，而不是以"邮戳为准"。

在投标人按照送达要求，将投标文件送达以后，招标人应当签收。签收时应有签收的书面证明，证明上应载明签收的时间、地点、具体的签收人、签收的包数和密封状况等。同时直接送达的送达人也应当签字。签收人签收时应检查投标文件是否按照招标文件的要求进行了密封和加写了标志，如果没有按照要求密封和加写标志的，招标人或招标代理机构人员应予拒收，或者告知投标人不承担提前开封的责任，以防给以后的开标、评标带来不必要的争议。履行完签收手续后，应登记、备案，并加以妥善保存，任何人不得在开标前启封。

4. 招标投标活动中的禁止性规定

(1) 禁止串通投标　串通投标包括两种情况：一是投标人之间串通投标；二是投标人与招标人之间相互串通投标。投标人之间相互串通投标是指投标人彼此之间以书面或口头的形式，就投标价格达成协议，以达到避免相互竞争，共同损害招标人利益的行为。投标人与招标人之间相互串通是指某些投标人与招标人在招标投标活动中，以不正当的手段进行私下交易致使招标投标活动流于形式，共同损害社会公共利益或他人利益的行为。投标人与招标人串通投标行为主要包括以下几种情况：

① 招标人在公开开标前，开启标书，泄露投标情况，或协助投标人撤换标书，更改报价；

② 招标人向投标人泄露标底，或向投标人透露其他投标人的信息；

③ 在招标文件中暗指某个投标人或者技术规范明显有利于某一投标人，使某些投标人在投标中处于有利地位。

(2) 禁止投标人行贿　投标人不得以向招标人或者评标委员会成员行贿的手段来谋取中标。如果有行贿受贿行为的，中标无效，情节严重的还要依法追究刑事责任。

(3) 禁止弄虚作假　投标人不得以他人名义投标或者以其他方式弄虚作假，骗取中标。

五、开标、评标和中标

开标、评标和中标，是招标投标活动中非常重要的环节，是决定投标人最后是否中标的关键阶段，同时，也是最容易产生腐败的阶段。对于体现招标投标的公开、公平、公正原则具有极其重要的意义。

(一) 开标

开标就是招标人依据招标文件的时间、地点，当众开启所有投标人提交的投标文件，公开宣布投标人的姓名、投标报价和其他主要内容的行为。

开标应当在招标文件确定的提交投标文件截止时间的同一时间公开进行；开标地点应当为招标文件中预先确定的地点。

开标由招标人主持，邀请所有投标人参加。开标应当按照下列规定进行：由投标人或者其推行的代表检查投标文件的密封情况，也可以由招标人委托的公证机构进行检查并公证；经确认无误后，由工作人员当众拆封，宣读投标人名称、投标价格和投标文件的其他主要内容；招标人在招标文件要求提交投标文件的截止时间前收到的所有投标文件，开标时都应当当众予以拆封；开标过程应当记录，并由招标人存档备查。

(二) 评标

评标是招标人根据招标文件的要求，对投标人所报送的投标文件进行审查及评议，从中选出最佳投标人的过程。评标是一项重要而复杂的综合性工作，它关系到整个招标过程是否体现公平竞争的原则，招标结果是否能使招标人得到最大效益。评标必须由专门的评标委员会来负责，以确保评标结果的科学性和公正性。

评标由招标人依法组建的评标委员会负责。评标委员会由招标人代表和物业管理方面的专家组成，成员为 5 人以上的单数，其中招标人以外的物业管理方面的专家不得少于成员总数的 2/3。

评标委员会的专家成员，应当由招标人从房地产行政主管部门建立的专家名册中采取随机抽取的方式确定。房地产行政主管部门应当对进入专家名册的专家进行有关法律和业务培训，对其评标能力、廉洁公正等进行综合考评，及时取消不称职或者违法违规人员的评标专家资格。被取消评标专家资格的人员，不得再参加任何评标活动。与投标人有利害关系的人不得进入相关项目的评标委员会。

评标委员会成员在履行职务时应当遵守下列行为准则：

① 评标委员会成员应当认真、公正、诚实、廉洁地履行职责，对所提出的评审意见承担个人责任。

② 评标委员会成员不得与任何投标人或者与招标结果有利害关系的人进行私下接触，不得收受投标人、中介人、其他利害关系人的财物或者其他好处。

③ 评标委员会成员和与评标活动有关的工作人员不得透露对投标文件的评审和比较、中标候选人的推荐情况，以及与评标有关的其他情况。

为保证招标投标活动符合公开、公平和公正的原则，评标委员会对各投标竞争者提交的投标文件进行评审、比较的唯一标准和评审方法，只能是在事先已提供给每一个投标人的招标文件中已载明的评标标准和方法，而不能以别的为依据。招标文件中规定的评标标准和评标方法应当合理，不得含有倾向，不得妨碍或者限制投标人之间的竞争。

评标委员会对投标文件进行评审和比较，并对评标结果签字确认。评标委员会经评审，认为所有投标文件都不符合招标文件要求的，可以否决所有投标。依法必须进行招标的物业管理项目的所有投标被否决的，招标人应当重新招标。

评标应当由评标委员会秘密、独立地完成。保密措施包括：

① 评标委员会成员名单对外保密；

② 评标委员会成员严格自律，恪守秘密；

③ 除现场答辩部分外，评标地点、评标工作计划和程序等应保密。秘密评标的目的在于保证招标投标活动的公正和公平，因此其与公开原则并不矛盾，两者的宗旨是一致的。

评标方法一般有经评审的最低投标价法和综合评估法等。

（三）中标

1. 推荐中标候选人

评标委员会完成评标后，应当向招标人提出书面评标报告，阐明评标委员会对各投标文件的评审和比较意见，并按照招标文件规定的评标标准和评标方法，推荐不超过3名有排序的合格的中标候选人。

2. 确定中标人

招标人应当按照中标候选人的排序确定中标人。当确定中标的中标候选人放弃中标或者因不可抗力提出不能履行合同的，招标人可以依序确定其他中标候选人为中标人。招标人应当在投标有效期截止时限30日前确定中标人。投标有效期应当在招标文件中载明。

3. 中标通知书

中标人确定后，招标人应当向中标人发出中标通知书，同时将中标结果通知所有未中标的投标人，并应当返还其投标书。

招标投标是以订立合同为目的的民事活动。从合同法的意义上说，招标人发出的招标公告或者投标邀请书，是吸引物业服务企业向自己投标的意思表示，属于要约邀请；投标人向招标人送达的投标文件，是投标人希望与招标人就招标项目订立合同的意思表示，属于要约；而招标人向中标的投标人发出的中标通知书，是招标人同意接受中标的投标人的投标条件，即同意接受该投标人的要约的意思表示，属于承诺。因此，中标通知书发出后，产生承诺的法律效力，如招标人改变中标结果，或者中标人放弃中标项目的，均应承担法律责任。

4. 招标人与投标人订立合同

招标人和中标人应当自中标通知书发出之日起30日内，按照招标文件和中标人的投标文件订立书面的物业服务合同；招标人和中标人不得再行订立背离合同实质性内容的其他协议。

5. 招标投标备案制度

（1）事前备案　招标人应当在发布招标公告或者发出投标邀请书的10日前，提交与物业管理有关的物业项目开发建设的政府批件、招标公告或者投标邀请书、招标文件以及法律、法规规定的其他材料，报物业项目所在地的县级以上地方人民政府房地产行政主管部门备案。房地产行政主管部门发现招标有违反法律、法规规定的，应当责令招标人改正。如《北京市物业管理招标投标办法》第七条规定，前期物业管理招标的招标人应当在发布招标公告或者发出投标邀请书之前，到北京市居住小区管理办公室备案；业主大会招标的，到项目所在区、县国土资源和房屋管理局备案。

（2）事后备案　招标人应当自确定中标人之日起15日内，向物业项目所在地的县级以上地方人民政府房地产行政主管部门备案。备案资料应当包括开标评标过程、确定中标人的方式及理由、评标委员会的评标报告、中标人的投标文件等资料。委托代理招标的，还应当附招标代理委托合同。如《北京市物业管理招标投标办法》第三十三条规定，招标人应当自与中标人签订（前期）物业服务合同之日起15日内，到原备案机关备案。

【案例7-6】 已经收到天津市一住宅建设项目中标通知书的太恒物业服务公司还没有来得及品尝揽到物业管理项目的喜悦，却又接到这个项目招标人——三顺房产公司的口头通知：原先发出的《中标通知书》无效，项目已发包给另一家物业服务企业住安物业服务公司。已经按规定要求向招标人支付了5万元投标保证金的太恒物业服务公司负责人对此怎么也想不通，程序完全合法的招投标结果，这家房产公司怎么可以擅自撤标？后来了解到，他们的中标价为1.7元/平方米，而这家房产公司之后与另一家物业服务企业是以1.5元/平方米签订这个项目物业服务合同的。经多次交涉无果后，太恒物业服务公司委托律师向当地法院起诉，要求判决被告三顺房产公司与住安物业服务公司签订的物业服务合同无效。法院经审理支持了原告的诉讼请求。

分析： 物业管理招投标活动受国家法律保护，双方必须遵循公开、公正、公平和诚实信用的原则在中标通知发出后的规定期限内签订物业服务合同。根据《招标投标法》有关规定，招投标文件的主要内容要在最后签订的合同中体现。招标人不仅不能在中标通知发出后与其他未中标者签定合同，与中标者所签的合同也不能任意改变，即使双方协商一致也不可以，因为这对其他投标人是不公平的。被告在发出中标通知后未按规定期限与原告而与他人签订物业服务合同，属于单方废标，该行为无效。

第三节 物业服务收费

近年来，物业管理方面的诉讼日益增多，其中又以物业服务收费纠纷为甚。在各种类型物业的收费中，商业和办公用房的物业服务收费相对比较顺利，而普通住宅小区却普遍存在收费难、收缴率低等问题。造成这类问题的原因有的是因为物业服务合同关于物业服务收费的项目、范围、标准等约定不明确；有的是因为收费过高，而与提供的物业服务不相当。因此，物业服务合同的双方当事人了解国家关于物业服务收费的相关规定，在合同中明确约定物业服务收费的项目、范围、标准等事项，对预防和解决此类矛盾和纠纷至关重要。

一、物业服务收费的概念及原则

物业服务收费，是指物业服务企业按照物业服务合同的约定，对房屋及配套的设施设备和相关场地进行维修、养护、管理，维护相关区域内的环境卫生和秩序，向业主所收取的费用。

根据《物业管理条例》、《物业服务收费管理办法》的规定，物业服务收费应当遵循合理、公开以及费用与服务水平相适应的原则。

1. 合理原则

物业服务费用的确定应当具有合理性，体现物业服务的价值。国家提倡业主通过公开、公平、公正的市场竞争机制选择物业服务企业；鼓励物业服务企业开展正当的价格竞争，禁止价格欺诈，促进物业服务收费通过市场竞争形成。

2. 公开原则

物业服务收费的项目、标准、程序等应当公开，不能暗箱操作。物业服务企业应当按照政府价格主管部门的规定实行明码标价，在物业管理区域内的显著位置，将服务内容、服务标准以及收费项目、收费标准等有关情况进行公示，保障业主知情权。物业服务企业应当向业主大会或者全体业主公布物业服务资金年度预决算，并每年不少于一次公布物业服务资金的收支情况。业主或者业主大会对公布的物业服务资金年度预决算和物业服务资金的收支情况提出质询时，物业服务企业应当及时答复。

3. 费用与服务水平相适应原则

物业服务企业在物业服务中应当遵守国家的价格法律法规，严格履行物业服务合同，为业主提供质价相符的服务，既不能只收费不服务，也不能多收费少服务。

二、物业服务收费的依据

《物业服务收费管理办法》第六条规定：“物业服务收费应当区分不同物业的性质和特点分别实行政府指导价和市场调节价。具体定价形式由省、自治区、直辖市人民政府价格主管部门会同房地产行政主管部门确定。”

物业服务是一种民事活动，应遵循民事活动的规则，因此，物业服务收费应由业主与物业服务企业平等协商、合理约定。然而由于目前物业管理市场发育还不尽完善，成立业主委员会的小区不多，业主与物业服务企业平等协商的机制还没有充分建立，为保障业主和物业服务企业的合法权益，政府部门有必要制定一个指导价。

1. 政府指导价

物业服务收费实行政府指导价的，有定价权限的人民政府价格主管部门应当会同房地产行政主管部门根据物业管理服务等级标准等因素，制定相应的基准价及其浮动幅度，并定期公布。主管部门在制定或调整本行政区域内实行政府指导价的普通住宅物业管理公共服务收费标准的总体水平时，应依法举行价格听证会，听取业主、使用人和物业服务企业的意见。收费标准既要有利于物业管理服务的价值补偿，也要考虑业主、使用人的经济承受能力，应在物业管理服务所发生的费用基础上，结合物业服务企业的服务内容、服务质量、服务深度核定。

北京市经济适用住房小区、危改回迁小区，在未成立业主大会前，物业服务收费实行政府指导价，执行经济适用住房小区物业服务收费政府指导价标准。执行物业服务收费政府指导价的住宅区，电梯、水泵运行维护费可依据其实际支出，按建筑面积或户型合理分摊，具体办法由业主与物业服务企业协商确定。协商达成一致之前，电梯、水泵运行维护费执行政府指导价。

广东省物价局出台的《关于加强物业服务收费管理的通知》，其对业主委员会成立前的住宅（不含别墅）物业服务收费实行政府指导价。目前广东省推行的物业管理收费是对业主委员会成立前的普通住宅实行政府指导价，在政府指导价的范围内，可上下浮动。如广州的电梯楼，一级物业最高收费可以达到 1.96 元/平方米，最低可以为 1.45 元/平方米。

2. 市场调节价

除各省、自治区、直辖市人民政府价格主管部门和房地产行政主管部门规定采用政府指导价的以外，物业服务收费实行市场调节价。

物业服务收费实行市场调节价的，由业主与物业服务企业在物业服务合同中约定。业主大会成立前，由开发建设单位、物业服务企业与业主在房屋买卖合同或前期物业服务合同中约定。

物业服务收费标准需要调整时，应由业主大会或共同履行业主大会、业主委员会职责的全体业主与物业服务企业协商确定。

三、物业服务收费的计费方式和成本构成

（一）计费方式

实行市场调节价的物业服务收费，业主与物业服务企业可以采取包干制或者酬金制等形式约定物业服务费。

1. 包干制

包干制是指由业主向物业服务企业支付固定物业服务费用，盈余或者亏损均由物业服务企业享有或者承担的物业服务计费方式。

实行物业服务费用包干制的，物业服务费用的构成包括物业服务成本、法定税费和物业服务企业的利润。

北京市规定，实行政府指导价管理的物业服务收费实行包干制，可在市价格主管部门、国土房管部门制定的物业服务收费基准价格基础上，向上浮动20%，但向下浮动不限。

2. 酬金制

酬金制是指在预收的物业服务资金中按约定比例或者约定数额提取酬金支付给物业服务企业，其余全部用于物业服务合同约定的支出，结余或者不足均由业主享有或者承担的物业服务计费方式。

实行物业服务费用酬金制的，预收的物业服务资金包括物业服务支出和物业服务企业的酬金。预收的物业服务支出属于代管性质，为所交纳的业主所有，物业服务企业不得将其用于物业服务合同约定以外的支出。物业服务企业应当向业主大会或者全体业主公布物业服务资金年度预决算，并每年不少于一次公布物业服务资金的收支情况。业主或者业主大会对公布的物业服务资金年度预决算和物业服务资金的收支情况提出质询时，物业服务企业应当及时答复。

物业服务收费采取酬金制方式，物业服务企业或者业主大会可以按照物业服务合同约定聘请专业机构对物业服务资金年度预决算和物业服务资金的收支情况进行审计。

（二）成本构成

物业服务成本或者物业服务支出构成一般包括以下部分：

① 管理服务人员的工资、社会保险和按规定提取的福利费等；

② 物业共用部位、共用设施设备的日常运行、维护费用；

③ 物业管理区域清洁卫生费用；

④ 物业管理区域绿化养护费用；

⑤ 物业管理区域秩序维护费用；

⑥ 办公费用；

⑦ 物业服务企业固定资产折旧；

⑧ 物业共用部位、共用设施设备及公众责任保险费用；

⑨ 经业主同意的其他费用。

物业共用部位、共用设施设备的大修、中修和更新、改造费用，应当通过专项维修资金予以列支，不得计入物业服务支出或者物业服务成本。

四、物业服务费用的缴纳

在物业服务合同关系中，提供物业服务和支付物业服务费用是物业服务企业和业主的主要义务。物业服务费用是物业服务合同的必备条款之一，当事人应当在合同中明确约定物业服务费用的标准、数额、交纳方式等。物业服务费用的交纳主体主要是业主，另外，还可能是物业使用人或建设单位。《物业管理条例》、《物业服务收费管理办法》等对物业服务费用的交纳主要作了下列规定。

① 业主应当按照物业服务合同的约定按时足额交纳物业服务费用或者物业服务资金。业主违反物业服务合同约定逾期不交纳服务费用或者物业服务资金的，业主委员会应当督促其限期交纳；逾期仍不交纳的，物业服务企业可以依法追缴。北京市规定：物业服务企业可按月、按季或按年度计收物业服务费，但不得一次性预收一年以上（不含一年）的。

② 业主与物业使用人约定由物业使用人交纳物业服务费用或者物业服务资金的，从其约定，业主负连带交纳责任。物业发生产权转移时，业主或者物业使用人应当结清物业服务费用或者物业服务资金。

③ 纳入物业管理范围的已竣工但尚未出售，或者因开发建设单位原因未按时交给物业买受人的物业，物业服务费用或者物业服务资金由开发建设单位全额交纳。

④ 物业管理区域内，供水、供电、供气、供热、通讯、有线电视等单位应当向最终用户收取有关费用。物业服务企业接受委托代收上述费用的，可向委托单位收取手续费，不得向业主收取手续费等额外费用。

⑤ 物业服务企业已接受委托实施物业服务并相应收取服务费用的，其他部门和单位不得重复收取性质和内容相同的费用。

⑥ 物业服务企业根据业主的委托提供物业服务合同约定以外的服务，服务收费由双方约定。

五、物业服务收费明码标价规定

为进一步规范物业服务收费行为，提高物业服务收费透明度，维护业主和物业服务企业的合法权益，促进物业管理行业的健康发展，国家发展和改革委员会与建设部联合下发了《物业服务收费管理办法》、《物业服务收费明码标价规定》，其中主要的内容包括：

① 物业服务企业向业主提供服务，包括按照物业服务合同约定提供物业服务以及根据业主委托提供物业服务合同约定以外的服务，应当按照规定实行明码标价，标明服务项目、收费标准等有关情况。

② 实行政府指导价的物业服务收费应当同时标明基准收费标准、浮动幅度，以及实际收费标准。

③ 物业服务收费明码标价的内容包括：物业服务企业名称、收费对象、服务内容、服务标准、计费方式、计费起始时间、收费项目、收费标准、价格管理形式、收费依据、价格举报电话 12358 等。

④ 物业服务企业在其服务区域内的显著位置或收费地点，可采取公示栏、公示牌、收费表、收费清单、收费手册、多媒体终端查询等方式实行明码标价。

⑤ 实行明码标价的物业服务收费的标准等发生变化时，物业服务企业应当在执行新标准前一个月，将所标示的相关内容进行调整，并应标示新标准开始实行的日期。

⑥ 物业服务企业实行明码标价应当做到价目齐全，内容真实，标示醒目，字迹清晰。

⑦ 政府价格主管部门应当会同同级房地产主管部门对物业服务收费明码标价进行管理。政府价格主管部门对物业服务企业执行明码标价规定的情况实施监督检查。

【案例 7-7】 某小区物业服务公司贴出了通知业主交本月管理费的通知，其中一些费用只列出了应交的总额，没有具体列各项目的具体费用。为此，小区的大部分业主要求物业服务公司定期公布所有物业管理费各项开支总数及细节，接受大家监督。物业服务公司负责人认为，他们只要根据物业服务合同所制定的服务要求开展工作，定期公布告诉大家是收支平衡还是超支便可以了，又不是审计，不需要公布细节。业主与该物业服务公司便产生了矛盾，后双方争执不下，业主向人民法院起诉，请求法院保护业主作为消费者的知情权。法院经审理后，依法确认了业主的知情权。

分析：根据《物业管理条例》的规定，业主与物业服务公司系服务合同关系；根据《消费者权益保护法》第八条的规定："消费者享有知悉其购买、使用的商品或者接受的服务的真实情况的权利"，认为业主作为消费者享有知情权。因此，应当确认了业主知情权。根据《消费者权益保护法》第八条，消费者还有权根据商品或者服务的不同情况，要求经营者提供商品的价格、产地、生产者、用途、性能、规格、等级、主要成分、生产日期、有效期限、检验合格证明、使用方法说明书、售后服务，或者服务的内容、规格、费用等有关情况。但是，如果业主要知道公司财务会计上的其他细节则是另外的问题。公司财务往往是公司的内部问题，公司有权决定是否对外公布。

六、物业服务收费纠纷的处理

《物业服务收费管理办法》规定："国务院价格主管部门会同国务院建设行政主管部门负责全国物业服务收费的监督管理工作。县级以上地方人民政府价格主管部门会同同级房地产行政主管部门负责本行政区域内物业服务收费的监督管理工作。"

如果物业业主对物业服务企业的收费有异议，认为收费标准过高、收费项目过多或提供的服务与收费质价不符，可以向小区业主委员会反映，由业主委员会与物业服务企业协商解决。如果收费标准是经过物价部门核定的，业主可以提请物价部门重新核定。物价部门应充分考虑业主的意见，以物业管理服务所发生的费用为基础，结合物业服务企业的服务内容、服务质量、服务深度重新核定。物业服务企业认为收费标准过低的，不得擅自提高收费标准，应提请物价部门根据物业管理费用的变化调整收费标准，或与小区业主委员会协商，达到一致意见后提高收费标准。

思考题

1. 物业服务合同的概念和特征有哪些？
2. 物业服务合同的主要内容有哪些？
3. 简述违约责任的概念及相关法律规定。
4. 物业服务合同招标投标活动中的注意事项有哪些？

第八章 前期物业管理阶段管理法规

就物业服务企业而言，前期物业管理中能够形成良好的管理秩序，满足业主或使用人不断增长的服务需要，通过自身努力在业主或使用人中间树立有效的管理者的良好形象，对于能够顺利促成业主大会与物业服务企业达成正式委托管理服务合同关系重大。就业主而言，业主、使用人能否在物业使用的开始就形成良好的管理和生活环境，前期物业管理阶段意义同样重大。因此，前期物业管理阶段的管理法规是物业服务企业、业主及使用人重要的行为规范。

第一节 物业的承接查验管理

物业承接查验，是指承接新建物业前，物业服务企业和建设单位按照国家有关规定和前期物业服务合同的约定，共同对物业共用部位、共用设施设备进行检查和验收的活动，以及前期物业服务合同终止后，业主委员会与业主大会选聘的物业服务企业之间的承接查验活动。《物业管理条例》对物业承接验收有关内容做了规定。《物业管理条例》第二十九条规定，在办理物业承接验收手续时，建设单位应当向物业服务企业移交相关资料。同时规定，物业服务企业应当在前期物业服务合同终止时将上述资料移交给业主委员会。住房和城乡建设部 2010 年 10 月 14 日颁布了《物业承接查验办法》，以规范物业承接查验行为，加强前期物业管理活动的指导和监督。《建设部房屋接管验收标准》是建设部于 1991 年 7 月 1 日颁布的物业验收与承接的国家标准。还有一些地方法规，如武汉在 2006 年 12 月 21 日发布的《武汉市物业管理承接验收规程》。物业服务企业、业主以及建设单位应当根据《中华人民共和国物权法》、《中华人民共和国合同法》和《物业管理条例》等法律法规的规定，并依据物业买卖合同、物业服务合同及管理规约行使权利和履行义务。

一、承接查验的原则与依据

物业承接查验应当遵循诚实信用、客观公正、权责分明以及保护业主共有财产的原则。国家鼓励物业服务企业通过参与建设工程的设计、施工、分户验收和竣工验收等活动，向建设单位提供有关物业管理的建议，为实施物业承接查验创造有利条件。

建设单位与物业买受人签订的物业买卖合同，应当约定其所交付物业的共用部位、共用设施设备的配置和建设标准。建设单位制定的临时管理规约，应当对全体业主同意授权物业服务企业代为查验物业共用部位、共用设施设备的事项作出约定。建设单位与物业服务企业签订的前期物业服务合同，应当包含物业承接查验的内容。前期物业服务合同就物业承接查验的内容没有约定或者约定不明确的，建设单位与物业服务企业可以协议补充。不能达成补充协议的，按照国家标准、行业标准履行；没有国家标准、行业标准的，按照通常标准或者符合合同目的的特定标准履行。

建设单位不得凭借关联关系滥用股东权利，在物业承接查验中免除自身责任，加重物业服务企业的责任，损害物业买受人的权益。建设单位不得以物业交付期限届满为由，要求物业服务企业承接不符合交用条件或者未经查验的物业。物业服务企业擅自承接未经查验的物业，因物业共用部位、共用设施设备缺陷给业主造成损害的，物业服务企业应当承担相应的赔偿责任。建设单位与物业服务企业恶意串通、弄虚作假，在物业承接查验活动中共同侵害业主利益的，双方应当共同承担赔偿责任。

物业承接查验活动，业主享有知情权和监督权。物业所在地房地产行政主管部门应当及时处理业主对建设单位和物业服务企业承接查验行为的投诉。

承接原有物业参照承接新建物业进行。

二、承接查验的程序事项

建设单位应当在物业交付使用15日前，与选聘的物业服务企业完成物业共用部位、共用设施设备的承接查验工作。物业承接查验可以邀请业主代表以及物业所在地房地产行政主管部门参加，可以聘请相关专业机构协助进行，物业承接查验的过程和结果可以公证。建设单位应当按照国家有关规定和物业买卖合同的约定，移交权属明确、资料完整、质量合格、功能完备、配套齐全的物业。

1. 实施承接查验的物业应当具备的条件

实施承接查验的物业，应当具备以下条件：

① 建设工程竣工验收合格，取得规划、消防、环保等主管部门出具的认可或者准许使用文件，并经建设行政主管部门备案；

② 供水、排水、供电、供气、供热、通信、公共照明、有线电视等市政公用设施设备按规划设计要求建成，供水、供电、供气、供热已安装独立计量表具；

③ 教育、邮政、医疗卫生、文化体育、环卫、社区服务等公共服务设施已按规划设计要求建成；

④ 道路、绿地和物业服务用房等公共配套设施按规划设计要求建成，并满足使用功能要求；

⑤ 电梯、二次供水、高压供电、消防设施、压力容器、电子监控系统等共用设施设备取得使用合格证书；

⑥ 物业使用、维护和管理的相关技术资料完整齐全；

⑦ 法律、法规规定的其他条件。

2. 实施物业承接查验的主要依据

实施物业承接查验，主要依据下列文件：

① 物业买卖合同；

② 临时管理规约；

③ 前期物业服务合同；

④ 物业规划设计方案；

⑤ 建设单位移交的图纸资料；

⑥ 建设工程质量法规、政策、标准和规范。

3. 物业承接查程序

物业承接查验按照下列程序进行：

① 确定物业承接查验方案；

② 移交有关图纸资料；

③ 查验共用部位、共用设施设备；

④ 解决查验发现的问题；

⑤ 确认现场查验结果；

⑥ 签订物业承接查验协议；

⑦ 办理物业交接手续。

4. 现场查验前建设单位应当向物业服务企业移交的资料

现场查验20日前，建设单位应当向物业服务企业移交下列资料：

① 竣工总平面图，单体建筑、结构、设备竣工图，配套设施、地下管网工程竣工图等竣工验收资料；

② 共用设施设备清单及其安装、使用和维护保养等技术资料；

③ 供水、供电、供气、供热、通信、有线电视等准许使用文件；

④ 物业质量保修文件和物业使用说明文件；

⑤ 承接查验所必需的其他资料。

未能全部移交前款所列资料的，建设单位应当列出未移交资料的详细清单并书面承诺补交的具体时限。物业服务企业应当对建设单位移交的资料进行清点和核查，重点核查共用设施设备出厂、安装、试验和运行的合格证明文件。

三、物业承接查验内容

（一）现场检查和验收范围

物业服务企业应当对下列物业共用部位、共用设施设备进行现场检查和验收。

1. 共用部位

一般包括建筑物的基础、承重墙体、柱、梁、楼板、屋顶以及外墙、门厅、楼梯间、走廊、楼道、扶手、护栏、电梯井道、架空层及设备间等。

2. 共用设备

一般包括电梯、水泵、水箱、避雷设施、消防设备、楼道灯、电视天线、发电机、变配电设备、给排水管线、电线、供暖及空调设备等。

3. 共用设施

一般包括道路、绿地、人造景观、围墙、大门、信报箱、宣传栏、路灯、排水沟、渠、池、污水井、化粪池、垃圾容器、污水处理设施、机动车（非机动车）停车设施、休闲娱乐设施、消防设施、安防监控设施、人防设施、垃圾转运设施以及物业服务用房等。

建设单位应当依法移交有关单位的供水、供电、供气、供热、通信和有线电视等共用设施设备，不作为物业服务企业现场检查和验收的内容。

（二）现场查验与问题解决

现场查验应当综合运用核对、观察、使用、检测和试验等方法，重点查验物业共用部位、共用设施设备的配置标准、外观质量和使用功能。现场查验应当形成书面记录。查验记录应当包括查验时间、项目名称、查验范围、查验方法、存在问题、修复情况以及查验结论等内容。查验记录应当由建设单位和物业服务企业参加查验的人员签字确认。现场查验中，物业服务企业应当将物业共用部位、共用设施设备的数量和质量不符合约定或者规定的情形，书面通知建设单位，建设单位应当及时解决并组织物业服务企业复验。

建设单位应当委派专业人员参与现场查验，与物业服务企业共同确认现场查验的结果，签订物业承接查验协议。物业承接查验协议应当对物业承接查验基本情况、存在问题、解决方法及其时限、双方权利义务、违约责任等事项作出明确约定。物业承接查验协议作为前期物业服务合同的补充协议，与前期物业服务合同具有同等法律效力。物业承接查验协议生效后，当事人一方不履行协议约定的交接义务，导致前期物业服务合同无法履行的，应当承担违约责任。

（三）质量与使用功能的检验标准

1. 引用标准

GBJ 7《建筑地基基础设计规范》；

GBJ 10《钢筋混凝土结构设计规范》；

GBJ 11《建筑抗震设计规范》；

GBJ 14《室外排水设计规范》；

GBJ 16《建筑设计防火规范》；

GBJ 45《高层民用建筑设计防火规范》；

GBJ 206《木结构工程施工及验收规范》；

GBJ 207《屋面工程施工及验收规范》；

GBJ 232《电气装置安装工程施工及验收规范》；

GBJ 242《采暖与卫生工程施工及验收规范》；

GJ 13《危险房屋鉴定标准》。

2. 新建房屋质量与使用功能的检验

（1）主体结构

① 地基基础的沉降不得超过 GBJ 7 的允许变形值；不得引起上部结构的开裂或相邻房屋的损坏。

② 钢筋混凝土构件产生变形、裂缝，不得超过 GBJ 10 的规定值。

③ 砖石结构必须有足够的强度和刚度，不允许有明显裂缝。

④ 木结构应结点牢固、支撑系统可靠，无蚁害，其构件的选材必须符合 GBJ 206 中 2.1.1 条的有关规定。

⑤ 凡应抗震设防的房屋，必须符合 GBJ 11 的有关规定。

（2）外墙 不得渗水。

（3）屋面

① 各类屋面必须符合 GBJ 207 中 4.0.6 条的规定，排水畅通，无积水、不渗漏。

② 平屋面应有隔热保温措施，三层以上房屋在公用部位应设置屋面检修孔。

③ 阳台和三层以上房屋的屋面应有组织排水、出水口，檐沟、落水管应安装牢固、接口严密，不渗漏。

（4）楼地面

① 面层与基层必须黏结牢固，不空鼓，整体面层平整，不允许有裂缝、脱皮和起砂等缺陷；块料面层应表面平正，接缝均匀顺直，无缺棱掉角。

② 卫生间、阳台、盥洗间地面与相邻地面的相对标高应符合设计要求，不应有积水，不允许倒泛水和渗漏。

③ 木楼地面应平整牢固，接缝密合。

（5）装修

① 钢木门窗应安装平正牢固，无翘曲变形，开关灵活，零配件装配齐全，位置准确，

钢门窗缝隙严密，木门窗缝隙适度。

② 进户门不得使用胶合板制作，门锁应安装牢固，底层外窗、楼层公共走道窗、进户门上的亮子均应装设铁栅栏。

③ 木装修工程应表面光洁，线条顺直，对缝严密，不露钉帽，与基层必须钉牢。

④ 门窗玻璃应安装平整，油灰饱满，粘贴牢固。

⑤ 抹灰应表面平整，不应有空鼓、裂缝和起泡等缺陷。

⑥ 饰面砖应表面洁净，粘贴牢固，阴阳角与线脚顺直，无缺棱掉角。

⑦ 油漆、刷浆应色泽一致，表面不应有脱皮、漏刷现象。

(6) 电气

① 电气线路安装应平整、牢固、顺直，过墙应有导管，导线连接必须紧密，铝导线连接不得采用绞接或绑接，采用管子配线时，连接点必须紧密、可靠，使管路在结构上和电气上均连成整体并有可靠的接地。

② 每回路导线间和对地绝缘电阻值不得小于1MΩ/kV，应按套安装电表或预留表位，并有电器接地装置。

③ 照明器具等低压电器安装支架必须牢固，部件齐全，接触良好，位置正确。

④ 各种避雷装置的所有连接点必须牢固可靠，接地电阻值必须符合 GBJ 232 的要求。

⑤ 电梯应能准确地启动运行、选层、平层、停层，曳引机的噪声和震动声不得超过 GBJ 232 的规定值；制动器、限速器及其他安全设备应动作灵敏可靠。安装的隐蔽工程、试运转记录、性能检测记录及完整的图纸资料均应符合要求。

⑥ 对电视信号有屏蔽影响的住宅，电视信号场强微弱或被高层建筑遮挡及反射波复杂地区的住宅，应设置电视共用天线。

⑦ 除上述要求外，同时应符合地区性“低压电气装置规程”的有关要求。

(7) 水卫消防

① 管道应安装牢固，控制部件启闭灵活，无滴漏。水压试验及保温、防腐措施必须符合 GBJ 242 的要求，应按套安装水表或预留表位。

② 高位水箱进水管与水箱检查口的设置应便于检修。

③ 卫生间、厨房内的排污管应分设，出户管长不宜超过 8 米，并不应使用陶瓷管、壁料管。地漏、排污管接口、检查口不得渗漏，管道排水必须流畅。

④ 卫生器具质量良好，接口不得渗漏，安装应平正、牢固，部件齐全、制动灵活。

⑤ 水泵安装应平稳，运行时无较大震动。

⑥ 消防设施必须符合 GBJ 16、GBJ 45 的要求，并且有消防部门检验合格签证。

(8) 采暖

① 采暖工程的验收时间必须在采暖期以前两个月进行。

② 锅炉、箱罐等压力容器应安装平正、配件齐全，不得有变形、裂纹、磨损、腐蚀等缺陷。安装完毕后，必须有专业部门的检验合格签证。

③ 炉排必须进行 12h 以上的试运转。炉排之间、炉排与炉铁之间不得互相摩擦，且无杂音，不跑偏，不凸起，不受卡，返转应自如。

④ 各种仪器、仪表应齐全精确，安全装置必须灵敏、可靠，控制阀门应开关灵活。

⑤ 炉门、灰门、煤斗闸板、烟、风挡板应安装平正、启闭灵活、闭合严密，风室隔墙不得透风漏气。

⑥ 管道的管径、坡度及检查井必须符合 GBJ 242 的要求。管沟大小及管道排列应便于维修，管架、支架、吊架应牢固。

⑦ 设备、管道不应有跑、冒、滴、漏现象。保温、防腐措施必须符合 GBJ 242 的规定。

⑧ 锅炉辅机应运转正常，无杂音。消烟除尘、消音减震设备应齐全。水质、烟尘排放浓度应符合环保要求。

⑨ 经过 48h 连续试运行，锅炉和附属设备的热工、机械性能及采暖区室温必须符合设计要求。

(9) 附属工程及其他

① 室外排水系统的标高、窨井（检查井）设置，管道坡度、管径均必须符合 GBJ 14 第二章 2.3.4 的要求。管道应顺直且排水通畅。井盖应搁置稳妥并设置井圈。

② 化粪池应按排污量合理设置，池内无垃圾杂物，进出水口高差不得小于 5 厘米，立管与粪池间的连接管道应有足够坡度，并不应超过两个弯。

③ 明沟、散水、落水沟头不得有断裂、积水现象。

④ 房屋和入口处必须做室外道路，并与主干道相通，路面不应有积水、空鼓和断裂现象。

⑤ 房屋应按单元设置信报箱，其规格、位置须符合有关规定。

⑥ 挂物钩、晒衣架应安装牢固。烟道、通风道、垃圾道应畅通，无阻塞物。

⑦ 单体工程必须做到工完料净场地清、临时设施及过渡用房拆除清理完毕、室外地面平整、室内外高差符合设计要求。

⑧ 群体建筑应检验相应的市政、公建配套工程和服务设施，达到应有的质量和使用功能要求。

3. 原有房屋

(1) 以 CJ 13—86 和国家有关规定作检验依据。

(2) 从外观检查建筑物整体的变异状态。

(3) 检查房屋结构、装修和设备的完好与损坏程度。

(4) 查验房屋使用情况（包括建筑年代、用途变迁、拆改添建、装修和设备情况），评估房屋现有价值，建立资料档案。

四、物业承接

1. 物业交接手续

建设单位应当在物业承接查验协议签订后 10 日内办理物业交接手续，向物业服务企业移交物业服务用房以及其他物业共用部位、共用设施设备。交接工作应当形成书面记录。交接记录应当包括移交资料明细、物业共用部位、共用设施设备明细、交接时间、交接方式等内容。交接记录应当由建设单位和物业服务企业共同签章确认。分期开发建设的物业项目，可以根据开发进度，对符合交付使用条件的物业分期承接查验。建设单位与物业服务企业应当在承接最后一期物业时，办理物业项目整体交接手续。物业承接查验费用的承担，由建设单位和物业服务企业在前期物业服务合同中约定。没有约定或者约定不明确的，由建设单位承担。

2. 备案手续

物业服务企业应当自物业交接后30日内，持下列文件向物业所在地的区、县（市）房地产行政主管部门办理备案手续：

① 前期物业服务合同；

② 临时管理规约；

③ 物业承接查验协议；

④ 建设单位移交资料清单；

⑤ 查验记录；

⑥ 交接记录；

⑦ 其他承接查验有关的文件。

建设单位和物业服务企业应当将物业承接查验备案情况书面告知业主。

3. 后续事项

物业交接后，建设单位未能按照物业承接查验协议的约定，及时解决物业共用部位、共用设施设备存在的问题，导致业主人身、财产安全受到损害的，应当依法承担相应的法律责任。物业交接后，发现隐蔽工程质量问题，影响房屋结构安全和正常使用的，建设单位应当负责修复；给业主造成经济损失的，建设单位应当依法承担赔偿责任。自物业交接之日起，物业服务企业应当全面履行前期物业服务合同约定的、法律法规规定的以及行业规范确定的维修、养护和管理义务，承担因管理服务不当致使物业共用部位、共用设施设备毁损或者灭失的责任。

物业服务企业应当将承接查验有关的文件、资料和记录建立档案并妥善保管。物业承接查验档案属于全体业主所有。前期物业服务合同终止，业主大会选聘新的物业服务企业的，原物业服务企业应当在前期物业服务合同终止之日起10日内，向业主委员会移交物业承接查验档案。

建设单位应当按照国家规定的保修期限和保修范围，承担物业共用部位、共用设施设备的保修责任。建设单位可以委托物业服务企业提供物业共用部位、共用设施设备的保修服务，服务内容和费用由双方约定。

【案例8-1】 武汉某小区业主委员会成立后发现，小区绿地面积与开发商提供的资料上记载的绿地面积比严重缩水，业主委员会要求物业服务公司与房地产开发商交涉未果，于是业主委员会起诉物业服务公司未在承接验收时承担相应职责，侵犯了业主的利益，要求物业服务公司赔偿由此给业主带来的损失。法院经审理认为业主委员会要求合理，依法支持了业主委员会的诉讼请求。

分析：《物业管理条例》第二十九条规定，在办理物业承接验收手续时建设单位应当向物业服务企业移交竣工总平面图，单体建筑、结构、设备竣工图，配套设施、地下管网工程竣工图等竣工验收资料。物业服务公司有责任对绿地进行验收，检查面积是否符合接管文件要求。《武汉市物业管理承接验收规程》第四条规定，承接验收应包括上下水管道、落水管、水箱、加压水泵、电梯、天线、供电线路、照明、锅炉、暖气线路、煤气线路、消防设施、绿地、道路、路灯、沟渠、池、井、非经营性车场车库、公益性文体设施和共用设施设备使用的房屋等物业共用设施设备。《物业承接查验办法》对此规定得更加清楚，其第三十九条规定："物业服务企业擅自承接未经查验的物业，因物业共用部位、共用设施设备缺陷给业主造成损害的，物业服务企业应当承担相应的赔偿责任"；第四十条规定："建设单位与物业服务企业恶意串通、弄虚作假，在物业承接查验活动中共同侵害业主利益的，双方应当共同承担赔偿责任。”因此，物业服务公司有失察的责任。物业服务公司由此给业主造成的对开发商虚报绿地面积追诉不利的损失，以及按照多于实际的绿地面积收取的物业管理费都应当承担相应的责任。

第二节　物业管理档案资料管理

一、物业管理档案的概念、归属及管理部门

1. 物业管理档案的概念

物业档案主要包括建设项目（工程）档案和物业管理档案。物业管理档案是指物业服务企业在其职能管理活动中形成的具有查考保存价值的各种文字、图表、音像等各种形式的历史记录。国家档案局1992年5月6日施行的《建设项目（工程）档案验收办法》第二条规定，建设项目（工程）档案是指从建设项目（工程）的提出、立项、审批、勘察设计、施工、生产准备到竣工投产（使用）的全过程中形成的应归档保存的文件资料。凡按批准的设计文件所规定的内容新建、扩建、改建的基本建设项目（工程）和技术改造项目的竣工验收工作，均应包括对档案的验收。

2. 物业管理档案的归属及管理部门

物业管理档案中业主住户资料、业主自治组织档案及基建、设备等档案资料属于业主所有。一般情况下，主住户资料及基建、设备等档案资料由物业服务企业负责管理，业主自治组织档案由业主自治组织负责管理。《业主大会和业主委员会指导规则》第三十九条规定：“业主委员会会议应当制作书面记录并存档”；第四十条规定：“业主委员会应当建立工作档案。”《深圳市物业管理区域档案管理规范》第十三条规定，在物业管理区域档案中，业主住户资料及基建、设备等档案资料属于业主所有。《深圳市物业管理区域档案管理规范》第四条规定，物业管理单位应当明确专人负责物业管理区域档案的收集、整理、保管和提供利用。《大连市物业档案管理办法（暂行）》规定，物业产权人委员会档案，属物业产权人及使用人共同所有，具有永久保管的权利与义务，由物业产权人委员会建立、保管、利用，在不具备条件的情况下，可委托物业企业代为建立、保管和利用；待有条件时，返还物业产权人委员会管理。

二、物业管理档案收集归档

物业管理单位应定期将形成的反映本管理区域物业管理活动的各类文件材料，按要求收集齐全、完整，及时归档。归档的文件材料应符合要求。

《档案法》第十条规定，对国家规定的应当立卷归档的材料，必须按照规定，定期向本单位档案机构或者档案工作人员移交，集中管理，任何个人不得据为己有。《深圳市物业管理区域档案管理规范》第五条规定，物业管理单位应于每年3月底前将上一年度形成的反映本管理区域物业管理活动的各类文件材料，按要求收集齐全、完整，及时归档。《深圳市物业管理区域档案管理规范》第八条规定，归档的文件材料应当为原件或者具有凭证作用的复制件或其他载体材料，并保持其历史面貌；文件书写和载体材料应能耐久保存，禁止使用圆珠笔、铅笔、纯蓝或红色墨水等不符合要求的书写材料。

（一）物业管理档案的归档要求

《大连市物业档案管理办法（暂行）》规定，物业档案的归档要求：

① 凡是归档的文件材料需保持文件材料的有机联系，并做到完整、准确、系统。

② 归档的文件材料应以原件为主，复制的文件必须注明来源单位及时间，字迹工整，图表图像清晰。

③ 形成物业档案的部门负责整理，在向物业档案管理部门移交时，须编制移交清单一式两份，经检查合格后，双方在移交清单上签字，双方各保留一份。

（二）物业档案的归档时间

《大连市物业档案管理办法（暂行）》规定，物业档案的归档时间：

① 各项管理方面的文件材料，在形成的次年六月底前由形成文件材料的部门整理立卷归档。

② 设备管理、设施管理、达标创优工作、房屋维修等方面的材料，在任务完成告一段落时，由项目负责部门整理立卷归档。财务会计方面的材料，由财会部门保管一年后，整理立卷归档。

③ 物业产权人和使用人档案应随物业产权人的变化随时立卷归档。

④ 基本建设工程方面的文件材料，开发建设单位在项目竣工验收后 30 天内，应向前期物业服务企业移交。待产权人委员会成立后，前期物业服务企业应 7 日内向物业产权人委员会或经物业产权人委员会同意，向其选定的物业企业移交。

⑤ 物业产权人委员会的文件材料，应随工作内容随时立卷归档。

（三）物业管理档案归档范围

《业主大会和业主委员会指导规则》第四十条规定，业主委员会应当建立工作档案，工作档案包括业主大会、业主委员会的会议记录；业主大会、业主委员会的决定；业主大会议事规则、管理规约和物业服务合同；业主委员会选举及备案资料；专项维修资金筹集及使用账目；业主及业主代表的名册；业主的意见和建议。《深圳市物业管理区域档案管理规范》对物业管理档案归档范围规定的较全面，可供其他地方借鉴。

《深圳市物业管理区域档案管理规范》规定，物业管理档案归档范围如下。

1. 行政后勤管理材料

（1）行政综合

① 物业管理处组织沿革、大事记及工作计划、总结。

② 管理处会议纪要、会议记录。

③ 规章制度。

④ 文秘、档案、印章管理记录。

⑤ 文件、档案接收及移交、销毁清册。

⑥ 物业管理发展规划、计划、总结。

⑦ 物业管理的请示、批复、报告、通知等。

⑧ 专题调查、调研、考察、普查工作材料。

⑨ 物业管理区域验收、接管记录。

（2）接待宣传工作

① 国家级、部省级、市级及一般性参观团接待材料。

② 专题新闻报道、采访、新闻发布会材料。

③ 来访领导题词签名册。
④ 来访者赠送礼品登记。
(3) 劳资管理
① 机构设置与人事管理规定。
② 员工花名册。
③ 员工工资表、劳动工资表、员工考评记录。
④ 用工合同台账、社会保险记录。
⑤ 员工培训计划、措施、教材、试题、考试成绩。
⑥ 人员增补申请表。
(4) 后勤管理
① 固定资产登记册。
② 办公楼设施、办公用房及办公用品管理记录。
③ 行政办公设备领用、维修、报废记录表。
④ 物料采购计划表、供方评价记录。
⑤ 物料管理、盘点资料、调离人员移交清单。
⑥ 水电管理、员工宿舍、车辆使用材料。
⑦ 职工食堂管理材料。
⑧ 区域通讯工具管理材料。
⑨ 员工福利管理材料。
2. 业主、住户资料
① 业主住户入住通知、购房合同复印件。
② 业主住户身份证、工作证复印件、家庭成员登记。
③ 管理规约。
④ 租住户登记表。
⑤ 租赁物业清单、合同。
3. 物业装修材料
① 装修申请审批表。
② 商铺楼宇装修审批表。
③ 装修违章处理通知单。
④ 装修税单。
4. 业主大会、业主委员会材料
① 业主委员会筹备、选举等材料。
② 业主委员会的请示、报告、批复。
③ 业主委员会制度。
④ 业主大会材料。
⑤ 楼长评选、增补、改选记录。
⑥ 有关收支情况公告。
5. 日常运行材料
(1) 日常运行综合
① 业主、住户问卷调查表。

② 员工住户合理化建议、表扬与投诉处理记录、物业管理事务处理跟踪记录。

③ 日常工作检查记录。

④ 事务助理工作总结。

⑤ 分包计划、合同、合格供方名录、供方评价记录、分包服务记录、不合格报告、纠正措施报告。

⑥ 家访表、联络单。

⑦ 服务要求评审记录、车辆缴费换证记录。

⑧ 突发事件处理记录、预防措施报告。

⑨ 公共设施、办公设施、工程及住户日常维修和回访记录。

(2) 园林绿化。

植物档案及补种，病虫害检查、防治材料。

(3) 保洁工作

① 保洁队工具领用、维修、报废记录表。

② 保洁综合、保洁区域及人员分布记录、检查表。

③ 环境卫生消杀记录。

(4) 治安工作

① 治安队工具领用、维修、报废记录表。

② 治安事件处理记录。

③ 带班员查岗记录、交接班记录、巡逻记录、签到表。

④ 来访人员登记表、搬运放行记录登记表。

⑤ 车辆进出登记表、异常车辆进出登记表。

(5) 设备运行记录

① 供水、供电设备汇总表、月统计表。

② 供水、供电设备值班、操作运行及保养、检查记录。

③ 电梯运行情况统计表、记录、值班巡视检查记录表。

④ 电梯故障（事故）处理单。

6. 消防工作材料

① 消防中心值班情况记录。

② 消防设备月、季度检查记录表、维修记录表。

③ 消防设备运行记录表。

④ 消防安全检查记录表。

⑤ 火险隐患整改通知书。

7. 创优资料

① 国家级创优评比资料。

② 省、市级创优评比资料。

③ 行业评比资料。

④ 企业内部创优评比资料。

⑤ 企业 ISO 9000 认证及其他认证材料。

8. 社区文化

① 社区大型庆典、文化活动材料。

② 社区文艺体育活动材料。
③ 团组织及青年文明号活动材料。
④ 社区科普教育、社会公益性活动材料。
⑤ 各类专题座谈会、学习参观考察活动材料。
⑥ 和街道、社区居委会、派出所等协作单位共同活动材料。
⑦ 人文事件方面材料。
⑧ 员工文化生活材料。

9. 会计档案

① 原始凭证、记账凭证、汇总凭证。
② 总账、明细账。
③ 银行日记账、现金日记账。
④ 停车场机动车辆管理及收费记录、住户维修费记录、收费统计等会计月、季度报告。
⑤ 年度会计报告（决算）。
⑥ 会计移交清册。
⑦ 会计档案销毁清册。
⑧ 会计档案保管清册。
⑨ 其他。

10. 基建档案

① 工程竣工图。
② 土建综合材料、水电综合材料。
③ 楼宇住房验收交接材料。
④ 业主工程维修项目价格表。
⑤ 公共设施新建、维修请示、批复、施工、验收材料。

11. 设备档案

供水、供电、电梯、消防等设备随箱、开箱及试运行、维修、维护资料。

12. 人事档案

① 聘用员工档案。
② 专业技术人员档案。
③ 辞工员工档案。

13. 声像档案

国家、省、市领导和重要来宾视察、来访、参观，举办各类庆典活动，社区文化及开展各项宣传等活动形成的照片、底片、录音带、录像带等载体材料。

14. 实物档案

本单位获得的各种证书、奖状、奖牌、奖杯、锦旗等。

三、物业管理档案的销毁

禁止擅自销毁物业管理档案。《档案法》第十五条规定，鉴定档案保存价值的原则、保管期限的标准以及销毁档案的程序和办法，由国家档案行政管理部门制定，禁止擅自销毁档案。《深圳市物业管理区域档案管理规范》第十条规定，对保管期满经鉴定无保存利用价值的档案，按有关规定经物业管理单位法人批准后，可以按一定程序进行销毁，销毁清册必须归档保存。会计档案的鉴定销毁工作按《中华人民共和国会计法》的有关规定执行。

四、物业管理档案使用

有关单位应依法移交物业管理档案。物业管理单位应依法管理和使用物业管理档案，做好保密工作，不得擅自提供他人利用。《深圳市物业管理区域档案管理规范》第十三条规定，开发建设单位在移交住宅区等物业时，应当向业主或物业管理单位移交有关工程建设、设施设备等物业管理所必需的档案，并办理移交手续；第十四条规定，业主委员会在与物业管理单位订立书面的物业管理服务合同时，应当将档案管理作为合同内容，并在合同生效后向物业管理单位提供该物业的工程建设、设施设备、住户（用户）等档案供其使用；第十五条规定，物业管理单位负责档案工作的人员在岗位变动时，应当办理档案交接手续；第十六条规定，物业管理区域档案中涉及业主、住户（用户）管理的档案应当做好保密工作，不得擅自提供他人利用。《大连市物业档案管理办法（暂行）》规定，物业管理档案属物业产权人共同所有，由物业企业建立、保管与利用，物业产权人委员会监管；在物业企业变动、撤消时，应在7日内移交给物业产权人委员会或新选定的物业企业；物业企业撤销或变动时，物业管理档案和物业产权人委员会委托其管理的要妥善保管，经物业产权人委员会行政主管部门的批准后，在上级主管部门的监督下，向新选定的物业企业移交；如暂无选定新的物业企业，可由物业产权人委员会封存，或由大连市物业管理主管部门暂存单位；原物业企业或个人，不得私自藏匿、销毁、转移等。

另外，物业管理单位应当建立健全档案文件材料的归档及档案的保管、保密、借阅、鉴定、销毁、统计等各项规章制度，应建立物业档案收集、整理保管、利用、统计、鉴定、销毁等制度，并列入物业管理工作程序，列入有关部门的职责范围和有关人员的岗位责任制，集中管理物业管理档案。任何单位或个人不得私自藏匿、隐瞒物业档案，不得私自涂改、伪造、销毁物业档案。归档文件材料应当做到分类合理，整理规范，排列有序，鉴定准确，并编制各类档案目录等必要的检索工具，以方便利用。

【案例 8-2】 上海市某小区70多平方米的物业管理用房被2005年1月撤出的老物业公司锁上了一间，造成新的物业公司不但办公面积狭小，而且连生活用水、上厕所等基本问题都得不到解决。老物业公司将物业管理用房上锁的理由：这套物业管理用房的产权还是属于开发商，开发商想怎么处理就怎么处理。业委会应该如何维护广大业主的利益，解决物业管理用房问题呢？

分析：根据《物业管理条例》，物业管理用房的所有权依法属于全体小区业主，开发商无权处理物业管理用房。首先，业主委员会可以到房产规划局、建筑档案管理部门和房屋产权管理部门查明小区物业管理用房的标注，因为建设单位在办理房屋预售许可证和房地产初始登记时，应当将物业管理用房的坐落、面积、室号在预测面积（实测面积）报告中予以注明，并加盖建设单位公章，物业管理用房在小区规划中都应配置。根据《上海市实施〈物业管理条例〉的若干意见》规定，1997年7月1日至2003年8月31日竣工的居住物业管理区域，其物业管理用房应按照规划中配置的标准提供；规划中未配置的，按照物业管理区域实际使用状况予以提供。老物业公司实际使用的物业管理用房是70多平方米，物业公司更换后使用的物业管理用房也应是70多平方米。其次，根据《物业管理条例》的规定，物业服务合同终止时，老物业应将物业管理用房和下列材料交还给业主委员会：①竣工总平面图，单体建筑、结构、设备竣工图，配套设施、地下管网工程竣工图等竣工验收资料；②设施设备的安装、使用和维护保养等技术资料；③物业质量保修文件和物业使用说明文件；④物业管理所必需的其他资料。如果老物业公司不移交有关资料，由县级以上地方人民政府房地产行政主管部门责令限期改正；逾期仍不移交有关资料的，对建设单位、物业服务企业予以通报批评，处1万元以上10万元以下的罚款。根据以上规定，业委会可以先把此情况向房地产行政主管部门反映，由房地产行政主管部门通过调解解决；若协商不成的，业委会可以经业主大会决议，向人民法院提起诉讼。

另外，《物权法》确认了物业管理用房的物业服务用房属于业主共有，并规定了异议登记制度。《物权法》实施后，为避免开发商违规出售物业管理用房，业委会可以提请房地产登记部门给予产权异议登记，并尽快解决争端。

第三节 住宅室内装饰装修管理

2002年3月5日建设部发布的《住宅室内装饰装修管理办法》是住宅室内装饰装修管理所依据的主要法规。住宅室内装饰装修，是指住宅竣工验收合格后，业主或者住宅使用人（装修人）对住宅室内进行装饰装修的建筑活动。住宅竣工验收合格前的装饰装修工程管理，按照一般建筑工程管理相关法规执行。

一、住宅室内装饰装修工程开工申报

1. 住宅室内装饰装修工程委托

装修人，或者装修人和装饰装修企业，应当与物业管理单位签订住宅室内装饰装修管理服务协议。住宅室内装饰装修管理服务协议应当包括下列内容：

① 装饰装修工程的实施内容；

② 装饰装修工程的实施期限；

③ 允许施工的时间；

④ 废弃物的清运与处置；

⑤ 住宅外立面设施及防盗窗的安装要求；

⑥ 禁止行为和注意事项；

⑦ 管理服务费用；

⑧ 违约责任；

⑨ 其他需要约定的事项。

承接住宅室内装饰装修工程的装饰装修企业，必须经建设行政主管部门的资质审查，取得相应的建筑业企业资质证书，并在其资质等级许可的范围内承揽工程。装修人委托企业承接其装饰装修工程的，应当选择具有相应资质等级的装饰装修企业。装修人经原设计单位或者具有相应资质等级的设计单位提出设计方案变动建筑主体和承重结构的，或者装修活动涉及搭建建筑物、构筑物的，改变住宅外立面，在非承重外墙上开门、窗的，拆改供暖管道和设施的，拆改燃气管道和设施的，超过设计标准或者规范增加楼面荷载的，改动卫生间、厨房间防水层的，必须委托具有相应资质的装饰装修企业承担。

2. 住宅室内装饰装修工程申报登记

装修人在住宅室内装饰装修工程开工前，应当向物业服务企业或者房屋管理机构（物业管理单位）申报登记。非业主的住宅使用人对住宅室内进行装饰装修，应当取得业主的书面同意。《北京市建筑工程施工许可办法》规定，在进行工程投资额在30万元以上或者建筑面积在300平方米以上（含30万元、300平方米本数）的房屋装饰装修工程，建设单位应当领取施工许可证，房屋装饰装修工程未领取施工许可证的，不得拆改作业。住宅室内装饰装修工程申报登记应当提交下列材料：

① 房屋所有权证（或者证明其合法权益的有效凭证）；

② 申请人身份证件；

③ 装饰装修方案；

④ 变动建筑主体或者承重结构的，需提交原设计单位或者具有相应资质等级的设计单位提出的设计方案；

⑤ 涉及搭建建筑物、构筑物的，改变住宅外立面的，在非承重外墙上开门、窗，拆改供暖管道和设施的，拆改燃气管道和设施的，需提交有关部门的批准文件；涉及改动卫生间、厨房间防水层的，变动建筑主体和承重结构的，需提交设计方案或者施工方案；

⑥ 委托装饰装修企业施工的，需提供该企业相关资质证书的复印件。

非业主的住宅使用人，还需提供业主同意装饰装修的书面证明。

3. 住宅室内装饰装修书面合同签订

装修人与装饰装修企业应当签订住宅室内装饰装修书面合同，明确双方的权利和义务。住宅室内装饰装修合同应当包括下列主要内容：

① 委托人和被委托人的姓名或者单位名称、住所地址、联系电话；

② 住宅室内装饰装修的房屋间数、建筑面积，装饰装修的项目、方式、规格、质量要求以及质量验收方式；

③ 装饰装修工程的开工、竣工时间；

④ 装饰装修工程保修的内容、期限；

⑤ 装饰装修工程价格，计价和支付方式、时间；

⑥ 合同变更和解除的条件；

⑦ 违约责任及解决纠纷的途径；

⑧ 合同的生效时间；

⑨ 双方认为需要明确的其他条款。

物业管理单位应当将住宅室内装饰装修工程的禁止行为和注意事项告知装修人和装修人委托的装饰装修企业。装修人对住宅进行装饰装修前，应当告知邻里。

二、住宅室内装饰装修注意事项

住宅室内装饰装修活动，禁止下列行为：

① 未经原设计单位或者具有相应资质等级的设计单位提出设计方案，变动建筑主体和承重结构；

② 将没有防水要求的房间或者阳台改为卫生间、厨房间；

③ 扩大承重墙上原有的门窗尺寸，拆除连接阳台的砖、混凝土墙体；

④ 损坏房屋原有节能设施，降低节能效果；

⑤ 其他影响建筑结构和使用安全的行为。

建筑主体，是指建筑实体的结构构造，包括屋盖、楼盖、梁、柱、支撑、墙体、连接点和基础等。承重结构，是指直接将本身自重与各种外加作用力系统地传递给基础地基的主要结构构件和其连接点，包括承重墙体、立杆、柱、框架柱、支墩、楼板、梁、屋架、悬索等。

装修人从事住宅室内装饰装修活动，未经批准，不得有下列行为：

① 搭建建筑物、构筑物；

② 改变住宅外立面，在非承重外墙上开门、窗；

③ 拆改供暖管道和设施；

④ 拆改燃气管道和设施。

第①项、第②项行为，应当经城市规划行政主管部门批准；第③项行为，应当经供暖管理单位批准；第④项行为应当经燃气管理单位批准。

住宅室内装饰装修超过设计标准或者规范增加楼面荷载的，应当经原设计单位或者具有相应资质等级的设计单位提出设计方案。改动卫生间、厨房间防水层的，应当按照防水标准制订施工方案，并做闭水试验。装饰装修企业必须按照工程建设强制性标准和其他技术标准施工，不得偷工减料，确保装饰装修工程质量。装饰装修企业从事住宅室内装饰装修活动，应当遵守施工安全操作规程，按照规定采取必要的安全防护和消防措施，不得擅自动用明火和进行焊接作业，保证作业人员和周围住房及财产的安全。装修人和装饰装修企业从事住宅室内装饰装修活动，不得侵占公共空间，不得损害公共部位和设施。禁止物业管理单位向装修人指派装饰装修企业或者强行推销装饰装修材料。

住宅室内装饰装修应当保证工程质量和安全，符合工程建设强制性标准。国家标准《建筑内部装修设计防火规范》（GB 50222—95）规定了除古建筑和木结构建筑以外的民用建筑和工业厂房内部装修设计的防火规范。国家标准《住宅装饰装修工程规范》（GB 50327—2001）规定了住宅装饰装修工程的施工规范。《建筑装修工程质量验收规范》（GB 50210—2001）规定了建筑装修工程质量验收规范。行业标准《室内装饰工程质量规范》（QB 1838—93）和《家庭装修工程质量规范》（QB/T 6016—97）分别规定了室内装饰工程和家庭装修工程应遵循的质量规范。

三、施工监督

物业管理单位应当按照住宅室内装饰装修管理服务协议实施管理，发现装修人或者装饰装修企业有违法的，应当立即制止；已造成事实后果或者拒不改正的，应当及时报告有关部门依法处理。对装修人或者装饰装修企业违反住宅室内装饰装修管理服务协议的，追究违约责任。装修人不得拒绝和阻碍物业管理单位依据住宅室内装饰装修管理服务协议的约定，对住宅室内装饰装修活动的监督检查。

任何单位和个人对住宅室内装饰装修中出现的影响公众利益的质量事故、质量缺陷以及其他影响周围住户正常生活的行为，都有权检举、控告、投诉。

四、室内环境质量

装饰装修企业从事住宅室内装饰装修活动，应当严格遵守规定的装饰装修施工时间，降低施工噪声，减少环境污染。住宅室内装饰装修过程中所形成的各种固体、可燃液体等废物，应当按照规定的位置、方式和时间堆放和清运。严禁违反规定将各种固体、可燃液体等废物堆放于住宅垃圾道、楼道或者其他地方。住宅室内装饰装修工程使用的材料和设备必须符合国家标准，有质量检验合格证明和有中文标识的产品名称、规格、型号、生产厂厂名、厂址等。禁止使用国家明令淘汰的建筑装饰装修材料和设备。装修人委托企业对住宅室内进行装饰装修的，装饰装修工程竣工后，空气质量应当符合国家有关标准。装修人可以委托有资格的检测单位对空气质量进行检测。检测不合格的，装饰装修企业应当返工，并由责任人承担相应损失。

五、竣工验收与保修

住宅室内装饰装修工程竣工后，装修人应当按照工程设计合同约定和相应的质量标准进行验收。验收合格后，装饰装修企业应当出具住宅室内装饰装修质量保修书。物业管理单位应当按照装饰装修管理服务协议进行现场检查，对违反法律、法规和装饰装修管理服务协议的，应当要求装修人和装饰装修企业纠正，并将检查记录存档。

住宅室内装饰装修工程竣工后，装饰装修企业负责采购装饰装修材料及设备的，应当向业主提交说明书、保修单和环保说明书。在正常使用条件下，住宅室内装饰装修工程的最低保修期限为两年，有防水要求的厨房、卫生间和外墙面的防渗漏为五年。保修期自住宅室内装饰装修工程竣工验收合格之日起计算。

【案例 8-3】 1999 年 9 月，上海市闵行区吴中路上某居民小区 63 号的一至三楼 12 套配套房、850 平方米的房屋被出租给娱乐公司开设卡拉 OK 和 KTV 包房。接着，娱乐公司便着手对承租的房屋进行大规模装修。在装修过程中，未经批准拆除部分承重墙体或在墙体上开设洞口，房屋整体结构安全和抗震能力都受到了严重影响，已经构成重大隐患。该楼上的业主起诉至闵行区法院，法院作出恢复至装修前的原有结构状况的判决。然而，娱乐公司不自觉履行。家住四楼的郑先生不能容忍“危房”的存在，于 2000 年 8 月，以同一事实起诉至闵行区法院，要求判令娱乐公司对被拆除的承重墙恢复至装修前的房屋的原状。法院认为，娱乐公司在装修过程中所实施的行为已对整幢楼的业主造成了侵害，楼房的业主均有权单独提起诉讼。娱乐公司在装修过程中，违反法律禁止性规定，所构成的重大隐患已得到《上海市房屋质量检测站的检测报告》确认，娱乐公司理应依法承担相应的法律责任，恢复房屋原有结构状况。装修房屋业主某出租公司有义务依法监督承租人合理使用承租的物业，及时制止各种违章行为，保障相邻业主的人身及财产安全，应承担连带责任。

分析：案例中装饰装修主体是娱乐公司。《住宅室内装饰装修管理办法》明确规定，住宅室内装饰装修活动禁止未经原设计单位或者具有相应资质等级的设计单位提出设计方案，变动建筑主体和承重结构；住宅室内装饰装修活动涉及改动卫生间、厨房间防水层的，变动建筑主体和承重结构的，需提交设计方案或者施工方案。而且，《上海市房屋质量检测站的检测报告》确认已构成重大隐患。因此，娱乐公司未经批准拆除部分承重墙体或在墙体上开设洞口的装修行为，违反了《住宅室内装饰装修管理办法》。本案中装修房屋业主对其物业负有管理的义务，因此对娱乐公司装修行为应当尽到监督义务。由此可见，法院依法维护楼上业主利益的判决是正确的。

《物权法》第七十一条规定，业主对其建筑物专有部分享有占有、使用、收益和处分的权利。业主行使权利不得危及建筑物的安全，不得损害其他业主的合法权益。这使得业主对物业的管理义务更加明确。《物权法》第七十七条规定，业主不得违反法律、法规以及管理规约，将住宅改变为经营性用房；业主将住宅改变为经营性用房的，除遵守法律、法规以及管理规约外，应当经有利害关系的业主同意。这对业主物业环境的保护提供了更明确的法律依据。

思考题

1. 新建房屋及原有房屋的接管验收应具备的条件有哪些？
2. 新建房屋及原有房屋接管验收应检索提交的资料有哪些？
3. 房屋的接管验收交接双方的义务有哪些？
4. 简述物业管理档案的归属。
5. 住宅室内装饰装修工程如何申报登记？

第九章　物业日常管理法规

物业服务企业日常管理主要包括物业维修养护服务、安全管理服务、环境管理服务、物业综合经营服务，它是物业服务合同的主要客体，也是物业企业为业主提供的主要服务项目。在物业服务企业进行日常管理过程中，应遵守相关法律法规，为业主提供合乎质量要求的物业服务，避免物业管理纠纷的产生。

第一节　物业维修养护管理

为了加强物业维修养护工作的管理，国家先后出台了一系列相关法律法规，主要包括：城乡建设环境保护部1984年11月8日颁发的《房屋修缮工程施工管理规定》、《房屋修缮技术管理规定》、《房屋修缮范围和标准》、《房屋修缮工程质量检验评定标准》；建设部1991年4月22日颁发的《古建筑修建工程质量检验评定标准》(北方地区)，1991年7月18日颁发的《城市房屋修缮管理规定》，1992年6月15日颁发的《公有住宅售后维修养护管理办法》，1993年5月3日颁发的《民用房屋修缮施工规程》，1995年4月22日颁发的《房屋渗漏修缮技术规程》，1997年4月3日颁发的《关于加强公有住宅售后维修养护管理工作的通知》等，从而使我国城市物业维修养护工作走上了法制化的轨道。

一、房屋安全与质量管理法律规范

房屋维修管理中的安全与质量管理，主要是指房屋日常使用过程中的安全与质量管理。具体来说，是指定期和不定期地对房屋的完损情况进行检查，评定房屋完损等级，掌握所管房屋的质量状况和分布，组织对危险房屋的鉴定，并确定解危方法等。房屋安全与质量管理包括三方面的工作：房屋质量等级鉴定、房屋使用安全检查及危房的鉴定和排险。

1. 房屋质量等级鉴定

房屋质量等级鉴定是指按统一的标准、项目和方法，对现有整幢房屋进行综合性的完损等级评定，其基本任务就是要搞清现有房屋的质量分布状况，为房屋的管理、保养、修缮提供基本依据。目前，房屋完损等级是以国家建设部门1985年制定并颁布的《房屋完损等级评定标准》为依据的，该标准根据房屋的结构、装修及设备3个部分的完好和损坏程度，将房屋完损等级分成五类：完好、基本完好、一般损坏、严重损坏和危险房5大类。

2. 房屋使用安全检查

房屋安全检查就是通过对房屋的经常性检查，了解房屋完损情况，发现房屋存在的隐患，及时采取抢修加固和排除险情的措施。做好房屋安全检查可以随时掌握房屋的结构、装修和设备的技术状态，监督房屋的合理使用，及时纠正违反设计和使用规定的行为；可掌握房屋的健康状况，及时发现隐患，以便通过检修、加固、解除危险，延长使用寿命；可为拟订房屋修缮设计方案、编制房屋年度修缮计划提供依据。房屋安全检查与房屋质量等级鉴定的区别是：安全检查是一种经常性的工作，质量等级鉴定是阶段性的工作；安全检查的侧重点是发现和排除隐患，而质量等级鉴定是对房屋情况的全面评定。

3. 危险房屋的鉴定与处理

对危险房屋的鉴定与处理，应按照国家颁布的《城市危险房屋管理规定》和《危险房屋鉴定标准》（JCJ 125—1999）执行。国务院建设行政主管部门负责全国的城市危险房屋管理工作。县级以上地方人民政府房地产行政主管部门负责本辖区的城市危险房屋管理工作。

危房按危险程度可分为整幢危房、局部危房和危险点三类。市、县人民政府房地产行政主管部门设立的房屋安全鉴定机构负责房屋的安全鉴定，并统一启用“房屋安全鉴定专用章”。对被鉴定为危险房屋的，应按危险程度、影响范围，根据具体条件，分为轻、重、缓、急，安排修建计划；对危险点，应结合正常维修，及时排除险情。对危房和危险点，在查清、确认后，均应采取有效措施，确保使用安全。

对危险房屋的治理，一般包括以下内容：

① 房屋所有权人应定期对其房屋进行安全检查。在暴风、雨雪季节，房屋所有权人应做好排险解危的各项准备；市、县人民政府房地产行政主管部门要加强监督检查，并在当地政府统一领导下，做好抢险救灾工作。

② 房屋所有权人对房屋能解危的，要及时解危；解危暂时有困难的，应采取安全措施。

③ 房屋所有权人对经鉴定的危险房屋，必须按照鉴定机构的处理建议，及时加固或修缮治理；如房屋所有权人拒不按照处理建议修缮治理，或使用人有阻碍行为的，房地产行政主管部门有权指定有关部门代修，或采取其他强制措施。发生的费用由责任人承担。

④ 房屋所有权人进行抢险解危需要办理各项手续时，各有关部门应给予支持，及时办理，以免延误时间发生事故。

⑤ 经鉴定机构鉴定为危险房屋，并需要拆除重建时，有关部门应酌情给予政策优惠。

二、物业维修养护标准及考核指标

（一）房屋维修标准及考核指标

1. 房屋维修标准

维修标准按主体工程，木门窗及装修工程，楼地面工程，屋面工程，抹灰工程，涂料粉饰工程，水、电、卫、暖设备工程，金属构件及其他工程9个分项进行确定。

（1）主体工程维修标准　这主要指屋架、梁、柱、墙、楼面、屋面、基础等主要承重构部件。当主体结构损坏严重时，不论对哪一类房屋维修，均应要求牢固、安全，不留隐患。

（2）木门窗及装修工程维修标准　木门窗应开关灵活，接缝严密，不松动，木装修工程应牢固、平整、美观，接缝严密。

（3）楼地面工程维修标准　楼地面工程维修应牢固、安全、平整、美观、拼缝严密、不空鼓开裂，卫生间、厨房、阳台地面无倒泛水现象。如厨房、卫生间长期处于潮湿环境，可增设防潮层；木基层或夹砂楼面损坏严重时，应改做钢筋混凝土楼面。

（4）屋面工程维修标准　屋面工程必须确保安全，区别不同情况，应通过修复或拆换、加固、翻新，确保安全、不漏水、排水畅通。屋面上原有隔热保温层损坏的，应修复。

(5) 抹灰工程维修标准　抹灰工程应接缝平整、不开裂、不起壳、不起泡、不松动、不剥落。

(6) 涂料粉饰工程维修标准　各种内、外墙涂料，以及地面涂料，均属保养范围。对木构件和各类铁构件应进行周期性涂料保养。涂料粉饰要求不起壳、不剥落、色泽均匀，尽可能保持与原色一致。钢、铁质部件、构件（铁栅、铁栏杆、铁门等）的油漆起壳、剥落或铁件锈蚀，应除锈、刷防锈涂料或油漆。钢门窗或各类铁件油漆保养周期一般为3～5年。

(7) 水、电、卫、暖设备工程维修标准　水、电、卫、暖等设备的维修，均应保证运行安全，正常使用。电气线路、电梯、安全保险装置、锅炉等要定期检查，严格按操作规程定期保养，对于线路老化，绝缘性能不好的要及时更换；供水、供暖管道要定期检修，水箱要及时清洗。

(8) 金属构件维修标准　经维修后金属构件应保持牢固、安全、不锈蚀，损坏严重的应更换，无保留价值的应拆除。

(9) 其他工程维修标准　对属物业服务企业管理的庭院院墙、院墙大门、院落内道路、沟渠下水道、窨井损坏或堵塞的，应修复或疏通；庭院绿化，不应降低绿化标准，并注意对庭院树木进行检查、剪修，防止大风暴雨时对房屋造成破坏；高层房屋附近无避雷设施或超出防护范围的，应新装，避雷设施损坏、失效的，应修复。

此外，对坐落偏远、分散、不便管理，且建筑质量较差的房屋，维修时应保证满足不倒不漏的基本住用要求。

2. 房屋维修管理的考核指标

房屋维修工程考核指标是考核房屋维修工程量、工程质量及房屋维修管理服务质量的重要指标。根据建设部1988年10月15日颁布的《房地产经营、维修管理行业经济技术指标》规定，考核房屋维修管理的标准如下：

① 房屋完好率：50%～60%。

② 年房屋完好增长率：2%～5%；年房屋完好下降率不超过2‰。

③ 房屋维修工程量：100～150平方米/（人·年）。

④ 维修人员劳动生产率：5000元/（人·年）。

⑤ 中、大修工程质量合格品率：100%，其中优良品率30%～50%。

⑥ 维修工程成本降低率：5%～8%。

⑦ 安全生产，杜绝重大伤亡事故，年职工负伤事故频率：小于3‰。

⑧ 小修养护及时率：99%。

⑨ 房屋租金收缴率：98%～99%。

⑩ 租金用于房屋维修率：60%～70%。

⑪ 流动资金占用率：小于30%。

⑫ 机械设备完好率：85%。

(二) 房屋日常维护的考核标准

1. 定额指标

小修养护工人的劳动效率要100%达到或超过人工定额；材料消耗要不超过或低于材料消耗定额。达到小修养护工程定额的指标是完成小修养护工作量、搞好日常服务的必要保证。

2. 经费指标

费用主要来自收取的物业服务费，不足部分从物业服务企业开展的多种经营收入中弥补。房屋共用部位、共用设施设备维修养护需动用物业专项维修资金的，应经业主委员会审核确认，并报市物业管理部门备案。

3. 服务指标

① 走访查房率。是指按月（或季）走访查房户数与辖区内的住户总户数之比。一般要求物业管理员每月对辖区内的住户逐户查访50%以上，每季查访一遍。在计算时，若每户被查访多次或一次，都按一次计算。

② 房屋完好率50%～60%。

③ 房屋小修养护及时率99%以上。

④ 房屋大、中修工程质量合格品率100%，优良品率30%～50%。

⑤ 养护计划率在80%以上。

4. 安全指标

事故发生率应符合国家的有关要求；严格遵守操作规程，不违章上岗和操作；注意工具、用具的安全检查，及时修复或更换有不安全因素的工具、用具；按施工规定选用结构部件的材料。

三、物业的维修养护责任人

确定物业维修养护责任人是物业维修养护管理的关键环节，直接关系到维修养护费用的承担和维修养护管理工作的落实。

① 修缮房屋的责任由房屋所有权人履行，建筑物区分所有房屋的修缮，其所有权人依照《物权法》承担责任。

② 租赁房屋的修缮，由租赁双方依法约定修缮责任，没有约定的由房屋所有权人负责。

③ 因使用不当或者人为造成房屋损坏的，由行为人负责修复或予以赔偿。

④ 在已批准的建设用地范围内，产权已转移给建设单位的危险房屋，其拆除前的修缮由建设单位负责。

⑤ 房屋所有权人和其他负有房屋修缮责任的人（以下简称修缮责任人），应当定期查勘房屋，掌握房屋完损情况，发现损坏及时修缮；在暴风、雨、雪等季节，应当做好预防工作，发现房屋险情及时抢险修复。

⑥ 对于房屋所有权人或者修缮责任人不及时修缮房屋或者因他人阻碍，有可能导致房屋发生危险的，当地人民政府房地产行政主管部门可以采取排险解危的强制措施。排险解危的费用由当事人承担。

四、物业维修养护的费用负担

物业维修养护的费用主要是指物业维修养护过程中，所花费的人工、材料及设备使用等方面的费用。物业维修养护的费用一般包括物业日常养护费用及各种类型的维修费用。物业日常养护费用主要是指物业管理人员用于检查、维护房屋公共区域及公共设施的费用，一般从物业管理费中支出；而物业维修费用则是用于物业各种维修项目，包括紧急性维修项目与计划性维修项目的维修费用，也包括小修、中修、大修、翻修及综合维修的费用。物业维修养护的费用负担应根据权利与义务相一致的产权理论科学界定不同项目的费用承担者。

（一）新建房屋在保修期内，由相关企业负责房屋质量保修

1. 物业保修范围

根据《建筑法》的规定，建筑工程保修范围包括以下几方面：

① 地基基础工程；

② 主体结构工程；

③ 屋面防水工程；

④ 其他土建工程；

⑤ 电气管线、上下水管线的安装工程；

⑥ 供热、供冷系统等项目。

2. 物业保修的期限

根据国务院2000年发布的《建设工程质量管理条例》第四十条和建设部2000年颁布的《房屋建筑工程质量保修办法》第七条，规定了在正常使用条件下，建设工程的最低保修期限。《商品住宅实行住宅质量保证书和住宅使用说明书制度的规定》第五条规定了房地产开发企业对销售的商品住宅（其他住宅和非住宅的商品房，可参照）承担质量责任保修期的保修期。《商品房销售管理办法》第三十三条规定，商品住宅的保修期限不得低于建设工程承包单位向建设单位出具的质量保修书约定保修期的存续期；存续期少于《商品住宅实行住宅质量保证书和住宅使用说明书制度的规定》中确定的最低保修期限的，保修期不得低于《商品住宅实行住宅质量保证书和住宅使用说明书制度的规定》中确定的最低保修期限；非住宅商品房的保修期限不得低于建设工程承包单位向建设单位出具的质量保修书约定保修期的存续期。

3. 物业保修的责任承担

对物业实行质量保修，应当由有关责任方承担，具体指：

① 施工单位未按国家有关规范、标准和设计要求施工，造成的质量缺陷，由施工单位负责返修并承担经济责任。

② 由于设计方面的原因造成的质量缺陷，由设计单位承担经济责任，可由施工单位负责维修，其费用按有关规定通过建设单位向设计单位索赔，不足部分由建设单位负责。

③ 因建筑材料、构配件和设备质量不合格引起的质量缺陷，属于施工单位采购的或经其验收同意的，由施工单位承担经济责任；属于建设单位采购的，由建设单位承担经济责任。

④ 因使用单位使用不当造成的损坏问题，由使用单位自行负责。

⑤ 因地震、洪水、台风等不可抗拒原因造成的损坏问题，施工单位、设计单位不承担经济责任。

⑥ 因第三方的原因造成的质量缺陷不属于保修的范围。

（二）保修期满后，由业主承担房屋修缮责任，并承担修缮费用

具体来说，有以下几种情况：

① 房屋公共区域及公共设施的各种保养与小修费用，一般由物业服务企业承担。

② 用户拥有单元内的保养与维修费用，原则上由用户自行承担。

③ 对于公共区域及公共设施的维修，如果是人为原因，即使是房屋保修期内保修项

目的维修费用，也均由责任者承担。

④ 用于物业管理区域内共用设施设备大、中维修和更新、改造的，由全体业主按照其所有的物业建筑面积比例承担，并从业主交存的物业专项维修资金中列支。

⑤ 用于整幢楼、单元或者楼层本体共用部位、共用设施设备维修和更新、改造的，由整幢楼或者单元业主按照其所有的物业建筑面积比例承担，并从业主交存的物业专项维修资金中列支。

五、关于水电气热有线电视设施设备的维修费用负担

《物业管理条例》五十二条规定，供水、供电、供气、供热、通讯、有线电视等单位，应当依法承担物业管理区域内相关管线和设施设备维修、养护的责任。条例中的“相关的管线和设施设备”，是指供水、供电、供气、供热、通讯、有线电视所需的线路、管道，以及与之相连接的为供水、供电、供气、供热、通讯、有线电视等服务所需的机电、电子等设备，也包括与之相关的建筑物、构筑物。

供水、供电、供气、供热、通讯、有线电视等单位与业主、物业使用人之间存在的是一种供应合同的关系。根据《合同法》的有关规定，这些单位通过供水、供电、供气、供热和通讯、有线电视等的供应，为业主或者物业使用人提供服务，业主或者物业使用人支付相应的费用。其相关管线和设施设备是其提供服务的必要设施，是其履行合同的一部分。业主或者物业使用人交纳的费用，包括相关管线和设施设备的设置费和维修养护费用。因此，根据《合同法》的有关规定，供水、供电、供气、供热、通讯、有线电视等单位，有义务依法对相关的管线和设施设备进行维修、养护。

物业管理服务合同与供水、供电、供气、供热、通讯、有线电视等供应合同不属于同一法律关系，对于依法应由供水、供电、供气、供热、通讯、有线电视等单位承担的维修、养护义务，物业服务企业不应当承担。如供水、供电、供气、供热、通讯、有线电视等单位委托物业服务企业对其相关管线和设施设备进行维修养护，则应当由供水、供电、供气、供热、通讯、有线电视等单位支付相关的费用。这就进一步明确了相关管线和设施设备维修养护的责任。

【案例 9-1】 某小区 7 号楼因排污水管堵塞，污水从 2 楼 201 室的地漏中倒灌出来。因该房业主出差，房内暂无人居住，因此该房室内大面积漫水，并从楼地面渗漏到楼下 101 室的屋顶，使得 201 室木地板、部分家具以及 101 室业主精心装修的室内屋顶严重受损。此后，在现场疏通时，未发现任何人为的致使排污管堵塞的不当使用，因无法确定责任人，两业主将物业公司告上法庭。

分析： 物业楼房的排污水管是房屋的共用部位，作为物业服务公司应对管区内的住宅共用部位、共用设备实施定期养护，保持其良好的状态，但由于物业服务公司疏于管理，致使排污水管堵塞，造成排水不畅，给 101 室、201 室业主造成了损失，对此，物业服务公司应当承担赔偿责任。

第二节　物业专项维修资金

在对物业进行维修养护工作时，会不可避免发生人工、材料及设备使用等方面的费用支出，其中物业的日常维护和小修活动花费较少，可从物业管理费中支出，但物业共用部

位、共用设施设备保修期满后特定情况下的中修、大修、更新、改造以及出现特殊或紧急情况时往往需要较大数额的费用支出，这种集中、大量的出资给业主带来了较大的负担。专项维修资金的建立可以避免上述情况的出现。业主或非业主使用人平时定期交纳小量的费用，集中储备起来，专项用于物业保修期满后物业共用部位、共用设施设备的维修和更新、改造，这也是物业管理追求良好和长效管理的重要因素和必要条件。

有鉴于此，1998 年，建设部、财政部联合制定颁发了《住宅共用部位共用设施设备专项维修基金管理办法》(建住房[1998] 213 号)，建立了专项维修资金监督制度、专项维修资金来源和权属明晰制度、专项维修资金用途法定制度、专项维修资金移交管理制度和动用程序、专项维修资金的补充续筹制度、随房过户和物业灭失退还业主制度、行政监管制度和法律责任追究制度。2003 年 8 月实施的《物业管理条例》也规定了关于专项维修资金交纳、使用和管理的要求，进一步规范了对物业专项维修资金的管理。

一、物业专项维修资金的概念

物业管理专项维修资金（以下简称物业专项资金），又称为物业本体和共用设备设施大中修和更新改造储备金，是指业主交存的专项用于物业保修期满后物业共用部位、共用设施设备的维修、更新、改造的资金。

就物业专项维修资金的用途来讲，其本应是物业管理费成本中的一个构成因素，在管理操作中将其纳入物业管理费中。但根据我国的实际情况，现行国家政策和各地政府在实施办法中都将物业专项维修资金从物业管理费中分离出来，并设定了严格的使用和管理办法。这主要由于两方面原因，一是由于首次设立专项资金时的资金来源渠道和途径比较复杂，各地的规定也不尽相同，如果直接并入物业管理费中会给多渠道筹集专项资金带来障碍；二是由于国内的物业管理从总体上讲尚处于起步阶段，很多物业管理单位的管理行为和管理费的使用管理还很不规范，同时目前国内的物业管理费水平还普遍较低，有的还难于保证日常运作，如果直接将专项资金并入物业管理费中，可能会给专项资金的专项和规范使用带来不安全因素，甚至会造成挪用、乱用的情况，使物业和业主的最终利益受到侵害。因此，可以说，物业专项维修资金是专门用于对物业进行大的维修保养、提升价值目的而专项筹集独立核算的资金，其产权属于全体业主，在物业服务企业财务上属专项代管基金，作为长期负债管理。

二、物业专项资金维修的归属和交纳

(一) 物业专项维修资金的所有权

《住宅共用部位共用设施设备维护基金管理办法》第六条第二款规定，售房单位代为收取的专项维修资金属全体业主共同所有，不计入住宅销售收入。《物业管理条例》第五十四条也规定，专项维修资金属业主所有，专项用于物业保修期满后物业共用部位、共用设施设备的维修和更新、改造，不得挪作他用。因此，从权属归属上说，专项维修资金的所有权属于业主。尽管按照目前各地的规定，一般是由房地产开发建设单位和业主共同负担专项维修资金，但其实质还是业主在购买房屋时承担了相应的专项维修资金，其体现的正是物业的价格。另外，从专项维修资金的用途上也可以得出其所有权归业主所有的结论，因为专项维修资金是专项用于物业共用部位、共用设施设备的维修和更新、改造，而物业共用部位、共用设施设备的所有权属于业主，专项维修资金的所有权自然应当属于业主。

（二）物业专项维修资金的交纳

关于物业专项维修资金的交纳，《物业管理条例》和建设部《住宅共用部位共用设施设备维护基金管理办法》规定得非常明确。《物业管理条例》第五十四条规定：住宅物业、住宅小区内的非住宅物业或者与单幢住宅楼结构相连的非住宅物业的业主，应当按照国家有关规定交纳专项维修资金。《住宅共用部位共用设施设备维护基金管理办法》第二条和第四条规定：在直辖市、市、建制镇和未设镇建制的工矿区范围内，新建商品住房和公有住房出售后都应当建立住宅共用部位、共用设施设备专项维修资金；非住宅商品房专项维修资金的管理可以参照本《办法》执行。

依照《住宅共用部位共用设施设备维修基金管理办法》的规定，物业专项维修基金的筹集因物业的不同性质而不同。具体来说，有以下规定。

1. 商品住房物业专项维修资金的交纳

商品住房在销售时，购房者与售房单位应当签定有关专项维修资金缴交约定。购房者应当按照购房款2%～3%的比例向售房单位缴交专项维修资金。售房单位代为收取的专项维修资金属全体业主共同所有，不计入住宅销售收入。

2. 公有住宅售后的维修资金的交纳

公有住宅售后的维修基金的筹集方式有两种。

① 售房单位按照一定比例从售房款中提取，原则上多层住宅不低于售房款的20%，高层住宅不低于售房款的30%。该部分资金属售房单位所有。

② 购房者按照购房款2%的比例向售房单位缴交专项维修资金。售房单位代为收取的专项维修资金属全体业主共同所有，不计入住宅销售收入。

三、物业专项维修资金的用途及使用范围

（一）专项维修资金的用途

《住宅共用部位共用设施设备维修基金管理办法》第四条第二款规定，专项维修资金的使用执行《物业服务企业财务管理规定》（财政部财基字［1999］7号），专项用于住宅共用部位、共用设施设备保修期满后的大修、更新、改造。《物业管理条例》第五十四条也规定，专项维修资金属业主所有，专项用于物业保修期满后物业共用部位、共用设施设备的维修和更新、改造，不得挪作他用。

（二）物业专项维修资金的使用范围

1. 物业共用部位维修工程

① 主体承重结构部位损坏，需要拆换、加固的。

② 户外墙面因损坏需要重新进行防水或者保温层施工的。

③ 整幢楼外檐面层脱落达到整幢楼外檐面积30%以上，需要修缮的。

④ 整幢楼或者单元共用部位地面面层、门窗及楼梯扶手等因破损需要整体修缮的。

⑤ 经业主大会或者相关业主三分之二以上同意使用物业专项维修资金的其他维修工程。

2. 物业共用设施设备维修、更新、改造工程

① 物业管理区域内路面破损30%以上，需要整体修复的。

② 整幢楼或者单元上下水管道、落水管等老化、损坏，需要更新、改造的。

③ 智能化系统、消防控制系统等需要整体更新、改造或者更换、维修主要部件，一次性费用超过原造价 20%的。

④ 电梯需要整体更新或者更换、维修主要部件，一次性费用超过电梯原造价 20%的。

⑤ 二次供水及消防水泵等因损坏，需要更新、改造的。

⑥ 物业管理区域内的围墙、大门等因损坏，需要整体修缮、更新的。

⑦ 经业主大会或者相关业主三分之二以上同意使用物业专项维修资金的其他维修、更新、改造工程。

3. 不得从物业专项维修资金中列支的维修费用支出

① 物业共用部位、共用设施设备的日常运行、维护费用，由物业服务企业从业主交存的物业服务费中支出。

② 物业在保修范围和保修期限内发生质量问题需要维修的费用，由建设单位承担。

③ 物业管理区域内供水、供电、供气、供热、通讯、有线电视等相关管线和设施设备的维修、养护费用，由有关单位依法承担。

④ 物业共用部位、共用设施设备属人为损坏的，其维修、更新费用由责任人承担。

四、物业专项维修资金的管理

物业专项维修资金所有权属于业主，但实践中，由于专项维修资金往往不直接掌握在业主手中，侵犯业主专项维修资金所有权的纠纷时常出现。因此，必须从法律角度加强对物业专项维修资金的管理。我国关于物业专项维修资金管理的法规主要有《物业管理条例》及《住宅共用部位共用设施设备维修基金管理办法》，对物业专项维修资金的管理主要作了以下方面规定。

（一）物业专项维修资金的使用管理

1. 物业专项维修资金应专户存储，专款专用，不得挪用

《住宅共用部位共用设施设备维修基金管理办法》第七条规定，维修基金应当在银行专户存储，专款专用。

当维修基金闲置时，除可用于购买国债或者用于法律、法规规定的其他范围外，严禁挪作他用，以保证维修基金的安全。《住宅共用部位共用设施设备维修基金管理办法》第十八条规定，专项维修资金代管单位违反本办法规定，挪用专项维修资金或者造成专项维修资金损失的，由当地财政部门和房地产行政主管部门按照规定进行处理。情节严重的，应当追究直接责任人员和领导人员的行政责任；构成犯罪的，应当依法追究刑事责任。

2. 物业专项维修资金的代管及使用

（1）物业专项维修资金的代管 《住宅共用部位共用设施设备维修基金管理办法》规定售房单位代为收取的专项维修资金，在业主办理房屋权属证书时，商品住房销售单位应当将代收的维修资金移交给当地房地产行政主管部门代管。

业主委员会成立后，经业主委员会同意，房地产行政主管部门将维修资金移交给物业服务企业代管。

（2）物业专项维修资金的使用 当地房地产行政主管部门代管物业专项维修资金期间，业主委员会成立前，确需使用维修资金，应由售房单位或售房单位委托的管理单位提出使用计划，经当地房地产行政主管部门审核后划拨。

业主委员会成立后，经业主委员会同意，房地产行政主管部门将专项维修资金移交给

物业服务企业代管；物业服务企业认为需要使用专项维修资金，应提出年度使用计划，经业主委员会审定后实施。

3. 物业服务企业代管的专项维修资金，应当定期接受业主委员会的检查与监督

业主有权了解物业专项维修资金的具体开支情况，对物业服务公司进行监督。物业专项维修资金是用于物业共用部位、共用设施设备保修期满后大修、更新、改造的。该项基金是全体业主交纳的，所有权属于全体业主。《物业管理条例》第十一条规定，业主大会应当履行决定专项维修资金使用、续存方案，并监督其实施的职责。因此，业主对维修资金监督的前提是行使知情权，其中包括要求物业服务公司定期公布具体明细账目。

（二）物业专项维修资金的续筹管理

随着物业维修活动的开展，物业专项维修资金会逐渐减少，为保证物业维修管理的需要，应通过多种途径续筹物业专项维修资金。根据《物业管理条例》及《住宅共用部位共用设施设备维修基金管理办法》的有关规定，可以通过以下途径增加专项维修资金。

1. 将物业专项维修资金的存储利息收入转增专项维修资金

维修基金自存入维修资金专户之日起按规定计息。维修基金利息净收益转作维修基金滚存使用和管理。

2. 物业管理费结转的费用转增专项维修资金

物业管理费在运行中会有完成成本开支后的结余，如果有连续几年或者年度出现较大数额的结余时，除可在管理预算中调整外，也可经业主大会同意设定一定比例纳入专项维修资金，但由于管理费的结余的原因有多种，其结余部分的再分配亦应根据多退少补原则进行适当安排。

3. 向业主续筹

根据住宅维护保养的需要，专项维修资金不敷使用时，可以由业主大会决定按照业主占有的住宅建筑面积比例向业主续筹。

4. 业主共有物业的收益转增专项维修资金

物业区域内的共用部分，通常有些可以用来经营，获得收益，这部分物业的产权属全体业主共有，这些物业可采用灵活多样的方式，由物业管理单位经营，比如对小型超市等商业用房，以及物业区域内的由开发商或有关部门认定的属业主权益的广告牌等商业设施的收益。可将收入的一部分并入专项维修资金。此项收入并入专项维修资金必须以首先满足补充物业管理费的不足和当前的使用为前提。

5. 社会捐赠或政府拨款的费用

由社会各界捐赠或政府根据某种情况拨付的，专项用于某项或某类物业维护保养、本体修缮、美化和装点设施维护的费用可作为物业专项维修资金的续筹资金。

（三）物业管理主客体变更时物业专项维修资金的管理

1. 物业服务企业发生变换时物业专项维修资金的管理

《住宅共用部位共用设施设备维护基金管理办法》第十二条规定，物业服务企业发生变换时，代管的维修基金账目经业主委员会审核无误后，应当办理账户转移手续。账户转移手续应当自双方签字盖章之日起10日内送当地房地产行政主管部门和业主委员会备案。

2. 业主转让物业时物业专项维修资金的管理

《住宅共用部位共用设施设备维护基金管理办法》第十三条规定，业主转让房屋所有权时，结余维修资金不予退还，随房屋所有权同时过产。

3. 物业灭失时物业专项维修资金的管理

《住宅共用部位共用设施设备维护基金管理办法》第十四条规定，因房屋拆迁或者其他原因造成住房灭失的，维修基金代管单位应当将维修基金账面余额按业主个人缴交比例退还给业主。

【案例 9-2】 某小区物业服务企业只公布维修资金结存对账单，业主们无从了解物业维修资金的具体收支细节，对此意见很大。2000 年 9 月 22 日，该小区的业主们以业主小组名义向管理该小区的物业服务企业送达了一份意见书，其主要内容为：要求物业服务企业向全体业主公布 1998 年 7 月 1 日至 1999 年 6 月 30 日期间，本小区物业维修资金的具体开支和节余账目，并要求公布所有临时过渡户的名单。物业服务企业不予理睬。

分析： 业主有权了解物业专项维修资金的具体开支情况，对物业服务公司进行监督。物业维修专项资金是用于物业共用部位、共用设施设备保修期满后大修、更新、改造的。该项基金是全体业主交纳的，所有权属于全体业主。《物业管理条例》第 11 条规定，业主大会应当履行决定专项维修资金使用、续存方案，并监督其实施的职责。因此，业主对维修资金监督的前提是行使知情权，其中包括要求物业服务公司定期公布具体明细账目。

第三节　物业安全管理

物业小区安全管理在整个物业小区的管理中占有特殊的地位，这是因为安全是人类最基本的生存需要，是事关人类一切活动、一切工作的保障和基础。可以说，安全管理在整个物业管理中是头等重要的问题。搞好物业小区的安全工作，对整个物业小区管理工作具有重大的意义。

在我国走向社会法制化管理的进程中，我国颁布了大量涉及社会公共利益保护的法律，如《刑法》、《刑事诉讼法》、《治安管理处罚条例》、《消防法》。这些法律在社会秩序管理方面综合性程度高，其确定的基本法律制度同样适用于物业小区的安全管理工作。此外，有关国家机关还制定了大量的关于建筑物、居民住宅安全的部门规章，如：1996 年 1 月 5 日建设部颁布的《城市居民住宅安全防范设施建设的管理规定》，还有公安部发布的《高层建筑消防管理条例》。这些部门规章比较具体地确定了一系列物业小区保安、消防管理制度。作为部门规章的配套文件，建设部、公安部还制定了一系列专门的技术规范和标准。如《建筑内部装修设计防火规范》、《高层民用建筑设计防火规范》。通过制定这些技术标准、技术规范，把有关法律制度落实到实处。此外，一些享有立法权的地方人大及常委会、人民政府，根据全国性的法律、法规和规章，还制定了许多有关保安、消防方面的地方性法规和地方性规章。

一、物业公共秩序维护管理

物业公共秩序维护管理是物业服务企业为防盗、防破坏、防流氓活动、防意外灾害及人为突发事故等而对所管物业开展的一系列管理活动。治安管理主要包括安全保卫和维持正常秩序两个部分，一般采取“群防群治”、“综合治理”的原则，还要与公安机关管理相结合，只有这样才能有效地制止违法乱纪现象。

（一）物业公共秩序维护管理所针对的违法行为的主要种类

进行公共秩序维护管理，制止违法行为是物业服务企业的法定义务，这里所说的违法行为主要包括以下几项。

1. 治安违法行为

"治安违法行为"是指违反《中华人民共和国刑法》(以下简称《刑法》)的犯罪行为，和违反《中华人民共和国治安管理处罚条例》(以下简称《治安管理处罚条例》)的行为。犯罪是《刑法》规定的应当受到刑罚惩罚的严重危害社会的行为。《刑法》规定的犯罪行为主要有：

① 危害国家安全的行为；

② 危害公共安全的行为；

③ 危害社会主义市场经济的行为；

④ 危害公民人身权利、民主权利的行为；

⑤ 危害财产权利的行为；

⑥ 危害社会管理秩序的行为；

⑦ 危害国防利益的行为；

⑧ 危害国家机关行政秩序、司法秩序的行为；

⑨ 危害国家公务活动廉洁性的行为；

⑩ 危害军事利益的行为。

2. 环境保护方面的违法行为

如有违反规定乱扔垃圾、乱倒污水等破坏环境卫生的行为，物业服务企业应当予以制止，情节严重的，报有关行政管理部门处理。对于防止污染方面，主要是对违反国家有关法律法规进行固体、水体、大气和噪声污染的行为进行制止和检举，并配合有关部门进行处理。

3. 物业装饰装修和使用方面的违法行为

包括违反《建筑法》、《建设工程质量管理条例》和《住宅室内装饰装修管理办法》(建设部令第110号)以及地方有关规定的行为。

违反《住宅室内装饰装修管理办法》的行为主要包括：

① 未经原设计单位或者具有相应资质等级的设计单位提出设计方案，变动建筑主体和承重结构；

② 将没有防水要求的房间或者阳台改为卫生间、厨房间；

③ 扩大承重墙上原有的门窗尺寸，拆除连接阳台的砖、混凝土墙体；

④ 损坏房屋原有节能设施，降低节能效果；

⑤ 其他影响建筑结构和使用安全的行为。

(二)物业安全管理部门的职责和职权范围

物业服务企业的安全管理与公安机关治安保卫工作有着本质的区别。物业服务企业是公安机关领导下的治安防范组织，是根据物业服务合同依法向业主或使用人提供安全管理服务，协助公安机关预防、制止在物业管理区域内的各种危害业主或使用人人身财产安全的活动，因此，其职权范围为：

① 安全管理工作以国家的政策法规以及物业管理委托合同、管理规约为依据。

② 未经用户同意，任何人员不得擅自进入私人物业。

③ 安全管理人员应加强职业道德，保证用户的私生活不受任何干预和骚扰。

④ 对于任何发生在公众地方的事件，有权根据《管理规约》、《用户手册》等一系列

规章处理。

⑤ 安全管理人员只可执行一般的安全防范工作，若遇罪案发生，只可执行一般市民对罪犯的当场拘拿，而后交由公安部门处理。安全管理人员无实施拘留、关押、审讯、没收财产及罚款的权力。

⑥ 对有违法犯罪行为的嫌疑分子，可以监视、检举、报告，但无侦察、扣押、搜查等权力。

（三）在物业内发生刑事犯罪时物业服务企业责任的界定

物业管理区域内因第三人侵权发生的刑事犯罪，物业服务企业是否应当承担责任，应该具体分析。物业管理中安全服务的性质是一种群防群治的安全防范服务，关键是看物业服务企业的保安防范工作是否到位。因第三人侵权导致损害结果发生的，由实施侵权行为的第三人承担赔偿责任。物业服务企业有过错的，应当在其能够防止或者制止损害的范围内承担相应的补充赔偿责任。物业服务企业承担责任后，可以向第三人追偿。

二、物业消防管理

（一）物业消防管理的概念及内容

物业消防管理是指在日常管理中通过有效措施预防物业发生火灾，在火灾发生时采取应急措施以最大限度地减少火灾的损失。消防管理在物业管理中占有头等重要的地位。物业管理中最常见的意外事故是火灾，给住用人的生命财产带来最大危害的也是火灾。因此，搞好消防工作是物业安全使用和社会安定的重要保证。

消防工作包括防火和灭火两个方面的内容。灭火是在起火后采取措施进行扑救；防火是把工作做到前头，防患于未然。《消防法》明确指出，消防工作贯彻预防为主、防消结合的方针，坚持专门机关与群众相结合的原则，实行防火安全责任制。即物业的消防工作应立足于火灾的预防上，并从人力、物力、技术等多方面做好随时灭火的充分准备。

（二）物业服务企业的消防安全职责

根据《消防法》的规定，物业服务企业应履行以下消防安全职责：

① 制定消防安全制度、消防安全操作规程；

② 实行防火安全责任制，确定本单位和所属各部门、岗位的消防安全责任人；

③ 针对本单位的特点对职工进行消防宣传教育；

④ 组织防火检查，及时消除火灾隐患；

⑤ 按照国家有关规定配置消防设施和器材，设置消防安全标志，并定期组织检验、维修，确保消防设施和器材完好、有效；

⑥ 保障疏散通道、安全出口畅通，并设置符合国家规定的消防安全疏散标志。

物业服务公司未履行消防安全职责的，公安消防机构有权责令限期改正；逾期不改正的，对其直接负责的主管人员和其他直接责任人员依法给予行政处分或者给予警告处分。

（三）公安消防机构对建筑工程火灾预防的行政管理权利

依《消防法》的规定，公安消防机构拥有以下三项行政管理权。

1. 消防设计图纸及有关资料的审核权

凡是按照国家工程建筑消防技术标准需要进行消防设计的建筑工程，设计单位应当按照国家工程建筑消防技术标准进行设计，建设单位应当将建筑工程的消防设计图纸及有关资料报送公安消防机构审核；未经审核或者经审核不合格的，建设行政主管部门不得发给施工许可证，建设单位不得施工。

经公安消防机构审核的建筑工程消防设计需要变更的，应当报经原审核的公安消防机构核准；未经核准的，任何单位、个人不得变更。

2. 对按消防设计进行施工的建筑工程行使竣工验收权

按照国家工程建筑消防技术标准进行消防设计的建筑工程竣工时，必须经公安消防机构进行消防验收；未经验收或者经验收不合格的，不得投入使用。

3. 行政处罚权

对单位有下列行为之一的，公安消防机构有权责令限期改正；逾期不改正的，责令停止施工、停止使用或者停产停业，可以并处罚款；对有下列行为的单位的直接负责的主管人员和其他直接责任人员处警告或者罚款。

① 建筑工程的消防设计未经公安消防机构审核或者经审核不合格，擅自施工的。

② 依法应当进行消防设计的建筑工程竣工时未经消防验收或者经验收不合格，擅自使用的。

(四)《消防法》对消防设施、消防通道及电器产品、燃气用量的使用及其管理规定

《消防法》对消防设施、消防通道及电器产品、燃气用量的使用和管理有原则规定，具体内容如下。

1. 对消防设施、消防通道的管理规定

任何单位、个人不得损坏或者擅自挪用、拆除、停用消防设施、器材，不得埋压、圈占消火栓，不得占用防火间距，不得堵塞消防通道。公用和城建等单位在修建道路以及停电、停水、截断通讯线路时有可能影响消防队灭火救援的，必须事先通知当地公安消防机构。

2. 对电器产品、燃气具使用的管理规定

电器产品、燃气用具的质量必须符合国家标准或者行业标准。电器产品、燃气用具的安装、使用和线路、管路的设计、敷设，必须符合国家有关消防安全技术规定。

3. 违反消防设施、消防通道及电器产品、燃气用量使用管理规定的法律责任

《消防法》还规定，对不按照国家有关规定配置消防设施和器材的；不能保障疏散通道、安全出口畅通的，公安消防机构有权责令限期改正；逾期不改正的，责令停产停业，可以并处罚款，并对其直接负责的主管人员和其他直接责任人员处罚款。对电器产品、燃气用具的安装或者线路、管路的敷设不符合消防安全技术规定的，公安消防机构有权责令限期改正；逾期不改正的，责令停止使用。

除《消防法》的上述原则性规定外，各地的地方性法规和地方性规章在法律的规定下，都制定了地方上实施的具体办法和细则，使《消防法》的规定具有可操作性。

三、物业车辆交通管理

物业车辆交通管理是指物业服务企业通过对物业管理辖区内道路管理、交通管理和车辆管理，建立良好的交通秩序、车辆停放秩序。随着社会经济发展及人们生活水平的提高，物业小区车辆的流量在逐年增加。建立健全物业小区的车辆交通管理制度，搞好物业小区的车辆交通管理，确保道路交通的畅通安全，防止车辆乱停乱靠及车辆丢失，是物业服务公司不容忽视的工作。为此，物业企业应做好以下三方面的工作。

(一) 建立门卫管理制度

物业小区的门卫管理制度包括大门门卫制度和停车场门卫制度。

物业小区的大门门卫制度主要目的是控制进入物业区域的车辆，除救护车、消防车、警备车、清洁车、各商业网点送货车等特许车辆外，其他外来车辆必须经门卫验证允许后方可驶入驶出，对可疑车辆要拒绝通行，并报有关部门处理。

停车场门卫制度主要是做好停车场的车辆的出入、停放。其门卫的主要职责是：

① 严格履行交接班制度；

② 指挥车辆的进出和停放，对违章车辆及时制止和纠正；

③ 对进出车辆作好登记、收费和车况检查记录；

④ 搞好停车场的清洁卫生，发现停放车辆有漏水、漏油等现象要及时通知车主；

⑤ 定期检查消防设施，如有损坏，要及时申报维修更换，保证100%完好状态，不准使用消防水源洗车；

⑥ 不做与值班执勤无关的事，勤巡逻、细观察，随时注意进入车场的车辆及车主情况，发现问题，及时处理或上报。

(二) 加强物业车辆管理

车辆是人们生活工作必需的交通工具，随着人们生活水平的提高，车辆在逐年增加，但城市规划远远跟不上房地产开发的需要，不少物业没有停车场或停车位严重不足，再加业管理不善等原因，造成物业区域内车辆乱停乱放，车辆被盗案件、行车事故屡屡发。因此，做好车辆管理工作，是物业服务企业不容忽视的大事。车辆管理应坚持物业服务企业与公安交通部门管理相结合的原则，保证所辖区内的道路畅通和车辆的安全。具体来说，应做好以下几项工作：

① 制定完善的停车场管理制度，并遵照执行；要明确区分停车场和车库管理方的责任和义务，并通过书面协议确定；

② 停车场应配置足够的消防栓等灭火器械，并对易燃易爆物品等涉及安全的一切事项严格把关、杜绝隐患；

③ 私家车位应有明显识别标志，保护私家车位不被他人占用；对辖区内禁止停车的场所，应设置明显的禁停标志，对违禁车辆实施处罚；

④ 停车场应有显著的出入口指示、限高标志、禁鸣标志、限速标志、车场管理须知及收费标准；

⑤ 车管人员应提醒车主不要将贵重物品放在车内，阻止闲杂人员进入车场车库；车管人员对进入车库的车辆应作适当检查，注意车辆是否有被撞、被刮现象，并作好记录，并知会车主，避免误会和不必要的麻烦；

⑥ 辖区内应尽量做到人车分流，以确保辖区内人员进出及活动的安全，并及时疏导交通堵塞；

⑦ 对停车场发生车辆碰撞、被窃等现象，应协助车主报案、出具索赔证明；

⑧ 对长期乱停乱放、拒交停车费的车辆，可先发《违例停车告示》或实施锁车处理。

【相关知识】

1. 地下停车场的所有权归属

要弄清楚这一问题，就必须搞明白地下停车场是整个大楼住户的共用部分，还是构成独立的部分，由开发公司享有所有权，可以独立处分。一般认为，地下停车场应当属于业主共有，根据建筑物区分所有权理论，区分所有权利人即业主除享有专有所有权外，还享有公共部分的所有权，对公共部分的所有表现为共有。小区内的停车场是物业管理区域内配套的附属物，即使其属于与其他建筑物相区别的独立的特定物，但仍属小区公共部分。公共部分的权利是随着自用部分的取得而取得的，除非开发公司在出售物业时明确在合同中约定停车场属于开发公司所有。

2. 停车场的使用应否有偿

因为停车场是需要维修和养护的，它需要一定的费用，而且从公平的角度讲，一个物业管理区域内的业主不会都有车辆，如果有车的业主和没有车的业主都一样承担停车场的维修和养护责任，则显失公平。但是收费的标准，应当由业主大会按照公平合理的原则决定。物业服务企业可以代为收费，也可以代为经营，收取外来车辆的费用以弥补费用的不足。当然，如果其经营收入在弥补停车场合理维修养护费用之外有剩余的，可以之弥补专项维修资金或者物业费，甚至还可以分给业主，但这都需要由业主大会决定，或者在管理规约中约定（参见《物业管理条例》第五十五条的规定）。

（三）道路管理的有关规定

我国相关法规、规章对物业管理区域内的道路管理有以下几方面规定。

① 不准擅自占用、挖掘物业管理区域内的道路。物业管理区域内的道路、场地是物业管理区域的有机组成部分，其所有权属于业主，但由于擅自占用、挖掘物业管理区域内的道路、场地可能会影响道路和场地的使用，影响物业管理活动的开展和正常的社会公共秩序，因此，无论是业主还是物业服务企业都不能擅自占用、挖掘物业管理区域内的道路、场地。

《物业管理条例》第五十一条规定，业主、物业服务企业不得擅自占用、挖掘物业管理区域内的道路、场地，损害业主的共同利益。因维修物业或公共利益，业主确需临时占用、挖掘道路、场地的，应当征得业主委员会和物业服务企业的同意；物业服务企业确需临时占用、挖掘道路、场地的，应当征得业主委员会的同意。业主、物业服务企业应当将临时占用、挖掘的道路、场地，在约定期限内恢复原状。

② 供水、供电、供气、供热、通讯、有线电视等单位因维修、养护等需要，可临时占用、挖掘道路、场地，但应当及时恢复原状。

《物业管理条例》第五十二条规定，供水、供电、供气、供热、通讯、有线电视等单位因维修、养护等需要，临时占用、挖掘道路、场地的，应当及时恢复原状。供水、供电、供气、供热、通讯、有线电视等单位因维修、养护等行为本身是出于社会公共利益的需要，因此，其出于维修、养护需要临时占用、挖掘道路、场地的，不需由业主委员会和物业服务企业同意，但供水、供电、供气、供热、通讯、有线电视等单位，必须在合理的时间内，尽快完成维修、养护任务，将道路、场地恢复原状。

③ 不可在路边、坡边挖坑取土。

④ 不可在路上试刹车、学倒车或当路停车。

⑤ 不可在公共通道上私自修筑车辆出入通道或私设摊位。

⑥ 不可在道路范围内修筑地下构筑物。

⑦ 小区干道路基承载力一般在 2 吨，所以载重车不准进入。损坏路面，照价赔偿。

⑧ 临时占用及开挖公共道路，物业服务公司需报市政管理部门审批，经批准后方可

施工并按规定缴纳修复费用。

⑨ 临时占用和开挖道路，应设明显标志，污泥杂物按规定堆放，并按规定时间清理场地，分层回填整实。

四、物业服务企业在物业安全管理方面的法律责任和义务

在物业服务合同履行过程中，经常出现由于治安或消防事故而使业主人身和财产受到侵害的情况，而物业服务企业是否应当承担责任的问题也经常会被涉及。关于这个问题，我国相关法规作出了一些原则性的规定。

1. 物业服务企业是否违约是界定其是否承担业主人身、财产安全损害法律责任的依据

《物业管理条例》第三十六条规定："物业服务企业应当按照物业服务合同的约定，提供相应的服务。物业服务企业未能履行物业服务合同的约定，导致业主人身、财产安全受到损害的，应当依法承担相应的法律责任。"

物业服务企业应当按照物业服务合同的约定，提供相应的服务，否则将构成违约行为，就要承担相应的违约责任。这里所说的违约责任主要是指法律责任中的赔偿损失，包括对业主各种权利和利益侵害造成的财产损失和人身伤害的后果的金钱赔偿。

物业服务企业是否需要承担责任的关键是物业服务企业有没有履行合同。物业服务企业是否尽到了责任，是判定物业服务企业对于业主受到人身伤害和财产损失是否承担责任的标准。通常讲，如果物业服务企业已按照合同的约定尽到了自己的责任，就不应当承担责任。如，物业管理区域内发生的刑事犯罪，物业服务企业是否应当承担责任，应当具体情况具体分析，物业管理的安全服务的性质是一种群防群治的安全防范服务，关键是看物业服务企业的保安防范工作是否到位。如果保安防范工作没有疏忽，不存在管理上的缺陷，则物业服务企业就不应当承担责任；相反，如果物业服务企业未能履行物业服务合同的约定，存在明显的过错，则应当承担未履行合同或者履行合同存在疏漏的赔偿责任。

2. 物业服务企业对物业管理区域内违法行为的制止和报告义务

《物业管理条例》第四十六条规定："对物业管理区域内违反有关治安、环保、物业装饰装修和使用等方面法律、法规规定的行为，物业服务企业应当制止，并及时向有关行政管理部门报告。有关行政管理部门在接到物业服务企业的报告后，应当依法对违法行为予以制止或者依法处理。"

物业服务企业在依据物业服务合同，对业主和物业使用人工作、生活的正常秩序和环境进行系统的、全面的管理服务过程中，应当协助公安部门，配合街道办事处、居委会工作，维护物业管理区域内治安秩序，制止违法行为。但由于物业服务企业不具有行政管理职能，因此，不能行使行政管理权和执法权。在物业管理区域内发生治安案件或者各类灾害事故时，物业服务企业应当及时向公安部门和有关部门报告，并协助作好调查和救助工作。这是《物业管理条例》规定的物业服务企业的法定义务。

物业服务人员对应该制止而没有制止违法行为的，应当及时报告治安案件而没有及时报告的，要承担相应的法律责任。全体业主都应当遵守管理规约，对每一个业主来说，维护物业管理区域内的公共利益，就是在履行管理规约约定的责任。物业服务企业对于个别业主的违法行为不予制止，将导致物业管理区域内生活环境恶化。相应地，物业服务企业因不履行责任，"收钱不服务或者少服务"，是姑息纵容侵犯大部分业主利益的行为，业

主、业主委员会完全有理由以物业服务企业不履约或者不作为而解聘物业服务企业，直至追究其法律责任。

3. 物业服务企业对本辖区具有安全防范义务

《物业管理条例》第四十七条第一款规定："物业服务企业应当协助做好物业管理区域内的安全防范工作。"

关于这一点，《建设部、公安部、民政部关于加强居民住宅区安全防范工作的协作配合，切实保障居民居住安全的通知》作出了更为详尽的说明：物业服务企业应当自觉接受公安机关的监督指导，贯彻"预防为主，人防、物防、技防三者相结合"的原则，提高安全防范服务能力和水平。要加强保安队伍的管理，以"政治合格、素质过硬、纪律严明、作风优良"为标准，提高保安人员素质。要建立一套科学的安全防范管理制度，按照工作标准化、操作程序化、管理制度化、服务规范化的要求，明确细化职责，建立考核奖惩激励机制，提高安全防范服务的效率和质量。要根据居民住宅区的特点，合理布岗，加强巡逻检查，发现有犯罪嫌疑的人员和易燃易爆、剧毒、放射性等危险物品，或者发生刑事、治安案件和各类灾害事故，应当立即报告公安机关及有关部门，并协助做好调查和救助工作。物业服务企业要定期巡视、试验、修理和更新消防设施设备，由专人进行保养维修，使消防设施设备始终处于完好状态。平时开展消防教育，对可能造成火灾事故的设施设备进行检查，消除火灾隐患。对安全防范设施、消防设施要认真检查、维修养护，检查情况要有记录，发现的安全隐患问题，要及时反映，配合有关部门认真整改，确保设施的完好。在火灾发生时，采取应急措施，配合公安消防机关进行救灾，疏散居民，抢救伤员。经房地产开发建设单位或者业主同意，还可以建设并完善居民住宅区安全防范设施，如远红外周边报警系统、电视摄像监控系统、电子巡更系统等，实现技防、物防和人防紧密结合，相互促进。在日常管理服务中，对装饰装修房屋的，要事先向业主告知房屋装饰装修的禁止行为和注意事项，协助有关部门进行监督检查。对在楼梯间、走廊通道等共用部位堆放杂物的，要依据物业管理制度及时予以处理。对违章搭建的，要配合有关部门予以拆除。要主动配合公安派出所对居民住宅区的不安定因素进行重点防范，配合居民委员会开展精神文明建设和治安宣传、教育、动员、服务等活动。

4. 发生安全事故时物业服务企业应采取的措施

《物业管理条例》第四十七条在规定物业服务企业的安全防范工作义务的同时，也规定在发生安全事故时，物业服务企业在采取应急措施的同时，应当及时向有关行政管理部门报告，协助做好救助工作。这里的"行政管理部门"，主要是指公安部门、消防部门及其他相关部门。"救助工作"，主要包括及时赶赴现场，进行救助，抢救伤员，及时制止安全事故的发生和损失的扩大，及时报警。对于一些可能属于刑事案件的安全事故，还要注意保护现场，注意保存和收集证据。在向有关部门报告时，一定要实事求是。

5. 物业服务企业雇请保安人员，以及保安人员应当履行职责的规定

《物业管理条例》第四十七条第一款规定，物业服务企业雇请保安人员的，应当遵守国家有关规定；保安人员在维护物业管理区域内的公共秩序时，应当履行职责，不得侵害公民的合法权益。

根据国家有关规定，保安服务公司应由公安机关审批；保安服务公司在招聘保安人员时，须经过严格政审，即由当地公安机关出具证明材料，证明被录用人员没有前科和劣迹，并统一培训后，方可上岗。对雇请的保安人员要切实加强思想政治和业务技能等方面

的教育和培训，注重提高保安人员的政治素质和业务水平。物业服务企业雇请保安人员的，应当严格遵守国家有关规定。

实践中，一些物业服务企业雇请的保安人员，在维护公共秩序和处理问题时，不依法履行职责，甚至出现殴打业主、没收业主财物等侵害公民合法权益的行为，在社会上造成了极其恶劣的影响。

【案例 9-3】 2004 年 3 月，业主李某购买轿车一辆，并在其所居住的某小区进行车辆登记，按月向物业公司缴纳车辆保管费 40 元。按物业公司的规定，汽车出入某小区均应交收车辆出入证。出入证上载明：汽车出入某小区须领取此证方可入内，汽车驶出某小区须交回此证方可放行。2006 年 7 月 6 日晚 8 点 58 分，李某开车返回某小区，入门时从门卫处领取车辆出入证 125 号，将车停在靠近自行车门卫一侧的第二个车位上。第二天（7 月 7 日）上午 10 点，李某外出办事取车时，发现车子不见，即找物业保安人员询问，保安人员称，7 月 6 日晚 9 点 45 分，该车开出某小区时，他向司机要出入证，司机说出去接人就回来，保安便将道闸放开，将车放出。李某就找到保安负责人及物业服务公司经理告知车被盗一事，并于上午 11 点到派出所报案。事后，李某要求物业公司赔偿。物业公司承认车辆被盗的事实，但其认为李某交的是车位租金，不是车的保管费，不同意赔偿。同年 10 月 17 日，李某向人民法院提起诉讼。

分析： 李某购车后，经申请取得某小区停车位一处，按月向物业公司交纳车辆保管费 40 元，其与物业公司之间已形成车辆保管关系，物业公司对在某小区内的车辆负有保管义务。车辆丢失当天，李某的车辆被他人开出某小区时，小区保安人员未按规定收回出入证便将车放行，造成该车被窃，物业公司应负有全部过错责任，应对李某承担赔偿责任。

第四节 物业环境管理

物业环境是物业辖区内与业主、使用人生活和工作密切相关的，直接影响其生存、发展和享受的各种必须条件和外部变量因素的综合。物业环境是人类城市环境的一部分，是属于城市大环境范围内的某个物业区域范围的小环境。物业环境管理水平的高低，不仅直接关系到业主和使用人的生活质量、环境质量的高低，对于提升物业企业形象、确保物业保值和增值也具有重要意义。

国家为了加强物业环境管理，制定了一系列法律法规，主要包括：1994 年 4 月建设部发布的《城市新建住宅小区管理办法》；1992 年 5 月国务院发布的《城市市容和环境卫生管理条例》；1992 年 6 月发布的《城市绿化条例》；1993 年 7 月发布的《城市生活垃圾管理办法》等。另外，地方各级人大和各级政府也发布了地方性法规和地方性规章，如：1994 年 6 月深圳特区人大常委会通过的《深圳经济特区住宅区物业管理条例》；2010 年 10 月北京市人民政府颁布的《北京市物业管理办法》等。

一、物业环境保洁管理

在物业区域中，良好的环境卫生所带来的舒适和幽雅，对提升物业服务公司的服务水准是一个直观的指标。整洁的物业区域环境就需要常规性的保洁服务。物业环境保洁管理是指物业服务公司通过宣传教育、监督治理和日常保洁工作，保护物业区域环境，防止环境污染，定时、定点、定人进行垃圾的分类收集、处理和清运，通过清扫、擦拭、整理等专业性操作，维护辖区所有公共地方、公共部位的清洁卫生，保持环境整洁，提高环境效益。

1. 保洁服务的范围

清洁卫生工作是环卫管理中经常性的基础工作。物业服务企业清洁人员负责清洁卫生的范围可分为以下 3 个部分。

① 室外公共部位。即物业管辖区内（或大厦周围）的道路、绿化带、广场、公共娱乐场所等所有公共场地。

② 楼内公共部位。指物业辖区内楼宇内部上下空间的公共部位，包括：楼梯、大厅、天台、电梯间、公用卫生间、走道、公共活动场所、楼宇外墙等。

③ 生活垃圾的收集和清运。是指物业辖区内日常生活垃圾的收集、归类、袋装和清运，并做到专人负责，日产日清，定时收集，定时清运，分类清倒，保持环境清洁。

2. 保洁服务的质量标准

我国尚没有专门有关物业环卫管理的规定。目前，物业区域环境卫生的通用标准是“五无”、“五定”、“当日清”。“五无”即无裸露垃圾，无垃圾死角，无明显积尘积垢，无蚊蝇孳生地，无“脏乱差”顽疾；“五定”是指卫生保洁工作要做到定人、定地点、定时间、定任务、定质量；“当日清”即指清运垃圾要及时，当日垃圾当日清，要采用设置垃圾桶（箱），采取垃圾分类、袋装的方法集中收集垃圾。

建设部颁布的《全国城市马路清扫质量标准》，也可以作为物业区域道路清扫保洁质量的参考：如道路每天普扫二遍，每日保洁，达到“六不”、“六净”标准。“六不”即不见积水，不见积土，不见杂物，不漏收堆，不乱倒垃圾和不见人畜粪；“六净”即路面净，路沿净，人行道净，雨水口净，树坑墙根净和废物箱净。

同时，分散在物业管理政策法规中的有关管理规定、物业管理相关法规政策的专业条例的规定，以及物业管理组织与单位有关物业卫生管理的规定中都对物业小区环境卫生管理提出了基本要求。例如，《全国城市物业管理优秀住宅小区达标评分细则》对物业小区环境卫生管理有以下五条规定：

① 小区内环卫设施完备，设有垃圾箱、果皮箱、垃圾中转站等保洁设备；

② 小区实行标准化清扫保洁，垃圾日产日清；

③ 小区内不得违反规定饲养家禽、家畜及宠物；

④ 房屋的公共楼梯、扶栏、走道、地下室等部位保持清洁，不得随意堆放杂物与占用；

⑤ 居民日常生活所需要的商业网点管理有序，无乱设摊点、广告牌，乱贴、乱画现象。

二、物业绿化管理

绿化是城市生态系统的主体，它对城市生态系统的平衡起到至关重要的作用，是人类文明的重要标志。绿化也是物业辖区内唯一有生命的基础设施。物业管理中，物业绿化可以起到保护和改善物业，改善小气候和净化空气，美化环境，提供良好的休闲场所的作用，给业主和物业使用人创造出一个清洁、安静、优美、舒适的生活环境和工作环境。

根据我国城市绿化分工的有关规定，居民小区道路建筑红线之内的部分归房管部门或物业服务企业绿化和养护管理；小区内部没有路名的道路绿化归房管部门或物业服务企业绿化和养护管理。

绿化养护与管理工作是治理环境污染和改善生活环境的重要措施，也是提高环境质量和保护生态环境的一个有效途径。为此国家制定了《城市绿化条例》、《城市绿线管理办法》、《城市绿化规划建设指标的规定》、《城市园林绿化企业资质管理办法》和《城市园林绿化企业资质标准》等多个城市绿化管理的相关法规来规范城市绿化管理活动，这些规章制度同样适用于物业绿化管理。

1. 国家关于城市绿化管理主要规定

国家关于城市绿化管理主要有如下规定。

① 城市公共绿地和居住区绿地的建设，应当以植物造景为主，选用适当的树木花草，并适当配置泉、石、雕塑等景物；《城市居住区规划设计规范》规定，居住区内绿地，应包括公共绿地、宅旁绿地、配套公建所属绿地和道路绿地，其中包括了满足当地植树绿化覆土要求，方便居民出入的地上或半地下建筑的屋顶绿地；一切可绿化的用地均应绿化，并宜发展垂直绿化；绿地率：新区建设不应低于30%，旧区改建不宜低于25%；居住区内公共绿地的总指标，应根据居住人口规模分别达到：组团不少于$0.5m^2$/人，小区（含组团）不少于$1m^2$/人，居住区（含小区与组团）不少于$1.5m^2$/人，并应根据居住区规划布局形式统一安排、灵活使用，旧区改建可酌情降低，但不得低于相应指标的70%。

② 城市绿化规划应当因地制宜地规划不同类型的防护绿地。各有关单位应当依照国家有关规定，负责本单位管界内防护绿地的绿化建设。

③ 单位附属绿地的绿化规划和建设，由该单位自行负责，城市人民政府城市绿化行政主管部门应当监督检查，并予以技术指导。

④ 各单位管界内的防护绿地和单位附属绿地的绿化，由该单位按照国家有关规定管理；单位自建的公园和单位附属绿地的绿化，由该单位管理；居住区绿地的绿化，由城市人民政府城市绿化行政主管部门根据实际情况确定的单位管理；城市苗圃、草圃和花圃等，由其经营单位管理。

⑤ 绿化养护管理的质量要求是：树木生长茂盛无枯枝；树形美观完整无倾斜；绿篱修剪整齐无缺枝；花坛土壤疏松无垃圾；草坪平整清洁无杂草。

⑥ 绿化养护管理的考核标准是：

a. 新种树苗，本市苗成活率大于95%，外地苗成活率大于90%。

b. 新种树木高度1m处倾斜超过10cm的不超过树木总数的2%，栽植一年以上的树木保存率大于98%。

c. 五大虫害的树木不超过树木总数的2%；树木二级分枝枯枝不超过树木总数的2%。

d. 围栏设施无缺损；绿化建筑小品无损坏。

e. 草坪无高大杂草，绿化无家生或野生的攀援植物。

f. 绿地整洁无砖块、垃圾。

g. 绿化档案齐全、完整，有动态记录。

2. 物业绿化管理的规章制度

居住区园林绿化工作的好坏，不仅仅是绿化部门的职责；同时也是每一位业主和使用人的职责。如果只有绿化部门的认真养护、管理，没有业主和使用人的支持、配合，居住区的绿化工作是搞不好的。为此，一般在居住区环境绿化管理中都要制定有关绿化管理方面的规章制度，规范人们的行为。为了切实维护好物业区域内的绿化，物业服务企业可以从以下方面制定管理的有关规定：

① 爱护绿地，人人有责；

② 不准损坏和攀折花木；

③ 不准在树木上敲钉拉绳晾晒衣物；

④ 不准在树木上及绿地内设置广告招牌；

⑤ 不准在绿地内违章搭建；

⑥ 不准在绿地内堆放物品和停放车辆；

⑦ 不准往绿地内倾倒污水或乱扔垃圾；

⑧ 不准行人或各种车辆践踏、跨越和通过绿地；

⑨ 不准损坏绿化的围栏设施和建筑小品；

⑩ 凡人为造成绿化及设施损坏的，根据政府的有关规定和管理合同的有关条文进行赔偿和罚款处理。如属儿童所为，应由家长负责支付款项。

三、物业环境污染与防治

环境污染是指由于有害物质进入生态系统的数量超过生态系统本身的自净能力，造成环境质量下降或环境状况恶化，使生态平衡及人们正常的生产、生活条件遭到破坏。伴随着社会经济的发展，环境污染日益严重，人类的生存环境不断恶化，为了给业主创造一个整洁、舒适、优雅的良好环境，物业服务企业必须重视物业环境污染的防治。

所谓污染防治，其实质就是控制人类活动向环境排放污染物的种类、数量和浓度。为此要求人们采取一切有效措施，控制和治理现有的污染源；对已排放的污染物和废弃物进行减量化、无害化、资源化处理；控制和减少新的污染源的产生。以此来遏制环境质量的恶化，并逐步恢复和改善环境的质量。

环境污染主要包括大气污染、水体污染、固体废物污染和噪声污染。针对不同的污染，物业服务企业应提出不同的污染防治管理手段和措施。相应地，物业服务公司对不同种类污染的防治工作分属于各个不同的部门管理，例如，用户装修发出的噪声，可由保安部或工程部管理，垃圾的堆放和清运就由保洁部管理，水箱的清洗由保洁部管理，锅炉废气的超标排放可由工程部管理，但经常性、大量性的固体废弃物的处理则主要由物业的保洁部负责。

1. 大气污染的防治

物业区域内大气污染的主要原因主要有：直接以煤炭作为能源燃烧，导致烟尘、二氧化硫或二氧化碳的过量排放；燃油机动车的超标排放；建筑施工扬尘；不当燃烧垃圾、沥青等；辖区内工业的含有有毒物质的废气和粉尘的排放。

针对物业区域内大气污染的主要原因，物业企业可以采取如下措施进行防治：

① 改变能源结构，提倡使用清洁能源，积极发展太阳能。

② 禁止在物业辖区内焚烧沥青、油毡、橡胶、塑料、落叶、绿化修剪物等会产生有毒有害气体和烟尘的物质。特殊情况确需焚烧的，必须报经当地环保部门批准。

③ 加强车辆管理，限制大型机动车或排放尾气严重超标的车辆进入辖区。

④ 严格控制辖区内工业生产向大气排放含有有毒物质的废气和粉尘。

⑤ 在基建或装修施工中，尽量采取防止扬尘的措施。

⑥ 平整和硬化地面，减少扬尘。

⑦ 搞好绿化建设，减少扬尘和增加物业环境的自净化的能力。

2. 水体污染的主要原因及防治措施

物业区域内水体污染主要有两个主要原因：其一，人们在生产、生活的活动过程中，将有毒、有害物质和液体排入水体，使水质下降，利用价值降低或丧失，并对生物和人体造成损坏的现象。这些有毒、有害物质的来源主要是指从工业废水、生活废水、医疗污水等排入到水体中的酚、氰化物、砷、汞、铅等有害物质，另外还包括油类及氮、磷等富有营养的盐类等；其二，水体中的生物群落在适当的条件和外界因素影响下，大量孳生有害微生物，成为危害人体健康的疾病源。

我国水体保护中，对生活饮用水的要求是十分严格的，《我国居民生活饮用水卫生规范》规定生活饮用水的 pH 值要在 6.5～8.5 之间。为达到此要求，物业企业需要做好以下几项工作：

① 加强污水排放的控制，加强对水体与污染源的巡回监测，从制度和管理上控制随意排污和超标排污。

② 通过物理、化学、物理化学、生物处理法对已排放的污水进行处理，使之达到排放标准。

③ 严格按照有关规定加强通过储水设备和加压、净化设施将水厂的直接供水间接地供应给用户生活饮用的二次供水的卫生管理，防止二次供水污染。

3. 固体废弃物污染的防治

固体废弃物通常是指在生产、生活和其他活动中产生的，在一定时间和地点不再需要而丢弃的固态、半固态或泥态物质。生活型垃圾是物业辖区需要管理的主要废弃物。固体废弃物的主要防治措施包括：

① 生活垃圾一定要在指定的地点倾倒、堆放，不得随意抛洒或堆放，要提倡生活垃圾的分类收集、储存，有害垃圾不得混入生活垃圾。

② 加强对房屋装修的科学管理。装修垃圾是造成物业区域固体废弃物污染的一个重要来源，通过对房屋装修的科学管理就是要减少这一方面的污染。装修垃圾一定要在指定地点堆放，统一清运。根据工程量的大小，垃圾清运费从住户缴付的装修押金中扣除。

③ 大件生活废弃物应按照规定时间到指定收集场所投放。

④ 对各类垃圾及时清运，科学处理，防止二次污染。

⑤ 垃圾箱在数量上要和垃圾的产出量相适应，有密封、防蝇、防污水外流等设施。

⑥ 露天储存燃煤、灰渣应当设置专用的储存设施或场所。

4. 噪声污染的防治

噪声污染是指人类活动排放的环境噪声超过国家规定分贝标准，对人的工作、学习、生活等正常活动以至人体健康造成妨碍和损坏的现象。根据我国《城市区域环境噪声标准》规定：一般居住区和文教区的白天噪声标准是 50dB，夜间是 40dB；工业集中区白天是 65dB，夜间是 55dB。

在物业小区，噪声的表现形式主要有车辆交通噪声；建筑施工噪声，包括辖区外的建筑工地以及辖区内装修工地发出的噪声；社会生活噪声，包括商业设施噪声、教育设施噪声以及用户活动的噪声等。

物业服务企业对噪声污染的防治措施主要有：

① 禁止在住宅区设立产生噪声污染的生产经营项目；

② 禁止在夜间规定不得作业时间内进行施工作业；

③ 禁止机动车在禁止鸣喇叭的区域鸣喇叭，控制机动车进入辖区和控制车速；

④ 控制辖区内文化娱乐活动的声响，不要影响他人的正常生活；

⑤ 加强精神文明建设，制定必要的管理办法，要让业主、使用人和一切受益人懂得尊重别人就是尊重自己的道理，尽量减少生活噪声，如娱乐声、爆竹声等，这是防治噪声污染的积极办法。

【案例 9-4】 王小姐是某小区的住户，她的邻居是最近刚搬来的白先生。可是自从白先生入住以来，王小姐就没有感到清净过。每天白先生都往门前扔大量的垃圾，晚上还总从他屋里传来巨大的音响声，一直到深夜，吵得王小姐无法看书和入睡。王小姐多次向白先生提出意见，都没有效果。王小姐无奈，请物业服务公司出面协调，物业服务公司以无权干涉业主私生活为由加以拒绝。张小姐没有办法，以物业服务公司没有尽到管理职责为由向有关行政部门投诉。

分析： 这个案例中白先生的行为实际上已在本物业区域内造成了噪声污染，而对噪声污染的防治是物业服务企业环境管理服务的一个重要环节。物业服务公司以无权干涉业主私生活为由加以拒绝王小姐的请求显然是逃避自己的管理义务。物业企业应通过执法检查、履约监督、制度建设和宣传教育等方式，尽量减少生活噪声，为业主及使用人提供物业环境管理服务，以维护和改善物业环境。

第五节　物业综合经营及供水、电、气、热管理服务法规

物业综合经营不属于物业服务合同约定的范围。我国《物业管理条例》第四十四条规定，物业服务企业可以根据业主的委托提供物业服务合同约定以外的服务项目，服务报酬由双方约定。水、电、气、热的管理服务一般也不属于物业服务合同的内容。物业服务企业一般是依据与水电气热等专业服务单位之间的协议代为管理。

一、开展综合经营服务项目的注意事项

1. 经营范围及服务内容应合法

物业服务企业在为业主提供物业综合经营服务时，不得超越县级以上人民政府房地产行政主管部门核定的企业资质规定的服务范围，更不得提供违法服务。

2. 合理收费

《物业管理条例》第四十四条规定，物业服务企业可以根据业主的委托提供物业服务合同约定以外的服务项目，服务报酬由双方约定。也就是说，物业综合经营服务的收费是采取市场定价方式，物业企业拥有定价自主权。但是，物业综合经营服务项目运营中的收费是很敏感的问题，需要谨慎处理，搞不好会影响正常物业费的收取。无论是物业服务企业自身定价还是承包经营商定价，都应该注意分层次提供服务、分档次收取费用。同时，物业综合经营服务收费还应符合我国《价格法》的有关规定。

3. 合理解决房屋和场地问题

从物业的权属角度考虑，如果开展综合经营服务所需房屋和场地的所有权属于物业服务企业，对其使用会更加灵活；如果没有自有房屋和场地，可以考虑向开发商或业主租

赁。物业开发过程中，都会按相关规定建设配套的公共建筑设施，物业服务企业可以按照原设计用途对这些建筑和场地加以利用。很多新建建筑的底层、裙房就是规划设计中的经营场所，物业服务企业可以直接加以利用。如果物业管理辖区内的配套房屋和场地不能满足综合经营服务需要，需要新建、扩建，就要特别注意合理选址，不能占用绿地、道路、广场、停车场（库）等已设定专门用途的用地和空间，避免损害业主的利益，引起纠纷。

4. 避免出现扰民问题

综合经营服务项目的经营服务地点应与业主和使用人的生活区保持足够的距离，以防互相干扰，产生噪声、气味、废弃物的项目尽量不要开展。饭店、娱乐场所容易出现扰民问题，应尽量不采取底层的布置形式，如必须采取，则需要对经营时间和噪声、油烟排放等特别加以控制。其他排放污染的经营服务项目也不应该靠近住宅布置。地下室作为经营场所要特别慎重，因其容易引发安全问题，更需要严格管理。居民区内也不适宜兴办夜市等过于嘈杂的经营项目。

5. 物业企业不能擅自利用物业共用部位、共用设施设备进行经营

《物业管理条例》第五十五条规定，利用物业共用部位、共用设施设备进行经营的，应当在征得相关业主、业主大会的同意后，按照规定办理有关手续。业主所得收益应当主要用于补充专项维修资金，也可以按照业主大会的决定使用。

共用部位和共用设施设备为业主共同所有，是业主的共有财产。原则上，对于物业共用部位、共用设施设备，在利用有剩余且不影响物业的使用和管理的情况下，可以经营。但对物业共用部位、共用设施设备的经营管理，必须由具有所有权的全体业主共同决定，包括经营的内容、经营期限、经营收入的分配等。物业企业擅自利用物业共用部位、共用设施设备进行经营就侵犯了业主作为公共所有权人的权益。

即使物业服务合同已将共用部分的经营权委托给了物业服务企业，可以由物业服务企业来决定对物业共用部位、共用设施设备的经营，也应明确：物业共用部位、共用设施设备进行经营的收益归业主所有，经营所得收入应当既可以主要用于补充专项维修资金，也可以按照业主大会的决定做其他使用。物业公司做了联系、沟通、管理等工作，应该得到相应的报酬，但决不能独吞，只能收取管理费。也就是说，业主有真正的收益权，扣除成本的实际利益归业主所有。

【案例 9-5】 某物业服务企业将所有住宅小区的楼内一层电梯旁的公共部位 100 余平方米出租给他人设摊经营。住宅小区业主认为，在购房时，已将该公共部分摊入所购房屋的建筑面积之中，对此公共部位拥有使用权，物业服务企业未经业主同意，擅自将公共部位让与他人经营是一种侵权行为。而物业公司认为，物业服务企业作为住宅小区的管理者，有权将楼内一层电梯旁的公共部位出租给别人经营。

分析：《物业管理条例》明确规定，利用物业共用部位，共用设施、设备进行经营的，应当在征得相关业主、业主大会的同意后，物业服务企业按照规定办理有关手续，经营所得收入应当既可以主要用于补充专项维修资金，也可以按照业主大会的决定做其他使用。某物业服务企业未经业主同意，擅自将公共部位出租给他人经营，侵害了业主的财产权，应停止侵权，返还违法所得，赔偿损失。

二、供电服务规范

无论是否由物业服务企业代为管理，供电服务都应遵守《供电服务规范》的规定。

1. 电压质量标准

① 在电力系统正常状况下，客户受电端的供电电压允许偏差为：

a. 35kV及以上电压供电的，电压正、负偏差的绝对值之和不超过额定值的10%；

b. 10kV及以下三相供电的，为额定值的±7%；

c. 220V单相供电的，为额定值的+7%，－10%。

② 在电力系统非正常状况下，客户受电端的电压最大允许偏差不应超过额定值的±10%。

③ 当客户用电功率因数达不到《供电营业规则》规定的要求时，其受电端的电压偏差不受上述限制。

④ 城市居民客户端电压合格率不低于95%，农网居民客户端电压合格率不低于90%。

2. 供电可靠率指标

① 城市地区供电可靠率不低于99.89%，农网供电可靠率不低于99%。

② 减少因供电设备计划检修和电力系统事故对客户造成的停电次数及每次停电的持续时间。供电设备计划检修时，对35kV及以上电压等级供电的客户的停电次数，每年不应超过1次；对10kV电压等级供电的客户，每年不应超过3次。

③ 供电设施因计划检修需要停电时，应提前7天将停电区域、线路、停电时间和恢复供电的时间进行公告，并通知重要客户。供电设施因临时检修需要停电的，应提前24小时通知重要用户或进行公告。

④ 对紧急情况下的停电或限电，客户询问时，应向客户做好解释工作，并尽快恢复正常供电。

3. 营业场所服务规范

① 营业人员必须准点上岗，做好营业前的各项准备工作。

② 实行首问负责制。无论办理业务是否对口，接待人员都要认真倾听，热心引导，快速衔接，并为客户提供准确的联系人、联系电话和地址。

③ 实行限时办结制。办理居民客户收费业务的时间一般每件不超过5分钟，办理客户用电业务的时间一般每件不超过20分钟。

④ 受理用电业务时，应主动向客户说明该项业务需客户提供的相关资料、办理的基本流程、相关的收费项目和标准，并提供业务咨询和投诉电话号码。

⑤ 客户填写业务登记表时，营业人员应给予热情的指导和帮助，并认真审核，如发现填写有误，应及时向客户指出。

⑥ 客户来办理业务时，应主动接待，不因遇见熟人或接听电话而怠慢客户。如前一位客户业务办理时间过长，应礼貌地向下一位客户致歉。

⑦ 因计算机系统出现故障而影响业务办理时，若短时间内可以恢复，应请客户稍候并致歉；若需较长时间才能恢复，除向客户说明情况并道歉外，应请客户留下联系电话，以便另约服务时间。

⑧ 当有特殊情况必须暂时停办业务时，应列示“暂停营业”标牌。

⑨ 临下班时，对于正在处理中的业务应照常办理完毕后方可下班。下班时如仍有等候办理业务的客户，应继续办理。

⑩ 值班主任应对业务受理中的疑难问题及时进行协调处理。

4. 现场服务纪律

① 对客户的受电工程不指定设计单位，不指定施工队伍，不指定设备材料采购。

② 到客户现场服务前，有必要且有条件的，应与客户预约时间，讲明工作内容和工作地点，请客户予以配合。

③ 进入客户现场时，应主动出示工作证件，并进行自我介绍。进入居民室内时，应先按门铃或轻轻敲门，主动出示工作证件，征得同意后，穿上鞋套，方可入内。

④ 到客户现场工作时，应遵守客户内部有关规章制度，尊重客户的风俗习惯。

⑤ 到客户现场工作时，应携带必备的工具和材料。工具、材料应摆放有序，严禁乱堆乱放。如需借用客户物品，应征得客户同意，用完后先清洁再轻轻放回原处，并向客户致谢。

⑥ 如在工作中损坏了客户原有设施，应尽量恢复原状或等价赔偿。

⑦ 在公共场所施工，应有安全措施，悬挂施工单位标志、安全标志，并配有礼貌用语。在道路两旁施工时，应在恰当位置摆放醒目的告示牌。

⑧ 现场工作结束后，应立即清扫，不能留有废料和污迹，做到设备、场地清洁。同时应向客户交待有关注意事项，并主动征求客户意见。电力电缆沟道等作业完成后，应立即盖好所有盖板，确保行人、车辆通行。

⑨ 原则上不在客户处住宿、就餐，如因特殊情况确需在客户处住宿、就餐的，应按价付费。

5. 供电方案答复及送电时限

① 已受理的用电报装，供电方案答复时限：低压电力客户最长不超过 10 天；高压单电源客户最长不超过 1 个月；高压双电源客户最长不超过 2 个月。若不能如期确定供电方案时，供电企业应向客户说明原因。

② 对客户送审的受电工程设计文件和有关资料答复时限：高压供电的最长不超过 1 个月；低压供电的最长不超过 10 天。供电企业的审核意见应以书面形式连同审核过的受电工程设计文件一份和有关资料一并退还客户，以便客户据以施工。

③ 受理居民客户申请用电后，5 个工作日内送电；其他客户在受电装置验收合格并签订供用电合同后，5 个工作日内送电。

6. 抄表收费服务规范

① 供电企业应在规定的日期准确抄录计费电能表读数。因客户的原因不能如期抄录计费电能表读数时，可通知客户待期补抄或暂按前次用电量计收电费，待下一次抄表时一并结清。确需调整抄表时间的，应事先通知客户。

② 供电企业应向客户提供不少于两种可供选择的缴纳电费方式。

③ 在尊重客户、有利于公平结算的前提下，供电企业可采用客户乐于接受的技术手段、结算和付费方式进行抄表收费工作。

7. 故障抢修服务规范

① 提供 24 小时电力故障报修服务，对电力报修请求做到快速反应、有效处理。

② 加快故障抢修速度，缩短故障处理时间。有条件的地区应配备用于临时供电的发电车。

③ 接到报修电话后，故障抢修人员到达故障现场的时限：城区 45 分钟、农村 90 分钟、边远地区 2 小时，特殊边远地区根据实际情况合理确定。

④ 因天气等特殊原因造成故障较多不能在规定时间内到达现场进行处理的，应向客户做好解释工作，并争取尽快安排抢修工作。

8. 装表、接电及现场检查服务规范

① 供电企业在新装、换装及现场校验后应对电能计量装置加封，并请客户在工作凭证上签章。如居民客户不在家，应以其他方式通知其电表底数。拆回的电能计量装置应在表库至少存放 1 个月，以便客户提出异议时进行复核。

② 对客户受电工程的中间检查和竣工检验，应以有关的法律法规、技术规范、技术标准、施工设计为依据，不得提出不合理要求。对检查或检验不合格的，应向客户耐心说明，并留下书面整改意见。客户改正后予以再次检验，直至合格。

③ 用电检查人员依法到客户用电现场执行用电检查任务时，必须按照《用电检查管理办法》的规定，主动向被检查客户出示《用电检查证》，并按“用电检查工作单”确定的项目和内容进行检查。

④ 用电检查人员不得在检查现场替代客户进行电工作业。

⑤ 供电企业应按规程规定的周期检验或检定、轮换计费电能表，并对电能计量装置进行不定期检查。发现计量装置失常时，应及时查明原因并按规定处理。

⑥ 发现因客户责任引起的电能计量装置损坏，应礼貌地与客户分析损坏原因，由客户确认，并在工作单上签字。

⑦ 客户对计费电能表的准确性提出异议，并要求进行校验的，经有资质的电能计量技术检定机构检定，在允许误差范围内的，校验费由客户承担；超出允许误差范围的，校验费由供电企业承担，并按规定向客户退补相应电量的电费。

9. 停、复电服务规范

① 因故对客户实施停电时，应严格按照《供电营业规则》规定的程序办理；

② 引起停电的原因消除后应及时恢复供电，不能及时恢复供电的，应向客户说明原因。

10. 有偿服务规范

① 应客户要求进行有偿服务的，电力修复或更换电气材料的费用，执行省（自治区、直辖市）物价管理部门核定的收费标准。

② 进行有偿服务工作时，应向客户逐一列出修复项目、收费标准、消耗材料、单价等清单，并经客户确认、签字。付费后，应开具正式发票。

③ 有偿服务工作完毕后，应留下联系电话，并主动回访客户，征求意见。

11. 投诉举报处理规范

规范投诉举报处理程序，建立严格的供电服务投诉举报管理制度。

① 通过以下方式接受客户的投诉和举报：

a.“95598” 供电客户服务热线或专设的投诉举报电话；

b. 营业场所设置意见箱或意见簿；

c. 信函；

d.“95598”供电客户服务网页（网站）；

e. 领导对外接待日；

f. 其他渠道。

② 接到客户投诉或举报时，应向客户致谢，详细记录具体情况后，立即转递相关部

门或领导处理。投诉在5天内、举报在10天内答复。

③ 处理客户投诉应以事实和法律为依据，以维护客户的合法权益和保护国有财产不受侵犯为原则。

④ 对客户投诉，无论责任归于何方，都应积极、热情、认真进行处理，不得在处理过程中发生内部推诿、搪塞或敷衍了事的情况。

⑤ 建立对投诉举报客户的回访制度，及时跟踪投诉举报处理进展情况，进行督办，并适时予以通报。

三、城市供水管理法规

城市自来水供水企业和自建设施对外供水的企业应当保持不间断供水。由于施工、设备维修等原因需要停止供水的，应当经城市供水行政主管部门批准并提前24小时通知用水单位和个人；因发生灾害或者紧急事故，不能提前通知的，应当在抢修的同时通知用水单位和个人，尽快恢复正常供水，并报告城市供水行政主管部门。用水单位和个人应当按照规定的计量标准和水价标准按时缴纳水费。城市自来水供水企业和自建设施供水的企业对其管理的城市供水的专用水库、引水渠道、取水口、泵站、井群、输（配）水管网、进户总水表、净（配）水厂、公用水站等设施，应当定期检查维修，确保安全运行。用水单位自行建设的与城市公共供水管道连接的户外管道及其附属设施，必须经城市自来水供水企业验收合格并交其统一管理后，方可使用。

在规定的城市公共供水管道及其附属设施的地面和地下的安全保护范围内，禁止挖坑取土或者修建筑物、构筑物等危害供水设施安全的活动。因工程建设确需改装、拆除或者迁移城市公共供水设施的，建设单位应当报经县以上人民政府城市规划行政主管部门和城市供水行政主管部门批准，并采取相应的补救措施。涉及城市供水设施的建设工程开工前，建设单位或者施工单位应当向城市自来水供水企业查明地下供水管网情况。施工影响城市供水设施安全的，建设单位或者施工单位应当与城市自来水供水企业商定相应的保护措施，由施工单位负责实施。禁止擅自将自建设施供水管网系统与城市公共水管网系统连接；因特殊情况确需连接的，必须经城市自来水供水企业同意，报城市供水行政主管部门和卫生行政主管部门批准，并在管道连接处采取必要的防护措施。禁止产生或者使用有毒有害物质的单位将其生产用水管网系统与城市公共供水管网系统直接连接。

四、城市燃气使用管理法规

燃气使用及服务管理，应遵守1991年3月30日建设部、劳动部、公安部颁布的《城市燃气安全管理规定》和建设部1997年12月23日颁布的《城市燃气管理办法》。

单位和个人使用城市燃气必须向城市燃气经营单位提出申请，经许可后方可使用。城市燃气经营单位应当建立用户档案，与用户签订供气、使用合同协议。使用城市燃气的单位和个人需要增加安装供气及使用设施时，必须经城市燃气经营单位批准。使用燃气管道设施的单位和个人，不得擅自拆、改、迁、装燃气设施和用具，严禁在卧室安装燃气管道设施和使用燃气，并不得擅自抽取或采用其他不正当手段使用燃气。用户不得用任何手段加热和摔、砸、倒卧液化石油气钢瓶，不得自行倒罐、排残和拆修瓶阀等附件，不得自行改换检验标记或瓶体漆色。燃气用户应当按时交纳气费，逾期不交的，燃气供应企业可以从逾期之日向不交纳气费的用户收取应交燃气费的3‰～1%的滞纳金，情节严重的，可以中止对其供气。燃气用户有权就燃气经营的收费和服务向燃气供应企业查询，对不符合收费和服务标准的，可以向其行政主管部门投诉。除消防等紧急情况外，未经燃气供应企业同意，任何人不得开启或者关闭燃气管道上的公共阀门。燃气用户应当遵守下列规定：

① 按照使用规划，正确使用燃气；

② 禁止盗用或者转供燃气；

③ 禁止对液化石油气钢瓶加热；

④ 禁止倒灌瓶装气和倾倒残液，残液由燃气供应企业负责倾倒；

⑤ 禁止擅自改换钢瓶检验标记；

⑥ 禁止自行拆卸、安装、改装燃气计量器具和燃气设施等；

⑦ 以管道燃气为燃料的热水器、空调等设备，必须报经燃气供应企业同意，由持有相应资质证书的单位安装。

燃气供应企业必须向社会公布抢修电话，设置专职抢修队伍，配备防护用品、车辆器材、通讯设备等。燃气供应企业应当实行每日二十四小时值班制度，发现燃气设施事故或接到燃气设施事故报告时，应当立即组织抢修、抢险。燃气供应企业必须制定有关安全使用规则，宣传安全使用常识，对用户进行安全使用燃气的指导。气供应企业应当按照有关规定，在重要的燃气设施所在地设置统一、明显的安全警示标志，并配备专职人员进行巡回检查。严禁擅自移动、覆盖、涂改、拆除、毁坏燃气设施的安全警示标志。燃气供应企业应当建立燃气用户档案，与用户签订供气用气合同，明确双方的权利和义务。燃气用户未经燃气供应企业批准，不得擅自接通管道使用燃气或者改变燃气使用性质、变更地址和名称。燃气计量应当采用符合国家计量标准的燃气计量装置，按照规定定期进行校验。燃气供应企业应当遵守下列规定：

① 燃气的气质和压力应当符合国家规定的标准，保证安全稳定供气，不得无故停止供气；

② 禁止向无《城市燃气企业资质证书》的单位提供经营性气源；

③ 不得强制用户到指定的地点购买指定的燃气器具；

④ 禁止使用超过检验期限和检验不合格的钢瓶；

⑤ 禁止用槽车直接向钢瓶充装液化石油气。

城市燃气事故是指由燃气引起的中毒、火灾、爆炸等造成人员伤亡和经济损失的事故。任何单位和个人发现燃气事故后，必须立即切断电源，采取通风等防火措施，并向城市燃气生产、储存、输配、经营单位报告。城市燃气生产、储存、输配、经营单位接到报告后，应当立即组织抢修。对于重大事故，应当立即报告公安消防、劳动部门和城市燃气生产、储存、输配、经营单位，并立即切断电源，迅速隔离和警戒事故现场，在不影响救护的情况下保护事故现场，维护现场秩序，控制事故发展。城市燃气生产、储存、输配、经营单位必须设置专职抢修队伍，配齐抢修人员、防护用品、车辆、器材、通讯设备等，并预先制定各类突发事故的抢修方案，事故发生后，必须迅速组织抢修。对于城市燃气事故的处理，应当根据其性质，分别依照劳动、公安部门的有关规定执行。对于重大和特别重大的城市燃气事故，应当在城市人民政府的统一领导下尽快做好善后工作，由城建、公安、劳动部门组成事故调查组，查清事故原因。发生燃气事故后，燃气供应企业应当立即向城市建设行政主管部门报告，重大燃气事故要及时报国务院建设行政主管部门。

五、城市供热管理法规

建设部2000年2月18日颁布的《民用建筑节能管理规定》中规定，国家鼓励发展集中供热和热、电、冷联供技术；供热采暖系统温度调控和分户热量计量技术与装置。新建居住建筑的集中采暖系统应当使用双管系统，推选温度调节和用户热量计量装置，实行供热计量收费。城市供热具体要求根据各地方情况各不相同。例如，北京市《关于加强本市民用供热管理工作暂行规定》中规定：供热单位应在每年9月30日前完成供热设备的维修改造，并从11月7日开始试供热，11月15日开始正式供热，必须保证采暖用户室温不低于16摄氏度。供热单位在供热期间，未经市政府批准，不得以任何理由擅自停止供热，改变供热范围或者降低供热标准。供热单位在供热期间，要按规定入户测量室温，向采暖用户公布服务电话，并安排专人负责及时解决采暖用户反映的供热问题。

采暖单位和有为本单位职工缴纳采暖费责任的单位，必须按照有关规定，按时足额缴纳供暖费。凡未缴纳供暖费的单位应当立即缴纳，不得故意拖欠。确有实际困难，无力缴纳供暖费的，其上级主管单位应当帮助解决。负责收缴供暖费的有关部门，应当积极收缴供暖费，并按规定将供暖费按期、足额转交供热单位，不得截留、延迟或者挪作他用。

采暖用户应当自觉遵守采暖管理的各项规定，并有权对供热质量和本单位采暖费缴纳情况进行监督，对不履行为本单位职工缴纳供暖费责任的单位，可向有关管理部门投诉或者举报。

市水、电、气、燃油、煤炭及其他能源供应部门，应当做好供热的保障工作。在供热期间，未经市、区县政府批准，不得擅自中断供给，不得随意或者变相提高能源价格。各级人民政府和有关部门应当采取积极措施，在政策和资金等方面对供热单位给予支持，保障供热工作的正常进行，避免增加供热单位的额外负担。

思　考　题

1. 如何界定物业修缮的养护责任人？
2. 保修期满后，物业修缮费用应由谁负担？
3. 物业专项维修资金归谁所有？
4. 目前我国对物业专项维修资金的使用管理有哪些规定？
5. 简述物业公共秩序维护管理的主要内容。
6. 物业服务企业的消防安全职责有哪些？
7. 物业服务企业保洁服务的范围如何？
8. 物业服务企业在进行环境管理时，对固体废弃物污染的可采取哪些防治措施？
9. 阅读下面的案例并回答问题

(1) 业主王某一直如期交纳物业停车费。2005年3月5日，王某将自家轿车停放在某物业服务公司管理处停车场。当晚大约22时该车被从停车场旁一号楼1911房坠落的一扇铝合金窗击破头盖，车盖内的部分零部件受损，车头左转向灯被击破。王某认为物业公司对整幢楼宇负有管理义务，现该栋建筑物上的窗户坠落造成其车损害，物业公司应当负责赔偿。而物业公司称铝合金窗是一号楼1911房业主的，不属于自己的管理范围，王某应找一号楼1911房业主赔偿。双方协商不一致，王某就此事向人民法院提起了诉讼。问：

物业公司、1911房业主各自应对王某承担什么责任?

(2) 李某是10岁的未成年人。一天放学后，他在自家阳台上玩耍，结果被挂在阳台旁树上折断的高压电线所吸而触电受伤，后被送到医院住院治疗。经人民法院法医鉴定，其伤情属重伤范围。经查，在距离李某家阳台垂直距离大约5米的地方，有10kV高压电线。事发前天晚上有7级大风，是大风将电线刮断，落在了树上，导致损害的发生。事后，李某的父母向人民法院提起诉讼，认为物业服务企业未尽小区内的管理职责，对电线刮断的事实未充分重视，在管理上有过错，应承担赔偿责任；电力公司作为高压电线的经营人，负有保障电力设施安全的义务，但其未履行，也应承担赔偿责任。问：法院应如何裁决?

物业管理法规与案例分析

第十章 物业管理法律责任的追究

物业管理法律关系处理不当就要承担物业管理法律责任。学习、运用物业管理法规，应当懂得如何确认物业管理法律责任、承担物业管理法律责任的条件，应当能够预测物业管理法律责任的大小以及承担责任的方式。本章是对有关物业管理法律责任的确认方式和依据的说明，是对各种物业管理法律行为的答案，也是对教学内容的总结。

第一节 物业管理法律责任的追究

法律责任的归结，也叫归责，是指由特定国家机关或国家授权的机关依法对行为人的法律责任进行判断和确认。

一、物业管理法律责任的承担方式

1. 民事责任

承担民事责任的主要方式有停止侵害、排除妨碍、消除危险、返还财产、赔偿损失、支付违约金等。如某业主将自己的杂物堆放在公共通道上，妨碍了他人的通行，则应按照民法的有关规定将杂物清理搬走，排除妨碍。

2. 行政责任

承担行政责任的方式有责令限期改正、行政处罚、行政处分等。行政处罚即对公民、法人违反行政管理法律法规的行为所实施的制裁，方式有警告、限期停业整顿、吊销营业执照、罚款、拘留等。行政处分即由单位对其工作人员违反行政法规或组织纪律的行为实施的制裁，包括警告、记过、降职、降薪、撤职、留用察看、开除等。如《物业管理条例》第六十一条规定："违反本条例的规定，物业服务企业聘用未取得物业管理职业资格证书的人员从事物业管理活动的，由县级以上地方人民政府房地产行政主管部门责令停止违法行为，处5万元以上20万元以下的罚款；给业主造成损失的，依法承担赔偿责任。"

3. 刑事责任

根据我国《刑法》的规定，承担刑事责任的方式是刑事处罚，包括主刑和附加刑。主刑包括管制、拘役、有期徒刑、无期徒刑和死刑；附加刑包括罚金、没收财产和剥夺政治权利。《物业管理条例》第六十三条规定："物业服务企业挪用专项维修资金，情节严重的，由颁发资质证书的部门吊销资质证书。构成犯罪的，依法追究直接负责的主管人员和其他直接责任人员的刑事责任。"

二、物业管理法律责任的确认方式

（一）物业管理民事责任的确认方式

1. 协商和调解

协商和调解是双方直接对话解决纠纷的方式。调解包括民事调解和行政调解两种。民事调解即双方当事人共同选定一个机构、组织和个人，由第三方依据双方的意见，经双方同意并执行，由此化解纠纷。但此种方式的调解不具有法律效力。调解结束后，当事人一方如不执行，则前功尽弃。行政调解则是借助主管政府部门的力量进行调解处理，但这种处理方式如一方不遵守执行，则要借助其他手段解决。民间的调解和行政调解与仲裁或诉讼程序中的调解是不同的。仲裁或诉讼中的调解是仲裁程序或诉讼程序中的一个环节，不具有独立性。

2. 行政裁决

所谓行政裁决，是指行政机关依照法律授权，对当事人之间发生的、与行政管理活动密切相关的、与合同无关的民事纠纷进行审查，并作出裁决的行政行为。行政裁决有如下特征：

① 行政裁决的前提是当事人之间发生了与行政管理活动密切相关的民事纠纷。只有在特定的情况下，即在民事纠纷与行政管理密切相关的情况下，行政机关才对该民事纠纷予以裁决，以实现行政管理的目的。成为行政裁决对象的只能是与行政管理活动密切相关的民事纠纷。

② 行政裁决的主体是法律、法规授权的行政机关。没有法律、行政法规的授权，行政机关便不能成为行政裁决的主体。

③ 行政裁决程序依当事人的申请开始。争议双方当事人在争议发生后，可以依据法律、法规的规定，在法定期间内向法定裁决机关申请裁决。

④ 行政裁决是行政机关行使行政裁决权的活动，具有法律效力。行政裁决权的行使，具有行使一般行政权的特征。对行政裁决不服，只能向法院提起诉讼。

3. 仲裁

仲裁是指纠纷当事人在自愿的基础之上达成协议，将纠纷提交非司法机构的第三者审理，由第三者作出对争议各方均有约束力的裁决的一种解决纠纷的制度和方式。仲裁是一种最为重要的非司法诉讼解决争议的方式。仲裁具有以下特点。

(1) 自愿性　当事人采用仲裁方式解决纠纷，应当双方自愿，达成仲裁协议。没有仲裁协议，一方申请仲裁的，仲裁委员会不予受理。

(2) 专业性　仲裁委员会的主任、副主任和委员由法律、经济贸易专家和有实际工作经验的人员担任。仲裁委员会的组成人员中，法律、经济贸易专家不得少于2/3。

(3) 灵活性　仲裁的灵活性很大，在程序上不像诉讼那样严格，程序灵活，很多环节可以简化。仲裁不实行级别管理或地域管辖，仲裁委员会由当事人选定。

(4) 快捷性　仲裁实行一裁终局的制度，不像诉讼那样实行两审终审制，这样就有利于当事人之间纠纷的迅速解决。裁决作出后，当事人就同一纠纷再申请仲裁或者向人民法院起诉的，仲裁委员会或者人民法院不予受理。

4. 民事诉讼

民事诉讼是人民法院在双方当事人及其他诉讼参与人的共同参加下，为审理和解决纠纷所进行的活动。民事诉讼的作用，是通过民事诉讼制度和程序的运用，解决当事人之间的权利义务之争，保障民事、经济实体所确定的权利义务关系在社会生活中得以实现。与社会生活中解决民事争议的其他方法相比，民事诉讼有如下特征。

(1) 民事诉讼是在国家审判机关的主持下进行的　仲裁是由民间组织的仲裁委员会的仲裁员主持，只有民事诉讼是由审判员代表国家行使审判权来主持进行。

(2) 民事诉讼的进行应当依严格的诉讼程序和诉讼制度 严格的诉讼程序和诉讼制度

来源于国家法律的规定。虽然在仲裁活动中也有明确的程序和制度，但仲裁参与者的自主程度要较民事诉讼高得多，行为的选择余地也较民事诉讼大。

（3）民事诉讼具有强制性 这一特点有两方面的表现，一是是否以该种方式来解决纠纷，不以双方合意为前提条件，只要争议的一方的起诉符合条件，另一方即使是不愿参加民事诉讼，也得被强制参加，而仲裁是在双方当事人自愿参加的情况之下方可进行；二是民事诉讼中法院所作的生效裁判，具有法律约束力，当事人不予履行裁判责任时，法院可根据法律规定强制执行，而仲裁裁决的实现，多数是当事人自愿履行裁决。

（二）物业管理行政责任的确认方式

1. 行政复议

行政复议是指公民、法人或者其他组织认为行政机关的具体行政行为侵犯其合法权利，依法向上级行政机关提出申请，由受理申请的行政机关对具体行政行为依法进行审查并作出处理决定的活动。对于行政机关来说，行政复议是行政机关系统内部自我监督的一种重要形式；对于行政相对方来说，行政复议是对其被侵犯的权益的一种救济手段和途径。行政复议具有以下特征。

（1）行政复议是行政机关的行政行为 行政复议是行政机关行使职权的行为，是上级行政机关对下级行政机关行使监督权的一种形式。因此，行政复议是一种行政行为。

（2）行政复议是以行政争议为处理对象的行为 行政争议是由于相对人认为行政机关形式行政管理权，侵犯其合法权益引起的争议。行政复议只有以行政争议为处理对象，它不解决民事争议和其他争议。

（3）行政复议是由行政相对人提起的一种依申请而产生的行为 行政复议应由行政相对人提出，行政相对人提出复议申请，行政机关不能自主启动行政复议程序。

2. 行政诉讼

行政诉讼是指公民、法人或者其他组织认为行政机关和法律、法规授权的组织的具体行政行为侵犯其合法权益，依法向人民法院起诉，人民法院在当事人和其他诉讼参与人的参加下，对具体行政行为进行审理并作出裁决的活动。通俗地说，行政诉讼也就是"民告官"的诉讼。行政诉讼具有以下特征。

① 行政诉讼是解决行政管理纠纷的一种诉讼活动。公民、法人或者其他组织认为行政机关和行政机关工作人员的具体行政行为侵犯其合法权益，可以寻求司法保护。

② 行政诉讼的原告是认为行政机关及法律、法规授权的组织作出的具体行政行为侵犯其合法权益的公民、法人或者其他组织。

③ 行政诉讼的被告是行使国家行政管理权的行政机关及法律、法规授权的组织。首先，行政机关或经法律、法规授权的组织在实施具体行政行为的过程中，处于主导地位，行政相对人必须服从，它不需要以原告身份提起诉讼的方式来实现具体行政行为。其次，作出具体行政行为的虽然是行政机关工作人员，但因其职务行为是代表政府机关作出的，也不能成为行政诉讼的被告。

（三）物业管理刑事责任的确认的方式

刑事诉讼是物业管理刑事责任确认的唯一方式。

刑事诉讼是指人民法院、人民检察院和公安机关（含国家安全机关）在当事人及其诉讼参与人的参加下，依照法律规定的程序，解决被追诉者刑事责任问题的活动。刑事诉讼具有如下特征。

（1）刑事诉讼是人民法院、人民检察院和公安机关进行的一种国家专门活动 因为刑事诉讼中的侦察权、检察权和审判权是国家权力的具体体现，刑事诉讼是依照体现国家意志的法律进行的，进行刑事诉讼必须以国家强制力作为后盾。

（2）刑事诉讼是人民法院、人民检察院和公安机关行使国家惩罚权的活动 依法追究行为人的刑事责任，是进行刑事诉讼的基本依据。刑事诉讼所要解决的主要问题，就是犯罪嫌疑人、被告人的刑事责任问题，决定其是否犯罪、犯什么罪，应否判刑、判什么刑等。

（3）刑事诉讼必须有当事人和其他诉讼参与人的参加 当事人是刑事诉讼中不可缺少的诉讼主体，为了查明案件事实，惩罚犯罪，保障公民合法权益，当事人不但需要参加诉讼，证人、鉴定人、辩护人、诉讼代理人等其他诉讼参与人也应参加诉讼。

（4）刑事诉讼必须严格依照刑事诉讼法所规定的程序进行 公、检、法机关和所有参加诉讼的人都必须根据刑事诉讼规定的程序要求进行活动。

三、物业管理法律责任的免责条件

法律责任的免除，也称免责，是指法律责任由于符合法定条件而被部分或全部地免除。从我国的法律规定和法律实践看，主要存在以下几种免责形式。

（1）时效免责 即法律责任经过了一定的期限后而免除。时效免责的意义在于：保障当事人的合法权益，督促法律关系的主体及时行使权利、结清权利义务关系，提高司法机关的工作效率，稳定社会生活秩序，促进社会经济的发展。

（2）不诉及协议免责 是指如果受害人或有关当事人不向法院起诉要求追究行为人的法律责任，行为人的法律责任就实际上被免除，或者受害人与加害人在法律允许的范围内协商同意的免责。在这些场合，责任人应当向或主要应当向受害人承担责任，法律将追究责任的决定权交给受害人和有关当事人。

（3）自首、立功免责 是指对哪些违法之后有立功表现的人，免除其部分和全部的法律责任。这是一种将功抵过的免责形式。

（4）因履行不能而免责 即在财产责任中，在责任人确定没有能力履行或没有能力全部履行的情况下，有关的国家机关免除或部分免除其责任。

四、物业管理法律责任归责原则

在我国，归责的原则主要可以概括为：责任法定原则、公正原则、效益原则和合理性原则。

责任法定原则是指法律责任作为一种否定的法律后果应当由法律规范预先规定，包括在法律规范的逻辑结构之中，当出现了违法行为或法律事由的时候，按照事先规定的责任性质、责任范围、责任方式追究行为人的责任。

公正原则要求在法律责任方面：第一，对任何违法、违约的行为都应依法追究相应的责任；第二，责任与违法或损害向均衡，即人们通常所说的“责罚相当”、“罚当其责”；第三，公正要求综合考虑行为人承担责任的多种因素，做到合理地区别对待；第四，公正要求在追究法律责任时依据法律程序追究法律责任；第五，坚持公民在法律面前一律平等，对任何公民的违法犯罪行为都必须同样地追究法律责任，不允许有不受法律约束或凌驾于法律之上的特殊公民。

效益原则是指在追究行为人的法律责任时，应当进行成本收益分析，讲求追究法律责任的效益。

合理原则是指在设定即归结法律责任时考虑当事人的心智与情感因素，以期真正发挥法律责任的功能。

【案例 10-1】 宝安 55 小区共 36 栋商住楼，现有住户 1950 多户，西部公司为开发商。宝安 55 小区居民自 1993 年起陆续入住，一直由开发商提供前期物业管理服务。1999 年 12 月 10 日，西部公司与西乡镇政府签订《宝安小 55 区物业移交管理有关事宜的协议书》，从 2000 年 1 月 1 日起，将物业管理权移交给西乡镇政府。在此前后，未征求过宝安 55 小区业主的同意，而多数业主希望能够自行选择物业服务公司。2002 年 11 月 5 日，宝安 55 小区住户统一成立了业主委员会。2004 年 4 月，业主委员会将小区开发商和西乡镇政府告上法庭，请求判令协议书无效。经法庭调解，双方同意：给原告两个月的时间，在社会上公开招投标，选聘新的物业服务公司，然后物业管理权由现在的物业服务公司移交给业主委员会公开选聘的物业服务公司。

分析： 作为原本管理不善的小区，西乡镇政府从百姓利益角度考虑接管，本是好意。但是，开发商作为没有处分权的人，处分了他人的财产，事先没有征求全体业主的同意，事后也没得到全体业主的追认，违反了《合同法》第五十一条的规定，是一份无效合同。同时，政府作为行政管理主体不应该担当物业管理的角色，不应该成为物业管理的主体。政府与物业小区管理本应该是行政管理法律关系却由此成为了民事法律关系。

法官没有进入审判程序，而是很快进入调解阶段，首先避开了业主委员会的诉讼权。而如果涉及诉讼权，以业主委员会名义起诉，按照《物业管理条例》第十二条的规定，应该要经过全体业主 2/3 投票权通过形成业主大会的决议。法官的调解方案解决了此前的纠纷，也使小区的物业管理服务得到正常延续。

第二节　物业管理部分违法行为要承担的法律责任

一、物业管理前期介入阶段

（一）违反规划管理法规要承担的法律责任

在城市规划区内，未取得建设工程规划许可证件或者违反建设工程规划许可证的规定进行建设，严重影响城市规划的，由县级以上人民政府城市规划行政主管部门责令停止建设，限期拆除或者没收违法建筑物、构筑物或者其他设施；影响城市规划，尚可改正的，由县级以上地方人民政府城市规划行政主管部门责令限期改正，并处罚款。

（二）违反土地管理法规要承担的法律责任

买卖或者以其他形式非法转让土地的，由县级以上人民政府土地行政主管部门没收违法所得；对违反土地利用总体规划擅自将农用地改为建设用地的，限期拆除在非法转让的土地上新建的建筑物和其他设施，恢复土地原状，对符合土地利用总体规划的，没收在非法转让的土地上新建的建筑物和其他设施，可以并处罚款；对直接负责的主管人员和其他直接责任人员，依法给予行政处分；构成犯罪的，依法追究刑事责任。

经批准或者采取欺骗手段骗取批准，非法占用土地的，由县级以上人民政府土地行政主管部门责令退还非法占用的土地；对违反土地利用总体规划擅自将农用地改为建设用地的，限期拆除在非法占用的土地上新建的建筑物和其他设施，恢复土地原状，对符合土地利用总体规划的，没收在非法占用的土地上新建的建筑物和其他设施，可以并处罚款；对非法占用土地单位的直接负责的主管人员和其他直接责任人员，依法给予行政处分；构成犯罪的，依法追究刑事责任。超过批准的数量占用土地，多占的土地以非法占用土地论处。

依照《土地管理法》规定，责令限期拆除在非法占用的土地上新建的建筑物和其他设施的，建设单位或者个人必须立即停止施工，自行拆除；对继续施工的，作出处罚决定的机关有权制止。建设单位或者个人对责令限期拆除的行政处罚决定不服的，可以在接到责令限期拆除决定之日起十五日内，向人民法院起诉；期满不起诉又不自行拆除的，由作出处罚决定的机关依法申请人民法院强制执行，费用由违法者承担。

（三）违反建筑工程管理法规要承担的法律责任

未取得施工许可证或者开工报告，未经批准擅自施工的，责令改正，对不符合开工条件的责令停止施工，可以处以罚款。

发包单位将工程发包给不具有相应资质条件的承包单位的，或者违反本法规定将建筑工程肢解发包的，责令改正，处以罚款。超越本单位资质等级承揽工程的，责令停止违法行为，处以罚款，可以责令停业整顿，降低资质等级；情节严重的，吊销资质证书；有违法所得的，予以没收。未取得资质证书承揽工程的，予以取缔，并处罚款；有违法所得的，予以没收。以欺骗手段取得资质证书的，吊销资质证书，处以罚款；构成犯罪的，依法追究刑事责任。建筑施工企业转让、出借资质证书或者以其他方式允许他人以本企业的名义承揽工程的，责令改正，没收违法所得，并处罚款，可以责令停业整顿，降低资质等级；情节严重的，吊销资质证书。对因该项承揽工程不符合规定的质量标准造成的损失，建筑施工企业与使用本企业名义的单位或者个人承担连带赔偿责任。

承包单位将承包的工程转包或者违法分包的，责令改正，没收违法所得，对勘察、设计单位处合同约定的勘察费、设计费百分之二十五以上百分之五十以下的罚款；对施工单位处工程合同价款百分之零点五以上百分之一以下的罚款；可以责令停业整顿，降低资质等级；情节严重的，吊销资质证书。工程监理单位转让工程监理业务的，责令改正，没收违法所得，处合同约定的监理酬金百分之二十五以上百分之五十以下的罚款；可以责令停业整顿，降低资质等级；情节严重的，吊销资质证书。在工程发包与承包中索贿、受贿、行贿，构成犯罪的，依法追究刑事责任；不构成犯罪的，分别处以罚款，没收贿赂的财物，对直接负责的主管人员和其他直接责任人员给予处分。对在工程承包中行贿的承包单位，除依照前款规定处罚外，可以责令停业整顿，降低资质等级或者吊销资质证书。

政府及其所属部门的工作人员违反本法规定，限定发包单位将招标发包的工程发包给指定的承包单位的，由上级机关责令改正；构成犯罪的，依法追究刑事责任。负责颁发建筑工程施工许可证的部门及其工作人员对不符合施工条件的建筑工程颁发施工许可证的，负责工程质量监督检查或者竣工验收的部门及其工作人员对不合格的建筑工程出具质量合格文件或者按合格工程验收的，由上级机关责令改正，对责任人员给予行政处分；构成犯罪的，依法追究刑事责任；造成损失的，由该部门承担相应的赔偿责任。

（四）违反建筑施工质量管理法规要承担的法律责任

承包单位将承包的工程转包或者违反规定进行分包，对因转包工程或者违法分包的工程不符合规定的质量标准造成的损失，与接受转包或者分包的单位承担连带赔偿责任。

勘察、设计、施工、工程监理单位超越本单位资质等级承揽工程的，责令停止违法行为，对勘察、设计单位或者工程监理单位处合同约定的勘察费、设计费或者监理酬金1倍以上2倍以下的罚款；对施工单位处工程合同价款百分之二以上百分之四以下的罚款，可以责令停业整顿，降低资质等级；情节严重的，吊销资质证书；有违法所得的，予以没收。未取得资质证书承揽工程的，予以取缔，依照规定处以罚款；有违法所得的，予以没收。以欺骗手段取得资质证书承揽工程的，吊销资质证书，处以罚款；有违法所得的，予以没收。勘察、设计、施工、工程监理单位允许其他单位或者个人以本单位名义承揽工程的，责令改正，没收违法所得，对勘察、设计单位和工程监理单位处合同约定的勘察费、设计费和监理酬金1倍以上2倍以下的罚款；对施工单位处工程合同价款百分之二以上百分之四以下的罚款；可以责令停业整顿，降低资质等级；情节严重的，吊销资质证书。

建设单位将建设工程发包给不具有相应资质等级的勘察、设计、施工单位或者委托给不具有相应资质等级的工程监理单位的，责令改正，处50万元以上100万元以下的罚款。建设单位将建设工程肢解发包的，责令改正，处工程合同价款百分之零点五以上百分之一以下的罚款；对全部或者部分使用国有资金的项目，并可以暂停项目执行或者暂停资金拨付。建设单位未取得施工许可证或者开工报告未经批准，擅自施工的，责令停止施工，限期改正，处工程合同价款百分之一以上百分之二以下的罚款。建设单位有下列行为之一的，责令改正，处20万元以上50万元以下的罚款：

① 迫使承包方以低于成本的价格竞标的；

② 任意压缩合理工期的；

③ 明示或者暗示设计单位或者施工单位违反工程建设强制性标准，降低工程质量的；

④ 施工图设计文件未经审查或者审查不合格，擅自施工的；

⑤ 建设项目必须实行工程监理而未实行工程监理的；

⑥ 未按照国家规定办理工程质量监督手续的；

⑦ 明示或者暗示施工单位使用不合格的建筑材料、建筑构配件和设备的；

⑧ 未按照国家规定将竣工验收报告、有关认可文件或者准许使用文件报送备案的。

建设单位有下列行为之一的，责令改正，处工程合同价款百分之二以上百分之四以下的罚款；造成损失的，依法承担赔偿责任：

① 未组织竣工验收，擅自交付使用的；

② 验收不合格，擅自交付使用的；

③ 对不合格的建设工程按照合格工程验收的。

建设工程竣工验收后，建设单位未向建设行政主管部门或者其他有关部门移交建设项目档案的，责令改正，处1万元以上10万元以下的罚款。

施工单位在施工中偷工减料的，使用不合格的建筑材料、建筑构配件和设备的，或者有不按照工程设计图纸或者施工技术标准施工的其他行为的，责令改正，处工程合同价款百分之二以上百分之四以下的罚款；造成建设工程质量不符合规定的质量标准的，负责返工、修理，并赔偿因此造成的损失；情节严重的，责令停业整顿，降低资质等级或者吊销资质证书。施工单位未对建筑材料、建筑构配件、设备和商品混凝土进行检验，或者未对涉及结构安全的试块、试件以及有关材料取样检测的，责令改正，处10万元以上20万元以下的罚款；情节严重的，责令停业整顿，降低资质等级或者吊销资质证书；造成损失的，依法承担赔偿责任。施工单位不履行保修义务或者拖延履行保修义务的，责令改正，处10万元以上20万元以下的罚款，并对在保修期内因质量缺陷造成的损失承担赔偿责任。

工程监理单位与被监理工程的施工承包单位以及建筑材料、建筑构配件和设备供应单位有隶属关系或者其他利害关系承担该项建设工程的监理业务的，责令改正，处5万元以上10万元以下的罚款，降低资质等级或者吊销资质证书；有违法所得的，予以没收。工程监理单位有下列行为之一的，责令改正，处50万元以上100万元以下的罚款，降低资质等级或者吊销资质证书；有违法所得的，予以没收；造成损失的，承担连带赔偿责任：

① 与建设单位或者施工单位串通，弄虚作假、降低工程质量的；

② 将不合格的建设工程、建筑材料、建筑构配件和设备按照合格签字的。

涉及建筑主体或者承重结构变动的装修工程，没有设计方案擅自施工的，责令改正，处50万元以上100万元以下的罚款；房屋建筑使用者在装修过程中擅自变动房屋建筑主体和承重结构的，责令改正，处5万元以上10万元以下的罚款。造成损失的，依法承担赔偿责任。

发生重大工程质量事故隐瞒不报、谎报或者拖延报告期限的，对直接负责的主管人员和其他责任人员依法给予行政处分。

有下列行为之一的，责令改正，处10万元以上30万元以下的罚款：

① 勘察单位未按照工程建设强制性标准进行勘察的；

② 设计单位未根据勘察成果文件进行工程设计的；

③ 设计单位指定建筑材料、建筑构配件的生产厂、供应商的；

④ 设计单位未按照工程建设强制性标准进行设计的。

以上四种行为造成工程质量事故的，责令停业整顿，降低资质等级；情节严重的，吊销资质证书；造成损失的，依法承担赔偿责任。

建设单位、设计单位、施工单位、工程监理单位违反国家规定，降低工程质量标准，造成重大安全事故，构成犯罪的，对直接责任人员依法追究刑事责任。建设、勘察、设计、施工、工程监理单位的工作人员因调动工作、退休等原因离开该单位后，被发现在该单位工作期间违反国家有关建设工程质量管理规定，造成重大工程质量事故的，仍应当依法追究法律责任。

国家机关工作人员在建设工程质量监督管理工作中玩忽职守、滥用职权、徇私舞弊，构成犯罪的，依法追究刑事责任；尚不构成犯罪的，依法给予行政处分。对不具备相应资质等级条件的单位颁发该等级资质证书的，由其上级机关责令收回所发的资质证书，对直接负责的主管人员和其他直接人员给予行政处分；构成犯罪的，依法追究刑事责任。

在建筑物的合理使用寿命内，因建筑工程质量不合格受到损害的，有权向责任者要求赔偿。

施工单位有下列行为之一的，由建设行政主管部门责令改正，并处1万元以上3万元以下的罚款。

① 工程竣工验收后，不向建设单位出具质量保修书的；

② 质量保修的内容、期限违反本办法规定的。

施工单位不履行保修义务或者拖延履行保修义务的，由建设行政主管部门责令改正，处10万元以上20万元以下的罚款。

（五）违反物业共用部位、共用设施设备专项维修资金管理法规要承担的法律责任

公有住房售房单位未按照本办法规定足额提取维修基金的，财政部门和房地产行政主管部门应当责令其限期补提维修基金本息；逾期仍不足额提取的，应当处以自应提取之日起未提取额每日万分之三的罚款。

维修基金代管单位违反本办法规定，挪用维修基金或者造成维修基金损失的，由当地财政部门和房地产行政主管部门按规定进行处理。情节严重的，应追究直接责任人员和领导人员的行政责任；构成犯罪的，应依法追究刑事责任。

（六）违反商品房销售管理法规要承担的法律责任

未取得房地产开发企业资质证书，擅自销售商品房的，责令停止销售活动，处5万元以上10万元以下的罚款。违反法律、法规规定，擅自预售商品房的，责令停止违法行为，没收违法所得；收取预付款的，可以并处已收取的预付款1%以下的罚款。

在未解除商品房买卖合同前，将作为合同标的物的商品房再行销售给他人的，处以警告，责令限期改正，并处2万元以上3万元以下罚款；构成犯罪的，依法追究刑事责任。

房地产开发企业将未组织竣工验收、验收不合格或者对不合格按合格验收的商品房擅自交付使用的，按照《建设工程质量管理条例》的规定处罚。

房地产开发企业未按规定将测绘成果或者需要由其提供的办理房屋权属登记的资料报送房地产行政主管部门的，处以警告，责令限期改正，并可处以2万元以上3万元以下罚款。

房地产开发企业在销售商品房中有下列行为之一的，处以警告，责令限期改正，并可处以1万元以上3万元以下罚款：

① 未按照规定的现售条件现售商品房的；

② 未按照规定在商品房现售前将房地产开发项目手册及符合商品房现售条件的有关证明文件报送房地产开发主管部门备案的；

③ 返本销售或者变相返本销售商品房的；

④ 采取售后包租或者变相售后包租方式销售未竣工商品房的；

⑤ 分割拆零销售商品住宅的；

⑥ 不符合商品房销售条件，向买受人收取预订款性质费用的；

⑦ 未按照规定向买受人明示《商品房销售管理办法》、《商品房买卖合同示范文本》、《城市商品房预售管理办法》的；

⑧ 委托没有资格的机构代理销售商品房的。

房地产中介服务机构代理销售不符合销售条件的商品房的，处以警告，责令停止销售，并可处以2万元以上3万元以下罚款。

国家机关工作人员在商品房销售管理工作中玩忽职守、滥用职权、徇私舞弊，依法给予行政处分；构成犯罪的，依法追究刑事责任。

（七）违反房屋租赁管理法规要承担的法律责任

违反《城市房屋租赁管理办法》，有下列行为之一的，由直辖市、市、县人民政府房地产管理部门对责任者给予行政处罚：

① 伪造、涂改《房屋租赁证》的，注销其证书，并可处以罚款；

② 不按期申报、领取《房屋租赁证》的，责令限期补办手续，并可处以罚款；

③ 未征得出租人同意和未办理登记备案，擅自转租房屋的，其租赁行为无效，没收其非法所得，并可处以罚款。

（八）违反产权登记法律规范要承担的法律责任

当事人提供虚假材料申请登记，给他人造成损害的，应当承担赔偿责任。

因登记错误，给他人造成损害的，登记机构应当承担赔偿责任。登记机构赔偿后，可以向造成登记错误的人追偿。

当事人伪造土地权利证书的，由县级以上人民政府国土资源行政主管部门依法没收伪造的土地权利证书；情节严重构成犯罪的，依法追究刑事责任。

国土资源行政主管部门工作人员在土地登记工作中玩忽职守、滥用职权、徇私舞弊的，依法给予行政处分；构成犯罪的，依法追究刑事责任。

非法印制、伪造、变造房屋权属证书或者登记证明，或者使用非法印制、伪造、变造的房屋权属证书或者登记证明的，由房屋登记机构予以收缴；构成犯罪的，依法追究刑事责任。

房屋登记机构工作人员有擅自涂改、毁损、伪造房屋登记簿；对不符合登记条件的登记申请予以登记，或者对符合登记条件的登记申请不予登记，玩忽职守、滥用职权、徇私舞弊的，依法给予处分；构成犯罪的，依法追究刑事责任。

二、前期物业管理阶段

（一）违反物业管理招投标法律规范要承担的法律责任

1. 招标人违法行为应承担的法律责任

必须进行招标的项目而不招标的，或者以其他任何方式规避招标的，责令限期改正，可以处项目合同金额千分之五以上千分之十以下的罚款；对单位直接负责的主管人员和其他直接责任人员依法给予处分。住宅物业的建设单位未通过招投标的方式选聘物业服务企业或者未经批准，擅自采用协议方式选聘物业服务企业的，由县级以上地方人民政府房地产行政主管部门责令限期改正，给予警告，可以并处10万元以下的罚款。

招标人以不合理的条件限制或者排斥潜在投标人的，对潜在投标人实行歧视待遇的，或者限制投标人之间竞争的，责令改正，可以处一万元以上五万元以下的罚款。

依法必须进行招标的项目的招标人向他人透露已获取招标文件的潜在投标人的名称、数量或者可能影响公平竞争的有关招标投标的其他情况的，或者泄露标底的，给予警告，可以并处一万元以上十万元以下的罚款；对单位直接负责的主管人员和其他直接责任人员依法给予处分；构成犯罪的，依法追究刑事责任。若该行为影响中标结果的，中标无效。

招标人在评标委员会依法推荐的中标候选人以外确定中标人的，依法必须进行招标的项目在所有投标被评标委员会否决后自行确定中标人的，中标无效，责令改正，可以处中标金额千分之五以上千分之十以下的罚款；对单位直接负责的主管人员和其他直接责任人员依法给予处分。

2. 投标人违法行为应当承担的法律责任

投标人相互串通投标或者与招标人串通投标的，投标人以向招标人或者评标委员会成员行贿的手段谋取中标的，中标无效，处中标金额千分之五以上千分之十以下的罚款，对单位直接负责的主管人员和其他直接责任人员处单位罚款数额百分之五以上百分之十以下的罚款；有违法所得的，并处没收违法所得；情节严重的，取消其一年至二年内参加依法必须进行招标项目的投标资格并予以公告，直至由工商行政管理机关吊销营业执照；构成犯罪的，依法追究刑事责任。给他人造成损失的，依法承担赔偿责任。

投标人以他人名义投标或者以其他方式弄虚作假，骗取中标的，中标无效；给招标人造成损失的，依法承担赔偿责任；构成犯罪的，依法追究刑事责任。

依法必须进行招标的项目的投标人有以上行为尚未构成犯罪的，处中标项目金额千分之五以上千分之十以下的罚款，对单位直接负责的主管人员和其他直接责任人员处单位罚款数额百分之五以上百分之十以下的罚款；有违法所得的，并处没收违法所得，情节严重的，取消其一年至三年内参加依法必须进行招标的项目的投标资格并予以公告，直至由工商机关吊销营业执照。

3. 中标人违法行为应承担的法律责任

中标人将中标项目转让给他人的，将中标项目肢解后分别转让给他人的，转让无效，并处转让项目金额千分之五以上千分之十以下的罚款，有违法所得的，并处没收违法所得，可以责令停业整顿；情节严重的，由工商行政管理机关吊销营业执照。

中标人不履行与招标人订立的合同的，履约保证金不予退还，给招标人造成的损失超过履约保证金数额的，还应当对超过部分予以赔偿；没有提交履约保证金的，应当对招标人的损失承担赔偿责任。中标人不按照与招标人签订的合同履行义务，情节严重的，取消其二年至五年内参加依法必须进行招标项目的投标资格并予以公告，直至由工商行政管理机关吊销营业执照。因不可抗力不能履行合同的，不适用上述规定。

4. 招标人与投标人或中标人共同违法行为应承担的法律责任

依法必须进行招标的项目，招标人违反规定，与投标人就投标价格、投标方案等实质性内容进行谈判的，给予警告，对单位直接负责的主管人员和其他直接责任人员依法给予处分。若该行为影响中标结果的，中标无效。

招标人与中标人不按照招标文件和中标人投标文件签订合同的，或者招标人、中标人订立背离合同实质内容的协议的，责令改正；可以处中标项目金额千分之五以上千分之十以下的罚款。

5. 招标代理机构违法行为应当承担的法律责任

招标代理机构违反规定，泄露应当保密的与招标投标活动有关的情况和资料的，或者与招标人、投标人串通损害国家利益、社会公共利益或者他人合法权益的，处五万元以上二十五万元以下的罚款，对单位直接负责的主管人员和其他直接责任人员处单位罚款数额百分之五以上百分之十以下的罚款；有违法所得的，并处没收违法所得；情节严重的，暂停直至取消招标代理资格；构成犯罪的，依法追究刑事责任；给他人造成损失的，依法承担赔偿责任；若该行为影响中标结果的，中标无效。

6. 评标委员会违法行为应承担的法律责任

评标委员会成员收受投标人的财物或者其他好处的，评标委员会成员或者参加评标的有关工作人员向他人透露对投标文件的评审和比较、中标候选人的推荐以及与评标有关的其他情况的，给予警告，没收财物，可以并处三千元以上五万元以下的罚款，对有所列违法行为的评标委员会成员取消担任评标委员会成员的资格，不得再参加任何依法必须进行招标的项目的评标；构成犯罪的，依法追究刑事责任。

7. 国家机关工作人员违法行为应当承担的法律责任

对招标投标活动依法负有行政监督职责的国家机关工作人员徇私舞弊、滥用职权或者玩忽职守，构成犯罪的，依法追究刑事责任；不构成犯罪的，依法给予行政处分。

8. 单位或个人非法干涉招标投标活动应负的法律责任

任何单位和个人违反法律、行政法规规定，限制或者排斥具备投标资格的物业服务企业参加投标的，为招标人指定招标代理机构的，强制招标人委托招标代理机构办理招标事宜的，或者以其他方式干涉招标投标活动的，责令改正；对单位直接负责的主管人员和其他直接责任人员依法给予警告、记过、记大过的处分；情节较重的，依法给予降级、撤职、开除的处分。

（二）违反物业服务企业资质管理法律规范要承担的法律责任

未取得资质证书从事物业管理的，由县级以上地方人民政府房地产行政主管部门没收违法所得，并处5万元以上20万元以下的罚款；给业主造成损失的，依法承担赔偿责任。物业服务企业超越资质等级承接物业管理业务的，由县级以上地方人民政府房地产主管部门予以警告，责令限期改正，并处1万元以上3万元以下的罚款。

物业服务企业无正当理由不参加资质年检的，由资质审批部门责令其限期改正，可处1万元以上3万元以下的罚款。物业服务企业出租、出借、转让资质证书的，由县级以上地方人民政府房地产主管部门予以警告，责令限期改正，并处1万元以上3万元以下的罚款。物业服务企业不按照本办法规定及时办理资质变更手续的，由县级以上地方人民政府房地产主管部门责令限期改正，可处2万元以下的罚款。

资质审批部门有下列情形之一的，由其上级主管部门或者监察机关责令改正，对直接负责的主管人员和其他直接责任人员依法给予行政处分；构成犯罪的，依法追究刑事责任：

① 对不符合法定条件的企业颁发资质证书的；

② 对符合法定条件的企业不予颁发资质证书的；

③ 对符合法定条件的企业未在法定期限内予以审批的；

④ 利用职务上的便利，收受他人财物或者其他好处的；

⑤ 不履行监督管理职责，或者发现违法行为不予查处的。

有下列情形之一的，资质审批部门或者其上级主管部门，根据利害关系人的请求或者根据职权可以撤销资质证书：

① 审批部门工作人员滥用职权、玩忽职守作出物业服务企业资质审批决定的；

② 超越法定职权作出物业服务企业资质审批决定的；

③ 违反法定程序作出物业服务企业资质审批决定的；

④ 对不具备申请资格或者不符合法定条件的物业服务企业颁发资质证书的；

⑤ 依法可以撤销审批的其他情形。

（三）违反承接验收管理法律规范要承担的法律责任

将未经验收的房屋交付使用的，由县级以上人民政府房地产开发主管部门责令限期补办验收手续；逾期不补办验收手续的，由县级以上人民政府房地产开发主管部门组织有关部门和单位进行验收，并处10万元以上30万元以下的罚款。经验收不合格，将验收不合格的房屋交付使用的，由县级以上人民政府房地产开发主管部门责令限期返修，并处交付使用的房屋总造价2%以下的罚款；情节严重的，由工商行政管理部门吊销营业执照；给购买人造成损失的，应当依法承担赔偿责任；造成重大伤亡事故或者其他严重后果，构成犯罪的，依法追究刑事责任。

建设单位、物业服务企业未按本办法履行承接查验义务的，由物业所在地房地产行政主管部门责令限期改正；逾期仍不改正的，作为不良经营行为记入企业信用档案，并予以通报。

不移交有关资料的，由县级以上地方人民政府房地产行政主管部门责令限期改正；逾期仍不移交有关资料的，对建设单位、物业服务企业予以通报，处1万元以上10万元以下的罚款。

（四）违反装修管理法律规范要承担的法律责任

因住宅室内装饰装修活动造成相邻住宅的管道堵塞、渗漏水、停水停电、物品毁坏等，装修人应当负责修复和赔偿；属于装饰装修企业责任的，装修人可以向装饰装修企业追偿。

装修人擅自拆改供暖、燃气管道和设施造成损失的，由装修人负责赔偿。装修人因住宅室内装饰装修活动侵占公共空间，对公共部位和设施造成损害的，由城市房地产行政主管部门责令改正，造成损失的，依法承担赔偿责任。装修人未申报登记进行住宅室内装饰装修活动的，由城市房地产行政主管部门责令改正，处5百元以上1千元以下的罚款。装修人违反规定，将住宅室内装饰装修工程委托给不具有相应资质等级企业的，由城市房地产行政主管部门责令改正，处5百元以上1千元以下的罚款。

装饰装修企业自行采购或者向装修人推荐使用不符合国家标准的装饰装修材料，造成空气污染超标的，由城市房地产行政主管部门责令改正，造成损失的，依法承担赔偿责任。装饰装修企业违反国家有关安全生产规定和安全生产技术规程，不按照规定采取必要的安全防护和消防措施，擅自动用明火作业和进行焊接作业的，或者对建筑安全事故隐患不采取措施予以消除的，由建设行政主管部门责令改正，并处1千元以上1万元以下的罚款；情节严重的，责令停业整顿，并处1万元以上3万元以下的罚款；造成重大安全事故的，降低资质等级或者吊销资质证书。

住宅室内装饰装修活动有下列行为之一的，由城市房地产行政主管部门责令改正，并处罚款：

① 将没有防水要求的房间或者阳台改为卫生间、厨房间的，或者拆除连接阳台的砖、混凝土墙体的，对装修人处5百元以上1千元以下的罚款，对装饰装修企业处1千元以上1万元以下的罚款；

② 损坏房屋原有节能设施或者降低节能效果的，对装饰装修企业处1千元以上5千元以下的罚款；

③ 擅自拆改供暖、燃气管道和设施的，对装修人处5百元以上1千元以下的罚款；

④ 未经原设计单位或者具有相应资质等级的设计单位提出设计方案，擅自超过设计标准或者规范增加楼面荷载的，对装修人处5百元以上1千元以下的罚款，对装饰装修企业处1千元以上1万元以下的罚款。

物业管理单位发现装修人或者装饰装修企业有违反本办法规定的行为不及时向有关部门报告的，由房地产行政主管部门给予警告，可处装饰装修管理服务协议约定的装饰装修管理服务费2至3倍的罚款。

未经城市规划行政主管部门批准，在住宅室内装饰装修活动中搭建建筑物、构筑物的，或者擅自改变住宅外立面，在非承重外墙上开门、窗的，由城市规划行政主管部门按照《城市规划法》及相关法规的规定处罚。

有关部门的工作人员接到物业管理单位对装修人或者装饰装修企业违法行为的报告后，未及时处理，玩忽职守的，依法给予行政处分。

（五）违反业主共有财产管理法律规范要承担的法律责任

建设单位擅自处分属于业主的物业共用部位、共用设施设备的所有权或者使用权的，由县级以上地方人民政府房地产行政主管部门处5万元以上20万元以下的罚款；给业主造成损失的，依法承担赔偿责任。

三、业主组织委托管理阶段

1. 违反物业收费管理法律规范要承担的法律责任

物业业主、使用人不按合同规定缴纳物业服务费的，物业服务企业可要求其限期缴纳并按规定收取滞纳金；逾期仍不缴纳的，物业服务企业可向人民法院起诉，申请法院强制执行。

物业业主、使用人发现物业服务企业有自立名目乱收费、擅自涨价超标准收费、改变收费办法变相多收费等违法收费情形时，可向县级以上人民政府价格主管部门或房地产行政主管部门投诉，也可向人民法院起诉。

物业服务收费纠纷向人民法院提起民事诉讼的诉讼时效为二年。

2. 违反物业档案管理法律规范要承担的法律责任

有下列行为之一的，由县级以上人民政府档案行政管理部门、有关主管部门对直接负责的主管人员或者其他直接责任人员依法给予行政处分；构成犯罪的，依法追究刑事责任：

① 损毁、丢失属于国家所有的档案的；

② 擅自提供、抄录、公布、销毁属于国家所有的档案的；

③ 涂改、伪造档案的；

④ 违反《档案法》第十六条、第十七条规定，擅自出卖或者转让档案的；

⑤ 倒卖档案牟利或者将档案卖给、赠送外国人的；

⑥ 违反《档案法》第十条、第十一条规定，不按规定归档或者不按期移交档案的；

⑦ 明知所保存的档案面临危险而不采取措施，造成档案损失的；

⑧ 档案工作人员玩忽职守，造成档案损失的。

在利用档案馆的档案中，有第①项、第②项、第③项违法行为的，由县级以上人民政府档案行政管理部门给予警告，可以并处罚款；造成损失的，责令赔偿损失。

企业事业组织或者个人有第④项、第⑤项违法行为的，由县级以上人民政府档案行政管理部门给予警告，可以并处罚款；有违法所得的，没收违法所得；并可以征购所出卖或者赠送的档案。

思考题

1. 物业管理法律责任的承担方式有哪些？

2. 违反规划管理法规要承担的法律责任有哪些？

3. 违反建筑施工质量管理法规要承担的法律责任有哪些？

4. 违反物业共用部位、共用设施设备专项维修资金管理法规要承担的法律责任有哪些？

5. 违反物业管理招投标法律规范要承担的法律责任有哪些？

6. 违反装修管理法律规范要承担的法律责任有哪些？

7. 违反物业收费管理法律规范要承担的法律责任有哪些？

参 考 文 献

[1] 王利明．民法．北京：中国人民大学出版社，2000.
[2] 梁慧星，陈华彬．物权法．第三版．北京：法律出版社，2005.
[3] 王利明．物权法研究．北京：中国人民大学出版社，2004.
[4] 陈华彬．现代建筑物区分所有制度研究．北京：法律出版社，1995.
[5] 钱明星．物权法原理．北京：北京大学出版社，1994.
[6] 王家福．物业管理条例解释．北京：中国物价出版社，2003.
[7] 符启林．房地产法．北京：法律出版社，1997.
[8] 李延荣．房地产管理法．北京：中国人民大学出版社，2002.
[9] 李媛辉．物业管理法概论．北京：中国林业出版社，2002.
[10] 杨建才，鲜于玉莲新编物业管理法规．大连：大连理工大学出版社，2004.
[11] 符启林．房地产法案例点评．北京：法律出版社，2005.
[12] 郑晓奇．物业管理实务．大连：东北财经大学出版社，2006.
[13] 王雨本．物业管理的纠纷与解决．北京：中国社会出版社，2005.
[14] 吴剑平．物业管理法规．广州：华南理工大学出版社，2006.
[15] 韩强，李冠东．物业管理法律法规．北京：中国建筑工业出版社，2001.
[16] 彭纯宪．物业管理法规基础知识．北京：高等教育出版社，2001.
[17] 戴玉林，王媚莎．物业管理典型案例与分析．北京：化学工业出版社，2006.
[18] 王艳青．物业管理理论与实务．北京：化学工业出版社，2007.
[19] 齐坚．物业管理教程．上海：同济大学出版社，2005.
[20] 鲁捷．物业管理实务．北京：机械工业出版社，2007.
[21] 唐海洲．物业管理纠纷批判依据及案例解析．北京：中国物价出版社，2003.